Helene Langemark

Ich kann das Licht noch sehen

Ein Erlebnisbericht aus der Neumark 1945/46

Husum

Umschlagbild: Wilhelm Eichstädt, „Schildberg/Neumark“
(Abdruck mit freundlicher Erlaubnis von Frau Margarete Eichstädt)

CIP-Kurztitelaufnahme der Deutschen Bibliothek

Langemark, Helene:
Ich kann das Licht noch sehen : e. Erlebnisbericht
aus d. Neumark 1945/46 / Helene Langemark. –
Husum : Husum Druck- und Verlagsges., 1987.
(Husum-Taschenbuch)
ISBN 3-88042-393-8

Satz: Fotosatz Husum GmbH
Druck und Verarbeitung: Husum Druck- und Verlagsgesellschaft
Postfach 1480, D-2250 Husum

ISBN 3-88042-393-8

Vorwort

Mit dem vorliegenden Bericht erfülle ich ein Versprechen, das ich mir in der hoffnungslosesten Zeit meines Lebens selbst gegeben habe. Vierzig Jahre sind seitdem vergangen, Jahre, in denen ich weder Zeit noch Ruhe fand, mein Versprechen einzulösen. Aber meinem Gedächtnis sind die Erlebnisse jener Zeit anscheinend unauslöschlich eingeprägt. Ich habe nun endlich – im Ruhestand lebend – schriftlich festgehalten, was eine kleine Gruppe unterschiedlicher Menschen zwischen Januar 1945 und Juli 1946 auf einem Fleckchen deutscher Erde jenseits der Oder erlebt, erlitten und – wenigstens zum Teil – überlebt hat. Unser Schicksal wurde damals von Tausenden geteilt. Als allgemeine menschliche Erfahrung verdient sie – so meine ich – an die, die nach uns kommen, weitergegeben zu werden. Die vielen Opfer der Bevölkerung, die durch den Einfall der Russen und bei der Vertreibung aus ihrer Heimat ums Leben kamen, haben wie alle Opfer des unglückseligen Krieges ein Recht darauf, nicht vergessen zu werden. Wer den militärischen Zusammenbruch und die Überflutung durch die feindlichen Soldaten nicht unmittelbar selbst erlebt hat, kann sich kaum vorstellen, was den betroffenen Menschen auferlegt worden ist und was sie, soweit sie nicht daran zerbrochen oder zugrunde gegangen sind, ertragen haben. Unter den Folgen mußten und müssen die meisten bis an ihr Lebensende leiden.

Zum Schutze der Persönlichkeitsrechte habe ich über einzelne Vorgänge einen leichten Schleier gebreitet, z.B. die Namen der Menschen und der unmittelbaren Schauplätze verändert. Die Darstellung kann kein lückenloser „Tatsachenbericht“ oder die bloße Wiedergabe der äußeren Wirklichkeit sein. Vielmehr soll sie auch die Empfindungen und Gedanken eines Menschen, der in jene unheilvolle Zeit gestürzt wurde, erfahrbar machen. Aus der Fülle der Erlebnisse habe ich diejenigen ausgewählt, die mir hierfür geeignet erschienen. Nachträgliche Überlegungen und Erkenntnisse sind nicht eingebracht worden. So habe ich mich bemüht, die Geschehnisse, in ihrem zeitlichen und inneren Zusammenhang verdichtet, wahrheitsgetreu wiederzugeben.

Helene Langemark

1.

Die letzte Woche des Jahres 1944 hatte ich in Waldenburg (Schlesien) bei meiner Tante verbracht. Es waren schöne, besinnliche Tage gewesen, mit Spaziergängen in den winterlichen Bergen und vielen Gesprächen über vergangene Zeiten. Denn ich hatte ein Jahr zuvor meine Mutter verloren, und so wurde mir nun die liebevolle Aufmerksamkeit und Fürsorge meiner Tante, der jüngsten Schwester meiner Mutter, zuteil. Jetzt aber, am zweiten Tag des neuen Jahres, packte ich meinen kleinen Koffer, denn ich wollte mit einem Abendzug abreisen, um am kommenden Morgen eine ältere Freundin in der Neumark zum Geburtstag mit meinem Besuch zu überraschen.

Zum Jahreswechsel war noch einmal frischer Schnee gefallen. Die Berge in ihrer weißen Hülle lockten so sehr, daß ich an dem vermeintlich letzten Tag meines Aufenthaltes nicht widerstehen konnte: Mit den Skiern meines Vetters wagte ich mich hinaus. Und da war es dann an einem Hang geschehen: Ich stürzte und brach mir den linken Knöchel, und zwar außen, was sehr viel günstiger war als etwa innen, wie mir der freundliche Arzt versicherte. Nun wurde es mit meiner Abreise nichts. Statt dessen lag ich im Krankenhaus auf der bewaldeten Höhe, das Bein bis zum Knie in Gips. Mindestens vier Wochen sollte ich diesen Gipsklotz behalten, mit dem ich nach einigen Tagen aber schon, wenn auch zaghaft und sehr unvollkommen, Gehversuche machen mußte.

In dem Krankenhaus hatte ich es so gut wie lange nicht, brauchte mich um nichts zu kümmern, bekam das Essen vorgesetzt, konnte mich ausschlafen und ausruhen, erhielt jeden Tag Besuch von meiner Tante, und da mir sonst nichts fehlte, war ich im allgemeinen bei heiterer Laune. Zunächst hatte ich meinem Schulrat ein Attest des Arztes zugesandt, damit meine Vertretung in der kleinen Dorfschule jenseits der Oder geregelt werden konnte. An alle Verwandten, Freunde und Bekannten schrieb ich Briefe oder Kartengrüße. Allmählich aber bekam ich fast ein schlechtes Gewissen. Hier lag ich im Warmen, betreut und umsorgt, und draußen war Krieg.

Die Nachrichten, die in mein freundliches Krankenzimmer drangen, waren sehr beunruhigend. Sie waren schon das ganze vergangene Jahr über niederdrückend gewesen. Nun aber rückte die russische Front immer näher. In den Wehrmachtsberichten wurden Ortsnamen aus dem Gebiet von Posen-Westpreußen genannt, die mir aus frühester Kinderzeit bekannt waren. Auch aus Oberschlesien wurde berichtet. Eines Tages aber fiel das Wort

„Breslau": Breslau wird Festung. Ich vernahm es mit jenem Erschrecken, das eine unmittelbar in der Nähe befindliche Alarmglocke auslöst.

Bei der Morgenvisite dieses Tages machte der Arzt, der stets mit zuversichtlicher Miene mein Zimmer betrat und mit dem ich schon so manches Scherzwort gewechselt hatte, ein ungewohnt ernstes Gesicht. Das Krankenhaus werde aufgelöst, sagte er, die schweren Krankheitsfälle würden in andere Krankenhäuser weiter westwärts verlegt werden. Die übrigen Patienten sollten, wenn es irgend möglich war, entlassen werden. Ich zähle zu den letzteren, meinte er. „Aber mein Gipsverband – ich hab' ihn doch erst knapp drei Wochen?" „Wir werden den Gips abnehmen und Ihnen einen festen Zinkleimverband anlegen." „Kann ich denn damit laufen?" „Jedenfalls etwas besser als mit dem Gipsbein", sagte er lächelnd. „Aber Sie müssen natürlich sehr vorsichtig sein. Wohin wollen Sie überhaupt?" „Ich muß in die Neumark, Kreis Soldin", antwortete ich und fügte erklärend hinzu: „Das liegt nordöstlich von Küstrin." „Wieso müssen Sie?" fragte er. „Ich bin dort in einem Dorf Lehrerin." Er sah mich besorgt an. „Überlegen Sie es sich! Sie fahren ja den Russen geradewegs in die Arme! Also bis morgen!"

Meine Heiterkeit war verflogen. Stand es wirklich so schlimm? Ich konnte und wollte es nicht glauben. Wie jedermann wußte ich zwar, daß unsere Truppen auf dem Rückzug waren. Aber sollten sie seit Beginn der Weihnachtsferien, als ich mein Dorf verlassen hatte, so weit zurückgedrängt worden sein, daß Gefahr für unseren unmittelbaren Bereich bestand? Jedenfalls mußte ich nach Wallburg zurück. Dort war mein Dienst; dort war mein Platz. Die Post war mir von dort nachgesandt worden. Ich hatte bis jetzt noch keine andere dienstliche Weisung erhalten. Meine Unruhe legte sich, mein Entschluß stand fest. Es war ganz selbstverständlich, daß ich in meinen Dienstort zurückkehrte. Und es war ja nicht nur mein Dienstort. In Wallburg hatte ich mich vor drei Jahren mit einem jungen Bauern verlobt. Nach Kriegsende wollten wir heiraten. Zwei Monate nach unserer Verlobung im Familienkreis war mein Verlobter als Soldat an die Ostfront gegangen. Seine alte Mutter – der Vater war bereits verstorben – bewirtschaftete nun mit drei fremden Arbeitskräften, dem Polen Antek, der Polin Janka und dem Russen Iwan, den Hof, unterstützt von ihrer Tochter Lore, die im Dorf verheiratet war und ganz in ihrer Nähe wohnte. Mutter Groth war achtundsechzig Jahre alt. Ich mußte auch ihretwegen nach Wallburg, gerade jetzt, wenn die Zeiten unsicher wurden. Hatte ich nicht meinem Verlobten zugesagt, Mutter zu unterstützen, als wir uns nach seinem Genesungsurlaub vor einem Jahr trennten? –

Am nächsten Tag wurde der Gips von meinem Bein entfernt, und ich erhielt den angekündigten Zinkleimverband. Mit Mühe zwängte ich den Fuß in den hohen Schnürschuh. Die Schnürränder klafften weit auseinander, die Schnürsenkel reichten nicht aus. Aber ich hatte wenigstens etwas Halt in dem Schuh. Das Laufen mußte ich erst wieder lernen. Der Fuß war sehr schwach, schmerzte, und ich konnte ihn nur ganz flüchtig aufsetzen. Mein Arzt drückte mir beim Abschied die Hand und wünschte mir mit einem bedeutsamen Blick alles Gute. Ich hinkte davon.

Meine Abreise von Waldenburg am 24. Januar 1945 unterschied sich deutlich von meiner friedvollen Ankunft kurz nach Weihnachten. Auf dem Bahnhof herrschte Gedränge und große Aufregung. Meine Tante trug den kleinen Koffer, ich mit Mühe die Handtasche. Als ich den Koffer aufgab, wurde mir bewußt, daß ich ihn mit großer Wahrscheinlichkeit nie mehr wiedersehen würde; denn Hast und Panik herrschten bei der Abfertigung, ein geregelter Ablauf schien nicht mehr möglich. Der Zug auf dem Bahnsteig war übervoll. Gute Menschen, die mein Gebrechen bemerkten, zogen mich in dem Gedränge die Trittbretter hinauf. Ich stand schließlich auf der Plattform auf meinem gesunden Bein, gestützt ringsum von den Leibern meiner Mitreisenden. Meine Hände hielten krampfhaft die Handtasche. Der Zug rollte langsam aus dem Bahnhof.

Die Reise dauerte ungewöhnlich lange, denn oft mußten wir auf den Bahnhöfen oder auf freier Strecke halten. Am Spätnachmittag, es war schon dunkel, hielten wir in Cottbus. Inzwischen hatte ich einen Sitzplatz bekommen, es gab kein Gedränge mehr. Ich schaute aus dem Fenster. Auf dem Bahnhof herrschte normallebhaftes Treiben. Auf der gegenüberliegenden Seite hielt ein Zug; die Abteile waren, soweit ich sehen konnte, spärlich besetzt. Durch den Lautsprecher erscholl die Stimme eines Bahnbeamten. Er kündigte an, daß der Zug auf der anderen Bahnsteigseite nach Berlin fuhr. „Beim Umsteigen bitte beeilen!" Umsteigen – nach Berlin, in meine zweite Heimat! Ich fühlte mich geradezu persönlich angesprochen. Sollte ich einfach umsteigen? Wenn ich auch mein Berliner Zuhause durch den Tod meiner Mutter verloren hatte, so besaß ich doch noch Freunde in Berlin, die mich gern aufnehmen würden. Für eine Sekunde tauchte das Gesicht meines Arztes vor mir auf: „Sie fahren den Russen geradewegs in die Arme!" Ich sah nach der großen Bahnhofsuhr. Bis zu dem Berliner

Zug waren es keine zehn Schritte. Ich könnte es zu der genannten Abfahrtszeit noch gut schaffen . . . Aber ich stieg nicht aus. Das Schwanken hatte nur kurz gedauert. Ganz klar wußte ich wieder, daß ich nach Wallburg fahren mußte, wo meine Pflichten auf mich warteten. Gelassen sah ich bald darauf den Zug abfahren. Ich hatte mich entschieden, und keine Zweifel beunruhigten mich.

Am späten Abend erreichten wir Küstrin, wo ich den Zug verlassen mußte. Um den anderen Bahnsteig zu erreichen, hüpfte ich mühsam am Treppengeländer von Stufe zu Stufe zu den Unterführungen. Dort unten tat sich mir eine fremde Welt auf. Alle Gänge wirkten wie ein großes Warenlager: zusammengebundene Gepäckstücke, große verschnürte Ballen, aufgerollte Teppiche, viele Koffer. Dazwischen saßen vereinzelt oder in kleinen Gruppen Menschen, müde, verhärmt, reglos. Wo kamen sie her? Ach, ich ahnte, ich wußte es. Schrecken erfüllte mich und ein großes, tiefes Mitleid. Diese Menschen hatten ihre Heimat im Osten verlassen, verlassen müssen und hüteten hier unten ihre letzte Habe. Was mochten sie bis zu dieser dürftigen Zuflucht erlebt haben?

Ich suchte mir durch das Durcheinander einen Weg; er schien endlos zu sein. Schließlich stand ich auf dem richtigen Bahnsteig. Der Fahrplan war offenbar völlig durcheinandergeraten, für mich zum Vorteil, denn ich erreichte noch einen verspäteten Zug nach Soldin. Er war kaum besetzt, und ich konnte es mir bequem machen. Um Mitternacht stieg ich in Soldin aus.

Von der Kreisstadt bis zu meinem Dienstort waren es noch 6 km über Land. Busse fuhren während des Krieges wegen der Benzinersparnis nicht mehr. Man konnte nur mit dem Fahrrad oder mittags mit dem Milchwagen des Gutes nach Wallburg gelangen, oder man mußte zu Fuß gehen. Die Bauern fuhren mit der Kutsche und im Winter mit dem Schlitten.

Ich setzte mich in den kleinen Bahnhofswarteraum, um den Morgen abzuwarten. Die Erlebnisse des Reisetages hatten mich erschöpft, ich war todmüde, und dennoch fand ich keinen Schlaf. Um 6.30 Uhr früh wagte ich, in Wallburg anzurufen. Der Gastwirt, in dessen Haus ich ein Zimmer bewohnte und der zugleich auch die Poststelle verwaltete, war schon auf den Beinen. Zu meinem Glück kam während des Gesprächs mein zukünftiger Schwager Hans in die Gaststube. Ich konnte am Klang ihrer Stimmen spüren, wie sehr man sich freute, daß ich wieder da war. „Ich spanne sofort den Schlitten an", rief Hans lebhaft durchs Telefon. „Nicht überstürzen!" sagte ich, „ich kann warten." „Ich muß trotzdem gleich losfahren", rief er eilig, „später, wenn die Wagen alle unterwegs sind, ist kein Durchkommen mehr. Zurück mag es auf dem Sommerweg noch gehen.“ Ich verwunderte mich. Was für Wagen, was für ein Gedränge sollte auf unserer ruhigen Landstraße sein? Nun erfuhr ich, daß seit Tagen zahlreiche Trecks aus dem Osten durch unser Dorf fuhren. Über Nacht wurden Menschen und Pferde im Dorf untergebracht. Am nächsten Morgen zogen sie wieder weiter nach Westen. So war auch mein Schwager, einer der wenigen im Dorf verbliebenen Männer, schon früh im Gasthof tätig gewesen. „Wo irgend Raum ist, sind Strohlager aufgeschüttet. Deine beiden Schulklassen sind voller Flüchtlinge. Also bis bald!“ Mein Schwager hatte aufgelegt. Ich hielt den Hörer noch in der Hand, die neuen, erschreckenden Nachrichten hatten mir den Atem genommen. Was ging hier in unserem friedlichen Land vor? Menschen auf der Flucht – man hatte früher davon gehört, aus der Zeitung und dem Rundfunk, alles spielte sich aber irgendwo in weiter Ferne ab, man selber lebte sicher und geborgen in seiner Behausung. Nun aber . . .! Wo wollten die Menschen hin, die da mit den Zügen in Küstrin angekommen waren und mit den Pferdewagen in Wallburg? Wo sollten sie bleiben? – Mit dem Schulehalten war es wohl vorerst vorbei. Flüchtig streifte mich der Gedanke, daß ich dann ja eigentlich gar nicht hätte zu kommen brauchen; aber es gab sicher viele andere Aufgaben für mich, z.B. bei der Unterbringung und Betreuung der Trecks zu helfen. Und meine Schwiegermutter könnte ich auch unterstützen in all dem Durcheinander, das solch ein Flüchtlingsstrom für jedes raumbietende Haus mit sich bringt. Jetzt erst fiel mir mein Zinkleimverband ein. Wenn ich still saß, hatte ich keine Schmerzen und konnte die Behinderung fast vergessen. Aber würde ich beweglich genug sein, um viele notwendige Gänge zu machen und körperliche Arbeit zu leisten? Das Laufen ging nur langsam und mit Schmerzen. – Die Ankunft meines Schwagers riß mich aus meinen Grübeleien. Als ich dann endlich im wohlbekannten Schlitten saß, mit den warmen Decken über den Knien und die Füße im Pelzfußsack, dazu die lebhafte Stimme meines Schwagers zur Seite, überkam mich das Gefühl der Geborgenheit. Es würde wohl alles noch gut werden können oder doch wenigstens erträglich sein. Nur nicht den Mut verlieren, nicht den Kopf hängen lassen, sondern sich mit allen Kräften für „die Forderung des Tages“ einsetzen!

Wir waren noch nicht lange auf der Landstraße, da kamen uns die ersten Planwagen entgegen, und wir wichen mit unserem Schlitten auf den sogenannten Sommerweg aus, der neben der Teerchaussee verlief. Das ganze Elend einer Flucht zog an meinen

Augen vorüber. Ich konnte nicht länger mehr den Eindruck abwehren, daß hier ein Verhängnis, ein Unglück großen Ausmaßes ablief. Noch einmal, wie aus weiter Ferne, hörte ich die Worte des Arztes: „Sie fahren den Russen geradewegs in die Arme!" Aber nein! So weit war es doch noch nicht. Neben mir saß mein Schwager, dem der Anblick des Trecks schon gewohnt war und der mir – etwas erregter, als es sonst seine Art war – von den Ereignissen der vergangenen vier Wochen, in denen ich verreist gewesen war, berichtete. Sie waren ja noch alle da, meine Freunde, meine Schüler und alle anderen Dorfbewohner, mit denen ich über fünf Jahre zusammen verbracht hatte und mit denen ich durch frohes, aber auch – meist durch den Krieg bedingtes – trauriges Erleben verbunden war. Mit gedämpfter Freude sah ich den Kirchturm unseres Dorfes auftauchen, der mich wegen seiner besonderen Form immer etwas an die Potsdamer Garnisonkirche erinnerte, umgeben von den mir wohlbekannten Dorfhäusern. Ich kam wieder nach Hause. Und die warmherzige Begrüßung durch Mutter Groth, bei der Hans mich absetzte, tat meinem Herzen, das auf dem langen Reiseweg so oft beschwert worden war, ungemein wohl.

An der Straßenbiegung, die ich überschreiten mußte, um von Mutters Haus in mein Gasthofzimmer zu gelangen, kam es zu einer unverhofften Begegnung. Meine frühere Kollegin, die vor einiger Zeit in das entferntere Dorf Kirchheim versetzt worden war, saß warm verpackt in einem Pferdeschlitten; der Förster unseres Dorfes wollte sie offenbar nach Hause fahren. Sie war am Tag vorher zu einem kurzen Besuch – einem Abschiedsbesuch – gekommen. Auf meine Wiedersehensfreude fiel ein Schatten. „Wo willst du hin?" fragte ich. „Ich fahre zu meinen Eltern nach Labes", antwortete sie. „Da ist es zwar auch nicht sicherer, aber ich bin doch bei den Meinen." Sie war in Eile. Wir reichten uns die Hand. „Ob wir uns wohl noch einmal wiedersehen?" Die sonst so vergnügte Kameradin sah blaß und verzagt aus. Ich versuchte, meine Erstarrung abzuschütteln. „Aber natürlich!" rief ich, „warum denn nicht? So schlimm ist es doch nun wirklich nicht. Und nun gute Reise! Melde dich mal!" Der Schlitten fuhr davon, wir winkten uns noch eine Weile zu. Dann humpelte ich hinüber ins Gasthaus. Noch immer fuhren die Planwagen die Dorfstraße entlang.

Mein kleines Dachzimmer war so gemütlich wie immer. In dem transportablen Kachelofen brannte bereits ein wärmendes Feuer. Alles war unverändert. Und doch war es nicht mehr so wie früher. Dieser 25. Januar hatte alles verwandelt. Ich mußte die letzten Eindrücke erst verarbeiten, mußte innerlich einen neuen Standort suchen und die gewohnte Festigkeit wiedergewinnen.

Am nächsten Tag – ausgeschlafen und neu gestärkt – überdachte ich noch einmal alles in Ruhe. Von meinem kleinen Volksempfänger wohl unterrichtet, nahm ich zur Kenntnis, daß unsere Soldaten sich weiter mit Erfolg vom Feinde absetzten. Ich schlug den Atlas auf und suchte die genannten Orte, wo unsere Truppen standen. Die Russen waren von unserer Grenze noch weit entfernt. Ich war ganz sicher, daß sie unser Land nie erreichen würden. Wahrscheinlich ließ man sie sich zunächst in Sicherheit wiegen. Spätestens kurz vor unserer Grenze würden sie dann durch einen Gegenangriff in die Flucht geschlagen werden, notfalls mit den neuen Wunderwaffen, denen niemand widerstehen konnte. Meine Schwiegermutter und alle anderen Bauern schienen aber andere Gedanken als ich zu haben. Mit angstvollem Erstaunen sah ich, daß auf dem Hof meines Verlobten ein Wagen zugerüstet wurde, ganz ähnlich denen, die Tag für Tag durch unser Dorf zogen. Mutter sagte: „Pack das Wichtigste zusammen, für deinen Koffer haben wir auf jeden Fall Platz." Sie ermahnte mich auch, die wärmsten Kleidungsstücke zum Anziehen bereitzulegen, damit wir jederzeit losfahren könnten, auch des Nachts. Ich war furchtbar erschrocken. War das eine Angstpsychose, die um sich griff, oder war das die schonungslose Wirklichkeit? Ich schwieg, ging in mein Zimmer zurück und fing, gedankenschwer, langsam an zu packen. Groß war meine Habe nicht. Der Koffer reichte aus, das wenige „Wertvolle" aufzunehmen. Auf einen Stuhl schichtete ich sorgfältig Wäsche und Kleidung, die ich bei einem plötzlichen Aufbruch anziehen würde. Viel war nun nicht mehr übrig. Und wenn ich auch noch immer geneigt war, dies alles für eine übertriebene Vorsorge zu halten, so begnügte ich mich dennoch damit, mich in den nächsten Tagen mit meinem ältesten Zeug zu kleiden: gestopfte Wäsche, meine alte Trainingshose und eine unansehnliche, auf Bezugsschein gekaufte Flanellbluse. Ich kam nicht dazu, irgendwelche Aufgaben zu übernehmen. Dem Fuß war die lange Reise offenbar nicht gut bekommen, ich hatte wieder Schmerzen und war froh, wenn ich sitzen konnte.

Regelmäßig ging ich am Vor- und Nachmittag hinüber zu Mutter Groth, um nach ihr zu sehen und ihr in kleinen Dingen zur Hand zu gehen. Auf dem Hof stand der Planwagen, den ich zunächst nur scheu betrachtete, mich aber bemühte, ihn allmählich fest ins Auge zu fassen. Wo sollten wir hin – im Ernstfall? Mutter sagte: „Wir werden mit dem Gut zusammen einen Treck bilden. Es soll nach Schloß Rheinsberg in der Mark Brandenburg gehen.

Dort werden sie uns alle unterbringen, bis hier alles vorbei ist." Nach Rheinsberg! Vor meinen Augen erstand das anmutige Schloß am Rheinsberger See, das ich einst als Schülerin auf einer Wanderfahrt kennengelernt hatte. Es gehörte den Hohenzollern, wie auch das Wallburger Gut. Also dorthin wollte man uns bringen, vorübergehend, bis wir wieder zurückkehren konnten. Aber so weit würde es wohl gar nicht kommen, hoffentlich nicht. Denn wie würden wir wohl hier alles vorfinden, wenn das Gebiet Kriegsschauplatz gewesen war. Nicht auszudenken!

Am 27. Januar wurden rote Zettel verteilt. Darauf stand von amtlicher Seite zu lesen, daß eine Räumung des Kreises Soldin nicht in Frage käme. Also hatte ich doch recht behalten! Aber dann stand da noch: Wer dennoch den Kreis verließe, würde bestraft. Wäre unsere Flucht aus Angst vor den Feinden „Fahnenflucht"? Aber niemand rüstete die Planwagen ab. Auch mein Koffer blieb gepackt und die „Fluchtkleidung" auf dem Stuhl geschichtet.

Am folgenden Tag erlebten die Wallburger ein gespenstisches Schauspiel. Von Soldin her kamen Männer einzeln zu Fuß. Sie trugen schneeweiße dicke Verbände, um den Kopf oder an den Armen, an den Beinen oder auch an mehreren Körperteilen zugleich. Das Lazarett war aufgelöst worden. Die Verwundeten hatten sich nach unserem Nachbardorf aufgemacht, wo sich die Bahnstation einer weniger befahrenen Nebenstrecke befand. Von Soldin führe kein Zug mehr. Aber von Bahnfeld sollte noch ein Zug, der letzte, abfahren. Diesen wollten die Verwundeten erreichen. Sechs Kilometer hatten sie schon hinter sich, sieben lagen noch vor ihnen.

Nun wurde uns allen bewußt, daß auch wir auf die Landstraße müßten. Vielleicht würde schon in der nächsten Stunde der Treck zusammengestellt werden. Man sprach nicht mehr viel. Jeder versuchte wohl, Angst und Niedergeschlagenheit in sich selbst zu überwinden. Wir warteten. Ich ging hinüber zu Mutter Groth. Dort hatten sich eine entferntere Verwandte und ihre beiden kleinen Kinder eingefunden. Auf der Flucht bereits, benutzten sie ihr eigenes Auto. Von einem weiter östlich gelegenen Ort war die Frau nach eigenem Entschluß vorsorglich aufgebrochen. Die junge Mutter besaß eine bewundernswerte Haltung. Sie überlegte, ob sie auch nach Bahnfeld fahren sollte, um den letzten Zug nach Westen, von dem gesprochen wurde, mit ihren Kindern zu erreichen. Der Benzinvorrat würde dafür gerade noch genügen. Aber was wäre, wenn es diesen Zug gar nicht gäbe? Oder wenn er längst abgefahren oder aber überfüllt wäre? Hier hatte sie ein

Dach über dem Kopf, ein warmes Zimmer und einen gedeckten Tisch. Ich konnte schlecht raten. Aber wir kamen ins Gespräch. Ich erfuhr, daß ihr Mann Arzt sei und an der Ostfront stehe. Sie hätten beim letzten Urlaub alles genau besprochen. Für den äußersten Notfall habe er ihr ein Gift gegeben. Es reiche, um 50 Personen den Freitod zu ermöglichen. Ich schaute auf sie und die Kinder. Es war so ungeheuerlich zu denken, daß es eine Lebenslage gäbe, die junge, gesunde Menschen zu einem so grausigen Entschluß treiben könnte. Die junge Frau sprach dies alles nur zu mir, mit leiser, ruhiger Stimme. Wir waren uns in der kurzen Zeitspanne menschlich ganz nahegekommen.

Der Wehrmachtsbericht brachte nicht viel Neues. Bei Schneidemühl sei ein einzelner russischer Panzer durchgebrochen. Von unserer Gegend hörten wir nichts. Der nächste Tag war der 29. Januar. Aus Soldin hatte der Milchwagen Mutter Groths Schwester, Tante Berta, mitgebracht. Sie war unverheiratet und hatte eine lohnende Aufgabe darin gefunden, Schüler vom Lande aufzunehmen, die in der Kreisstadt die Mittelschule besuchten. Durch ihr fröhliches Wesen und ihre Fürsorge war sie bei den Auswärtigen recht beliebt. Nun hatte man in Soldin die Schulkinder vorsorglich nach Hause geschickt, und Tante Berta war mit Reisegepäck zu ihrer Schwester gekommen. Sie erzählte uns in ihrer lebhaften Art von der durch die Trecks und die Auflösung des Lazaretts entstandenen Unruhe in der Stadt. – Im Groth'schen Hause, in der Altenteilerwohnung, lebte damals auch noch eine ältere Kollegin von mir, zusammen mit ihrer hochbetagten Mutter. Beide waren vor einem halben Jahr aus Berlin evakuiert worden. Die 60jährige Kollegin hatte mir seitdem in der Schule geholfen.

Am Abend hörte ich in meinem Dachstübchen die Nachrichten. Dabei wurde mitgeteilt, daß der Führer heute, am Vorabend des 30. Januar, sprechen würde. Es war nur eine kurze Ansprache, die keine Ankündigung, unsere Lage betreffend, enthielt.

Der 30. Januar verlief wie jeder andere Tag; niemand dachte daran, daß es der sonst stets gefeierte Tag der Machtübernahme 1933 war. Bei den abendlichen Nachrichten hörte ich im Wehrmachtsbericht, daß einzelne russische Panzer bei Landsberg/Warthe durchgebrochen seien. Meine innere Alarmglocke schlug an. Ich griff nach dem Atlas und schätzte die Entfernung: 50 km. Das bedeutete doch, daß die Panzer u. U. in einer einzigen Stunde hier sein könnten. Ich verstand nicht, warum bei uns alles still und ruhig blieb. Wir hätten doch längst losfahren müssen. Aber höheren Orts wußte man wohl besser Bescheid. Sicher waren die Panzer inzwischen bereits abgefangen und unschädlich gemacht worden. Ich wurde wieder ruhiger. Beim Zubettgehen dachte ich, daß wir vielleicht in dieser Nacht noch aufbrechen würden.

2.

Am nächsten Morgen nach dem Frühstück, das ich wie immer mit meinen Wirtsleuten, den beiden jungen Töchtern und dem kleinen Sohn eingenommen hatte, saß ich in meinem Zimmer am Schreibtisch. Auf einmal kam die jüngere Tochter Gretchen die Treppe heraufgelaufen und verkündete atemlos und überlaut, unser im Ausbau wohnender Bürgermeister hätte angerufen, über die Felder käme ein russischer Panzer. Ich erschrak nicht so sehr. Ich dachte: Da ist doch tatsächlich einer bis hierher durchgekommen. Wahrscheinlich wird er Ortschaften meiden. Im Haus wurde es unruhig, aufgeregte Stimmen klangen durcheinander. Nun hörte ich auf einmal einen merkwürdigen, unbekannten Laut. Es war, als ob hoch vom Baugerüst ein großes, langes Brett auf einen Stoß tiefer liegender Bretter herabgefallen wäre. Ich öffnete das Fenster und schaute hinaus. Auf die Straße waren Leute gelaufen. Jemand rief: „In den Kirchturm ist geschossen worden!“ Ich schloß eilig das Fenster, nahm mir keine Zeit, einen Mantel überzuziehen, sondern humpelte, so wie ich war, die Treppe hinunter, um zu Mutter Groth zu laufen. Als ich auf die Straße kam, sah ich in lauter schreckerfüllte Gesichter. Vom Dorfeingang aus hatte man es gesehen: Über eine langgezogene Hügelwelle rückte in breiter Front eine Reihe von zahllosen Panzern gegen unser Dorf vor. Es wurde geschossen. Die Menschen liefen in Angst und Schrecken zurück in die Häuser, ich zu Mutter Groth. Wir hörten bald darauf, wie mit furchtbarem Getöse der erste Panzer die Dorfstraße heraufkam. Durch die Fenster sahen wir, aus dem Hintergrund des Zimmers heraus, das riesige Fahrzeug bei uns um die Ecke biegen. Es fuhr langsam, wie vorsichtig suchend, ohne anzuhalten, die menschenleere Straße entlang. Als es, der Straße folgend, wieder um die Ecke bog und außer Sicht war, kamen einige wenige zögernd aus den Häusern auf die Straße. Ich öffnete etwas die Haustür. Jemand rief erbittert: „Jetzt sitzen wir in der Falle, und niemand hilft uns mehr heraus!“ Da rasselten wieder die schweren Ketten der Panzer vom Dorfeingang her, und wie von einem Windstoß verjagt, stürzten die wenigen Menschen zurück in die Häuser, und ich schloß schnell die Tür. Mutter sagte ruhig: „Wir müssen nun in den Keller gehen und warten, bis sie alle durchgefahren sind. Es wird vielleicht noch geschossen. Vielleicht aber steigen sie auch aus und wollen, daß wir ihnen etwas zu essen kochen."

Wir suchten den Keller auf. Es gab dort neben dem großen Backofen einen kleinen schmalen Raum, in dem die Brennvorräte untergebracht waren. Er war nur durch eine einfache, unauffällige Tür vom übrigen Kellerraum abgetrennt. Da hinein führte uns Mutter. Wir bereiteten uns dort eine behelfsmäßige Sitzgelegenheit. Zunächst der Tür saß Mutter, neben ihr Tante Berta, dann kam ich, uns gegenüber meine ältere Kollegin mit ihrer über 80jährigen Mutter. Wir saßen im Halbdunkel ganz still, die innere Spannung war kaum auszuhalten. Von draußen hörten wir das Rasseln der Fahrzeuge. Ich weiß nicht, wie lange es dauerte, bis oben unsere Haustür geöffnet wurde und mit viel Gelärm, darunter auch weibliche Stimmen, die Russen ihren Einzug hielten. Wir sagten uns leise zu: „Jetzt sind sie im Wohnzimmer – jetzt gehen sie auf den Boden . . ." Wann würden sie in den Keller kommen? Und sie kamen. Die ersten fanden uns nicht. Sie stapften bei unserer angelehnten Tür vorbei, vermuteten wohl nicht, daß neben dem breiten Backofen noch ein Raum sei. Wir hielten den Atem an, um uns nicht zu verraten. Die Männer unterhielten sich in ihrer fremdartigen Sprache, rumpelten im Gerät herum, lachten rauh und zogen endlich wieder ab. Unsere Anspannung ließ nach. Wieder polterten schwere Männerstiefel die Treppe zu uns herab. Aber auch diesmal entdeckten sie nicht unser Versteck. Wie oft sollte das noch so gehen? Wir meinten herauszuhören, daß manche das Haus wieder verließen, dafür andere hereinstürmten.

Über uns wurde es zunehmend lauter. Die Stimmen dröhnten, Möbel wurden offenbar hin- und hergeschoben, es schien, als ob die Hölle los war. Nun wieder stampften Schritte auf der Kellertreppe, dann kurzes Hin und Her im Keller! Mit einem Ruck wurde unsere Tür aufgerissen, uns traf das Licht von Taschenlampen. Zwei russische Soldaten! Man merkte, wie überrascht sie waren, dies Häuflein alter Menschen aufzufinden. Der eine fragte mit ein paar Brocken deutscher Wörter, wer die Besitzerin des Hauses sei. Mutter hob leicht die Hand. „Mitkommen!" kommandierte der Wortführer. Mutter erhob sich. Im selben Augenblick stand auch ich. Ich tat es, ohne mich zu besinnen. Es war wie ein innerer Befehl: Du mußt Mutter begleiten! Aber der Russe stieß mich zurück, daß ich wieder auf meinen Sitz fiel. „Du nicht!" sagte er kurz, und dann zogen die beiden mit Mutter Groth ab, nicht, ohne die Tür wieder anzulehnen. Tante Berta neben mir konnte die Aufregung nicht mehr ertragen. „Hoffentlich tun sie ihr nichts", flüsterte sie wiederholt, oder: „Was wollen sie von ihr?" Ich sagte: „Wir müssen abwarten, vielleicht geht ja alles gut." Wir warteten. Oben wurde es etwas ruhiger. Ich weiß nicht, wieviel Zeit verging. Endlich kam Mutter wieder zu uns. Ihr war nichts geschehen. Sie hatte sich hinsetzen und dann viele Fragen beantworten müssen. Es ging vor allem darum, ob deutsche Soldaten im Hause oder in der Nähe seien. Ich erfuhr nun, daß Mutter vorsorglich veranlaßt hatte, die Extrauniform ihres jüngsten Sohnes, der Berufssoldat war, auf dem Hausboden unter einem aufgeschütteten Getreidehaufen zu verstecken. Man hatte die Uniform gefunden. Mutter hatte alle Fragen wahrheitsgemäß beantwortet und durfte schließlich wieder gehen. Ich war erleichtert.

Immer wieder kamen nun Russen in den Keller und machten sich beim Licht der Taschenlampen irgenwie zu schaffen. Die meisten entdeckten uns nicht. Einmal klang es so, als ob Messer geschärft würden. Tante Berta zitterte am ganzen Leibe. Trotz der Gefahr, entdeckt zu werden, flüsterte sie immer wieder: „Jetzt bringen sie uns um." Ich fürchtete das nicht, war aber doch ebenso stark von dem Qualvollen unserer Lage betroffen. Wir saßen im Dunkeln, schweigend, voller Angst, angespannt alle Geräusche vernehmend und versuchend, sie zu deuten und uns eine Vorstellung von den Vorgängen im Keller und im übrigen Hause zu machen.

Noch einmal wurde dann die Tür aufgerissen. Zwei Russen standen vor uns. Der eine beleuchtete uns mit der Taschenlampe. Der andere griff gewalttätig und grobe Laute ausstoßend nacheinander nach unserem Hals und riß die Kleider auf. Auch unsere Hände wurden befühlt. Ich ahnte zuerst nicht, was das sollte. Als er mir aber meinen Verlobungsring vom Finger riß, wußte ich, was er suchte. Meiner alten Kollegin ging es übler als mir. Er hatte bei ihr einen ledernen Brustbeutel entdeckt, riß ihn vom Halse und öffnete ihn. Der Beutel enthielt ihren Schmuck, letzte Kostbarkeiten, die sie vor den Bomben in Berlin gerettet hatte. Ich sah im wechselnden Schein der aufflackernden Taschenlampen, deren Dynamo, durch Händedruck betätigt, fortwährend aufheulte, ihr verzweifeltes Gesicht. Sie griff nach einem ihrer Ringe und bat: „Laß mir doch wenigstens einen!" Aber er stieß sie zurück, steckte die Beute ein, und beide verließen grölend den Keller. Wir waren danach wie gelähmt. Es wurde uns klar, daß wir ohnmächtig der nackten Gewalt ausgeliefert waren.

Die Nacht dehnte sich endlos. Seit vielen Stunden hatten wir nichts mehr gegessen, empfanden auch keinen Hunger. Es war, als ob im Körper alle Funktionen aussetzten, nur das Herz klopfte in Angst und Entsetzen.

Als der Morgen graute, fingen die Kühe im Stall laut und jämmerlich zu brüllen an. Ich dachte, sie würden abgeschlachtet. Mutter sagte leise: „Sie brüllen, weil sie nicht gemolken werden.“ Das Brüllen ging weiter und quälte mich sehr. Da faßte ich einen Entschluß. Ich sagte: „Ich gehe jetzt hinauf und werde die Kühe melken. Dagegen werden die Russen doch nichts einzuwenden haben, das Gebrüll wird sie sicher auch stören.“ Mutter drehte den Kopf zu mir hin, ich fühlte ihren Blick. Sie sagte aber nichts. „Wir können hier sowieso nicht auf Dauer sitzen“, setzte ich noch hinzu. Ich spürte, wie der Drang in mir, diesen Keller zu verlassen, ebenso stark war wie das Mitleid mit dem gequälten Vieh. So stand ich auf, reckte und streckte mich ein wenig und ging.

In dem vorderen Kellerraum war vielerlei durcheinandergeworfen. Im Frühlicht sah ich auf dem Fußboden in der Ecke neben der Tür meinen Verlobungsring liegen. Der Russe hatte wohl gemerkt, daß es kein echter Goldring war, und mußte ihn offenbar weggeworfen haben. Ich hob ihn auf und steckte ihn wieder an den Finger. Mit fester Entschlossenheit stieg ich hinkend die Kellertreppe hinauf und ging sogleich in die Küche. Doch blieb ich an der offenen Tür wie gebannt stehen. Mutters saubere und wohlgeordnete Küche hatte sich in ein Chaos von Unrat verwandelt. Alle Flächen waren über und über mit schmutzigem Gerät in völligem Durcheinander bedeckt. Große Speisereste verschiedener Art lagen auf dem Herd und auf dem Fußboden. Ich überwand Schreck und Ekel und versuchte, zu der Stelle zu gelangen, wo sonst die Melkeimer standen.

In diesem Augenblick erklang hinter mir eine Männerstimme. Ein Russe betrat die Küche, kam auf mich zu. Ich machte mich innerlich ganz fest, wies mit einer Armbewegung nach draußen, wo das Gebrüll der Kühe herkam, und machte dann mit beiden Händen die Gebärde des Melkens. Er ergriff mein Handgelenk und führte mich zur Speisekammer, deren Tür weit offen stand. Ich glaubte arglos, er wolle, daß ich ihm etwas zu essen bereite. Aber als ich meinen Fuß über die Schwelle gesetzt hatte, erkannte ich an seinen eindeutigen Gebärden, daß er etwas ganz anderes wollte. Ich erschrak furchtbar, und das Entsetzen verlieh mir Kraft genug, mich von dem Unmenschen loszureißen. Ich rannte durch die Küche, die Treppe zum Hofausgang hinunter und über den Hof. Zum Glück hielt mich niemand auf. Als ich die kleine Tür im Scheunentor öffnete, hörte ich rohes Gelächter vom Haus her und das Knallen eines Schusses.

Ich schloß das Tor, durchquerte den Scheunenflur und verließ die Scheune auf der anderen Seite. Dort war der Hof des Grothschen Arbeiterhauses, eines kleinen Landhauses für zwei Familien. Atemlos klopfte ich an der verschlossenen Haustür. Endlich hörte ich eine leise weibliche Stimme fragen, wer draußen sei, dann wurde vorsichtig geöffnet. Ich trat durch den dunklen Hausflur in ein Zimmer. Dort saßen die Frauen des Hauses und einige aus den benachbarten Häusern. „Was ist Ihnen geschehen?“ riefen sie, „Sie sehen aus wie der Tod.“ Ich berichtete nur kurz, weil ich kaum Atem hatte, horchte nach draußen, ob man mir gefolgt war, und fragte, ob denn hier im Haus schon Russen gewesen seien. Immerhin lag dieses Haus nicht an der Dorfstraße, sondern an einer Seitengasse, die zum See hinunterführte. Meiner Frage folgte ein seltsames Schweigen. Ich schaute in die Gesichter, erkannte erst jetzt die einzelnen Frauen, sah auch die 14jährige Tochter, ein bildhübsches Mädchen. Die Gesichter hatten alle einen befremdenden, starren Ausdruck. Dann hörte ich ein hilfloses Weinen und erfuhr, daß diese Frauen die ganze Nacht über von immer neuen Eindringlingen vergewaltigt worden waren. Mir war, als täte sich ein furchtbarer Abgrund auf, in den ich jeden Augenblick stürzen könnte. Ich suchte das Gesicht des schönen, großen Mädchens, das bis vor kurzem noch meine Schülerin gewesen war. Über ihr verstörtes Antlitz liefen einzelne Tränen. Ich konnte nichts sagen, nichts Klagendes, nichts Tröstendes. Durch die Fenster sah ich in den trüben Februarmorgen hinaus. Wohin sollten wir uns wenden? Es gab keinen Weg mehr aus dieser Hölle.

Das Schweigen wurde unterbrochen, als aus dem Nebenzimmer Ernst, der junge Sohn einer der Frauen, zu uns kam. Er war zur Zeit gerade auf Genesungsurlaub und trug den verwundeten Arm in der Binde. Der 20jährige war nicht mehr mein Schüler gewesen, wohl aber sein jüngerer Bruder, der – was für das Dorf außergewöhnlich war – sich zur Marine gemeldet hatte und mit der „Bismarck“ untergegangen war. Ernst trat auf mich zu und sagte: „Wir können hier nicht bleiben. Vielleicht ist es unten am See im Försterhaus besser.“ Langsam rafften wir uns auf, verließen das Haus zur Gassenseite hin und setzten uns als kleiner Trupp in Richtung See in Bewegung. Außer uns war kein Mensch zu sehen. Ernst ging an meiner Seite und sprach leise auf mich ein. „Es ist aus . . . es hat keinen Zweck mehr, auf etwas zu warten . . . Sie wissen es wie ich: Wir müssen ein Ende machen . . . Schluß machen . . . Lassen Sie es uns zusammen tun, die anderen schaffen es nicht, die haben keine Entschlußkraft mehr . . .“ Und da ich schwieg, wurde er immer eindringlicher. „Es ist unerträglich, auch, ja, besonders für Sie ... noch eine solche Nacht mache ich nicht mit ..." Der Weg war vereist, darüber stand in Pfützen das Wasser. In der Nacht mußte es geregnet haben. Ich kam nur mühsam vorwärts, rutschte auf dem unebenen, glatten Boden hin und her und faßte nach seinem gesunden Arm. Dann sagte ich: „Ich denke wie Sie ..." Und während die anderen uns überholten, sprach ich von dem Gift der jungen Arztfrau. Wo war sie geblieben? Ernst wußte es: „Sie ist mit den Kindern hier unten bei See-Groths", sagte er und machte eine Kopfbewegung zu dem Haus hin, an dem wir eben vorbeigingen. „Die alte Mutter und ihre unverheiratete Tochter waren froh über die Einquartierung." See-Groths waren mit den Meinen weitläufig verwandt.

Das kleine Forsthaus, das wir nun erreicht hatten, war voller Frauen und Kinder und schien überzuquellen. Viele hatten sich nach dem ersten Schrecken hierher geflüchtet. Aber das mir befreundete Försterehepaar war nicht unter ihnen. Wir erhielten nun weitere schreckliche Nachrichten über die Vorgänge in der vergangenen Nacht. Viele seien in den Wald gelaufen; aber dann habe es geregnet, Mütter mit kleinen Kindern hätten schließlich umkehren müssen. Aber der Förster und seine Frau seien nicht zurückgekehrt. Die Russen seien nachts auch in diesem Haus gewesen; auf einem Parkweg konnte man es vom Schloß aus erreichen. Der Schloßverwalter sei ebenfalls in den Wald geflüchtet.

Ohne das Forsthaus betreten zu haben, kehrten wir wieder um. Wohin? Hinauf zur Dorfstraße sicher nicht! Also zu See-Groths! Ich mußte ja die Arztfrau sprechen. Uns wurde geöffnet, und wir traten ins Haus. Auch hierher waren in der Nacht Frauen und Mädchen geflohen, übernächtigte und verstörte Gesichter schauten uns entgegen. Wir berichteten einander hastig in abgerissenen Sätzen von den furchtbaren Ereignissen der letzten Stunden.

Hier erfuhr ich, daß mein Wirt schon am Vortag beim ersten Zusammentreffen mit den Russen erschossen worden war. Er befand sich in der Küche und wusch sich die Hände. Dabei schoß man ihn ohne Grund und Warnung in den Rücken. Aus Verzweiflung über seinen Tod erhängte sich daraufhin die 23jährige Tochter im Stall. Die drei Jahre jüngere Schwester Gretchen schnitt sich die Pulsadern auf. Ein Russe, der hinzugekommen war, hatte ihr die Adern abgebunden, so daß sie überlebte. Mutter und Tochter hätten zur Nacht den Toten zwischen sich in die Ehebetten gelegt, weil sie sich davon einen gewissen Schutz vor Vergewaltigung versprachen. Das Schicksal dieser Familie traf mich besonders tief. Mit ihr hatte ich über fünf Jahre unter einem Dach gelebt, zusammen die täglichen Mahlzeiten eingenommen;

die Mädchen waren – nur wenig jünger als ich – meine lebensfrohen Kameradinnen gewesen. In mir wurde es ganz dunkel, und ich meinte wiederum, daß es aus diesem Schrecken nur einen einzigen Ausweg gäbe.

Ich sprach leise mit der Arztfrau und bat sie um einen kleinen Teil des Gifts, von dem sie mir erzählt hätte. „Das geht leider nicht“, sagte sie und erklärte mir sehr sachlich, daß dieses Gift in einer festverschlossenen Flasche sei. Nur in einem geschlossenen Raum sei es anwendbar. Aus der geöffneten Flasche ströme das Gift gasförmig in den Raum und reiche dann für etwa 50 Personen. Ich fragte sie, ob sie es für sich und die Kinder und also auch für Ernst und mich anzuwenden gedenke. „Noch nicht“, antwortete sie mit besonderer Betonung der beiden Wörter. Ich war enttäuscht; dennoch, die Antwort hatte einen winzigen Lichtschimmer in mein inneres Dunkel geworfen. Diese Mutter hatte noch nicht aufgegeben, sie hatte noch Hoffnung. Ich bat sie, mir zu sagen, wann sie die Flasche öffnen werde, und sie versprach es mir und gab mir dabei die Hand.

In dem Einfamilienhaus sammelten sich allmählich noch mehr Menschen aus den Häusern der näheren Umgebung. Hier fanden sich auch Mutter Groth, Tante Berta, meine Schwägerin Lore und mein Schwager Hans ein. Hinzu kam später die junge Pastorenfrau, mit einem vollgepackten Rucksack auf dem Rükken, die beiden Kinder – vier- und dreijährig – an der Hand, gefolgt von ihrem 15jährigen Pflichtjahrmädchen Else. Sie hatten die Nacht auch voller Ängste verbracht, bei Tagesanbruch hastig das Wichtigste zusammengepackt und dann in Eile das Pfarrhaus verlassen. So waren wir nun wohl über vierzig Personen im Haus. Die Älteren sorgten für warmes Essen und Trinken. Irgendwie fühlten wir uns nach den furchtbaren Stunden durch solche Fürsorge etwas geborgen. Aber diese Geborgenheit war trügerisch. Das Geschehen draußen drang zu uns herein. Vom Giebelfenster aus konnte man die Gasse hinauf zur Dorfstraße sehen. Panzer und Lastkraftwagen fuhren durchs Dorf, meist, ohne zu halten. Wir hofften, daß der Durchzug einmal zu Ende sein würde und wir in unsere Wohnungen zurückkehren könnten, um wenigstens ausreichende Winterkleidung und unsere Papiere zu holen.

Als es dunkelte, bereitete sich eine der Frauen zu einem Gang nach draußen vor. Mit einem dunklen Kopftuch verhüllte sie fast ganz ihr Gesicht. In die Hand nahm sie einen Krug voll warmer Suppe, in dem ein Löffel steckte. Über Krug und Arm legte sie das Ende des Wollschals, den sie um die Schultern trug. Ich sah ihr verwundert zu. Zu wem wollte sie gehen? „Im letzten Haus der Gasse liegt ein deutscher Soldat, ein Verwundeter. Er hat sich dort versteckt, und ich bringe ihm etwas zu essen." Ich sah ihr bewundernd und mit großer Sorge nach, als sie das Haus verließ. Es mußte einer von den Soldaten sein, die sich vor dem Russeneinfall vom Soldiner Lazarett aus auf den Weg gemacht hatten. Er hatte sicher die vielen Kilometer nicht so schnell wie die anderen hinter sich bringen können und war mit Müh' und Not bis nach Wallburg gekommen. Man hatte ihm bereits Zivilkleidung gebracht. Was sollte aus ihm werden? Ich wartete beklommen, bis die hilfreiche Frau wieder zurückkam. Sie meinte, sie wolle noch einmal zu dem Verwundeten gehen, er müsse unbedingt neu verbunden werden.

Wir bereiteten uns auf die Nacht vor. Die alten Frauen – dazu gehörte auch Mutter Groth – und die Kinder bekamen ein Lager in den unteren Räumen des Hauses. Wir jüngeren Frauen und Mädchen kletterten auf den Oberboden über der Giebelstube, und nachdem uns noch ein Eimer gebracht worden war, zogen wir die Leiter herauf. Alles geschah beim Licht einer Kerze, denn es gab schon längst keinen Strom mehr. Wir lagen dort oben unter dem Schrägdach dicht gedrängt, in Kleidern und Schuhen. Es war stockdunkel. Alle schwiegen. Was würde die Nacht uns bringen?

Es dauerte auch nicht lange, als unten an der Haustür gerüttelt wurde. Grobe, unverständliche Laute wurden geschrien. Wir vernahmen, daß man die Haustür öffnete. Der Stimmenlärm wurde nun etwas gedämpfter, das Stampfen schwerer Stiefel umso hörbarer. Als die unteren Räume offenbar durchsucht waren, kam es die Treppe heraufgepoltert. Der Schein der Kerze war an der oberen Bodenwand zu sehen. Ich lag in angstvoller Verkrampfung und wagte nicht mehr zu atmen. Ein altes Ehepaar, das wohl die Kerze trug, versuchte mit ruhiger Stimme, die stöbernden Russen zu besänftigen. Als die Oberstube – unmittelbar unter uns – und die Kammern menschenleer gefunden wurden, traten die Eindringlinge den Rückzug an, wobei ihre unverständlichen Reden wieder bedrohlich anschwollen. Endlich schlug die Haustür zu; wir hörten noch etwas vom Lärm auf der Straße, der sich allmählich entfernte. Wir atmeten auf und flüsterten leise miteinander; die minutenlange Angst, die wir ausgestanden hatten, machte sich Luft. Es kamen dann wenig später noch einmal Russen, alles spielte sich ähnlich ab, wir wurden nicht entdeckt. Übermüdet nach über 40 Stunden Wachsein und der Folter nie gekannter Schrecken und Ängste, fiel ich in einen festen, traumlosen Schlaf.

Die nächsten Tage brachten keine Veränderung unserer Lage. Wir hockten weiter in dem Haus am See beieinander. Wenn Russen am Tag das Haus betraten, so nahmen wir Jüngeren eins der Kinder auf den Schoß. Wir banden uns alte Kopftücher oder Schals um, damit wir einen recht alten und unansehnlichen Eindruck machten. Einmal griff ein Russe nach dem kleinen Pflichtjahrmädchen, schleppte es in die Küche und schloß sich mit ihm ein. Wir warteten in ohnmächtiger Stummheit. Dann ging endlich die Tür auf und hinter dem davonstampfenden Russen trat Else unversehrt aus der Küche; sie erzählte, daß der Mann ihr, als sie sich gegen seine Zudringlichkeit wehrte, die Pistole an die Schläfe gesetzt habe. Da sie sich aber trotzdem nicht ergeben wollte, habe er schließlich von ihr abgelassen. Else war noch ein richtiges Kind mit ihrem runden Gesicht und den großen blauen Augen. Vielleicht hatte dieses Gesicht etwas Menschlichkeit bei dem jungen Mann geweckt, so daß er von seinem Vorhaben abließ. Immer noch kamen einzelne Dorfbewohner zu unserem Haus. Sie brachten schlimme Nachrichten mit. Einige Frauen hätten sich nach der ersten Nacht schon in den See gestürzt, nachdem sie zuvor ihre Kinder ertränkt hatten. Einer Frau entschwanden nach der Verzweiflungstat die Kraft und der Mut, sich selbst dem Wassertod zu überlassen. Wir erfuhren, daß man den Brennermeister erschossen hatte, der bei Ankunft der Russen den Sprit hatte auslaufen lassen. In größter Verzweiflung hatte sich seine Familie danach auf dem Dachboden erhängt; das jüngste Kind war aber aus der Schlinge gerutscht und lebte; Nachbarn hatten es zu sich genommen. Der Rechnungsführer des Gutes, Vater von drei Kindern, war ebenfalls erschossen worden. Auch der Gutsverwalter, der aus dem Wald zum Schloß zurückgekehrt war und es, durch den Park schleichend, von der Rückseite her auskundschaften wollte, war hinterrücks erschossen worden. Bei solchen Nachrichten preßte ich die Hand fest auf den Mund. Ich wollte immer schreien: „Nein!!" Ich konnte dies alles nicht begreifen, nicht als wirkliches Geschehen fassen. Es schien aber, als ob die Russen doch noch nicht zufrieden waren mit diesen Opfern. Wie uns berichtet wurde, gingen sie dazu über, den größeren Jungen die Pistole auf die Brust oder Stirn zu setzen und unter dieser Bedrohung nach den Menschen zu fragen, die in dem Dorf ein Amt bekleidet hatten; sie ließen sich dann zu deren Wohnungen führen. Mich durchfuhr der Gedanke, daß ich bei meiner Stellung im Dorf auf diese Weise bald an der Reihe sein würde. Ich tauschte einen Blick mit der Pastorenfrau. Allerdings hatte sie kein „Amt" gehabt, war Mutter von zwei Kindern, das konnte ein Schutz sein. Aber ich war Lehrerin und – mit meinen 28 Jahren – BDM-Führerin* dazu. Am Ende gefährdete ich dadurch vielleicht auch noch meine Schwiegermutter! Große innere Unruhe überkam mich; ich versuchte nachzudenken, was zu tun sei, kam aber zu keinem Entschluß.

Am anderen Morgen erschien die Wirtin des Gasthofes, in dem ich gewohnt hatte, an der Haustür. Man rief mich sogleich herbei, und so stand ich der Frau gegenüber, die ihren Mann und die älteste Tochter, beide am selben Tag, auf so schreckliche Weise verloren hatte. Den kleinen 8jährigen Sohn hatte sie an der Hand, und die Tochter Gretchen stand neben ihr. Ich sah in die verstörten Gesichter, die mir seltsam fremd erschienen, und vermochte kein Wort herauszubringen. Die Frau bat um Quartier; sie könnten in dem Haus oben an der Straße nicht mehr bleiben. Man schilderte ihr die fast unhaltbaren Zustände in dem überfüllten Haus, und so beschloß sie, mit noch anderen Dorfbewohnern zusammen in das nahe gelegene Vorwerk Felsberg zu gehen, das abseits der Durchgangsstraße lag. Wir gaben uns zum Abschied die Hand. Gretchen tat es vorsichtig, und ich dachte an die Schnittwunden an ihren Handgelenken. So wagte ich kaum, ihre Hand zu drücken, und als sie es merkte, drehte sie ihre Handgelenke nach außen. Ich sah die blutleeren, noch auseinanderklaffenden Ränder der Schnittwunden, die über das ganze innere Handgelenk liefen. Dieser Anblick löste meine Zunge. „Gretchen", sagte ich leise, „du sollst nicht verzweifeln. Du bist noch so jung. Halte durch, es kann für dich noch alles gut werden. Wenn das hier vorüber ist, fängt für dich das Leben noch einmal ganz neu an. Du wirst dann an alles nur noch wie an einen bösen Traum denken." Sie sah mich, während ich zu ihr sprach, unverwandt mit ihren leergeweinten Augen an, schaute dann noch einmal flüchtig auf ihre zerschundenen Handgelenke und sagte: „Das ist vorbei . . . ich werde mich nicht unterkriegen lassen." Und nun drückte sie mir doch fest die Hand. Dann wandten sich die drei zum Gehen und schlossen sich der kleinen Gruppe an, die zum Vorwerk wollte. Durchs Fenster sah ich ihnen nach, wie sie über die Wiese gingen. Ach, Gretchen, was für ein fröhliches Menschenkind warst du noch vor wenigen Tagen! Woher waren mir die tröstenden Worte gekommen, da ich mich doch selber am Rande der Verzweiflung

---

* Die Verbindung beider Ämter – Lehrerin im Staatsdienst und Unterführerin im Verband der Staatsjugend (hier also: „Bund Deutscher Mädel") – war zu damaliger Zeit auf dem Lande, wenn es nötig und irgend möglich war, eine Selbstverständlichkeit.

bewegte? Glaubte ich wirklich daran, daß „noch alles gut werden“ könnte?

Die Russen fühlten sich indessen zunehmend sicherer. Man hörte immer wieder Schüsse. Wie man uns berichtete, waren alle Hunde des Dorfes – auch unser „Griepto“ – abgeschossen worden, ebenso alle Hühner. Einmal fuhren zwei Schüsse von außen schräg durchs Zimmer und schlugen in der gegenüberliegenden Wand ein. Niemand von uns war getroffen worden. Es machte auch keiner ein Aufhebens von dem Vorfall.

Am Nachmittag war – nach unserer Beobachtung – beim Truppentransport eine Pause eingetreten. Vom Giebelfenster aus sahen wir hinauf zur leeren Dorfstraße. Mein Schwager Hans sagte: „Ich versuche jetzt, in dein Zimmer zu gehen. Du mußt wenigstens deinen Mantel und deine Papiere haben.“ Ich wollte ihn davon abbringen, weil es für ihn zu gefährlich sei; denn mit seinen 40 Jahren war er ein verhältnismäßig junger Mann. Aber es gelang mir nicht. Er wurde ärgerlich, denn Eile tat not. Wer weiß, wie lange die Stille auf der Straße noch dauerte. So beschrieb ich ihm, wo er in meiner Dachstube das Wichtigste finden würde, und er ging eilig davon. Ich wußte nicht, ob er anderen gesagt hatte, in welche Gefahr er sich begeben wollte. So war ich allein mit meiner Angst und der großen inneren Spannung. Bis zum Gasthaus war es nur ein Weg von etwa drei Minuten. Mein Schwager war in der kürzest möglichen Zeit wieder zurück, und mir fiel ein Stein vom Herzen. Hans berichtete, noch etwas atemlos und erregt: „In deinem Zimmer befindet sich nichts mehr als Unrat. Sie haben es als Klo benutzt, der Weg über den Hof war ihnen wohl zu weit. Von deiner Kleidung ist nichts mehr vorhanden, der gepackte Koffer ist weg, der Schrank leer, die Bücher haben sie aus dem Fenster geworfen.“ Diese Mitteilungen machten keinen besonderen Eindruck auf mich. Ich war so froh, daß er unversehrt zurückgekommen war, zumal das Rasseln und Dröhnen der schweren Panzer wieder zu hören war. Es war mir gleichgültig, daß mein kleiner materieller Besitz verloren war. Was bedeutete dieser Verlust gegenüber der Bedrohung von Leib und Leben mit all ihren Schrecken, auf die uns niemand innerlich vorbereitet hatte!

Am nächsten Tag gab mir jemand eine Jacke, aus dicker lila Wolle gehäkelt, die Ränder grau abgesetzt. Sie war auf der Straße gefunden worden und mußte einem Menschen mit beträchtlichem Leibesumfang gehört haben. Mir war sie viel zu weit und zu lang, sie reichte mir fast bis zu den Kniekehlen. Aber sie war warm und konnte einen Mantel ersetzen. Ich war dankbar. Auf dem Dachboden war es nachts recht kalt.

Abends brannte es im Dorf. Wir sahen von unserem Ausguck aus den roten, zuckenden Feuerschein am Himmel, auch die züngelnden Flammenspitzen. Wessen Haus brannte? Wir stellten Überlegungen und Vermutungen an, konnten es aber nicht mit Sicherheit herausfinden.

Am nächsten Abend lag wieder Flammenschein überm Dorf. Wollten die Russen alle Häuser niederbrennen? Wo sollten wir dann bleiben? Wir versanken wieder in dumpfe Ergebenheit. Hier fanden doch keine Kampfhandlungen statt; dennoch brannten die Häuser, nahm die Zahl der Toten von Tag zu Tag zu. Würde man uns bald aus dieser Lage befreien? Wann kam der Gegenangriff, der die Feinde zum Rückzug zwingen würde? Aber wie sollten wir solche kriegerische Auseinandersetzung überstehen, vielleicht mitten im Frontgebiet?

Am fünften Tag kam eine Gruppe russischer Soldaten – offensichtlich von höherem Dienstgrad – die Seegasse geradewegs auf unser Haus zu, angeführt von einem Zivilisten. Wir sahen – in der Tiefe des Zimmers stehend – durchs Fenster, wie sie sich mit eiligem Schritt näherten. Zu meiner Überraschung erkannte ich in dem Zivilisten unseren Russen Iwan, mit dem zusammen ich oft auf dem Hof meines Verlobten gearbeitet hatte, besonders bei der Heu- und Getreideernte. Ich ahnte nichts Gutes. Sollte Iwan „Verdächtige" angeben und ausliefern? Galt am Ende der unerwünschte Besuch nur mir? Ich spürte die Gefahr, die auf mich zukam. Dennoch – Iwan kannte ich als einen jungen gutmütigen Menschen, der gerne bei der Arbeit lachte. Ich konnte mich nicht vor ihm fürchten. Zusammen mit den älteren Leuten erwarteten wir jüngeren Frauen, ein Kind auf dem Schoß, die Soldaten im Wohnzimmer. Iwan trug einen neuen Anzug, der ihm nicht recht paßte, dazu neue Schuhe. Sein Gesicht war leicht gerötet, als ob er getrunken hätte. Ich senkte den Blick. Man konnte dem russisch geführten Gespräch entnehmen, daß Iwan gefragt wurde und er darauf antwortete. Offenbar wurde er nach jedem einzelnen von uns ausgefragt. Iwans Stimme erschien mir etwas gewollt unbekümmert. Es dauerte eine ganze Weile, bis die Fragerei beendet war. Niemand von uns wurde zum Mitkommen aufgefordert. Ich war sehr erleichtert. Iwan hatte mich nicht verraten. Daß ich mich nicht in ihm getäuscht hatte, empfand ich als eine kleine Helligkeit in der Düsternis, in der ich in jenen Tagen befangen war. Aber das Nachdenken blieb. Ich zählte die Toten unseres Dorfes in diesen fünf Tagen und kam auf die Zahl 25.

Am frühen Morgen des nächsten Tages – wir waren in dieser

Zeit nicht aus den Kleidern gekommen – gab es einen Augenblick, wo ich mit Frau Buchwald, der Pastorenfrau unseres Dorfes, fast allein in einem Zimmer war. Sie sagte zu mir ohne Einleitung: „Ich habe heute nacht einen Entschluß gefaßt. Es ist doch nur eine Frage der Zeit, wann die Russen mich entdecken. Mir ist es nicht um mein eigenes Leben zu tun. Aber ich muß das Leben meiner Kinder schützen. Deshalb werde ich heute von hier fortgehen. Ich will versuchen, zu meinen Eltern nach Moorbach zu gelangen. Vielleicht finden wir von dort aus einen Weg über die Oder." Und nach einer ganz kleinen Pause fragte sie: „Kommen Sie mit?" Die Frage traf mich überraschend. Sie hellte mein verdunkeltes Gemüt blitzartig auf. Ich sah eine Aufgabe und damit gleichzeitig auch für mich einen Weg. Hier war ich unnütz, Mutter Groth hatte Tochter und Schwiegersohn bei sich, dazu die anderen Verwandten. Ich selbst war nach Lage der Dinge als Lehrerin und BDM-Führerin gefährdet und womöglich auch noch eine Gefahr für sie alle. Und so sagte ich im vollen Bewußtsein einer großen Entscheidung ganz einfach, aber bestimmt: „Ja."

Unser Entschluß, fortzugehen und auf Umwegen vielleicht die Oder zu erreichen, sprach sich im Haus mit Windeseile herum. Obwohl auch vieles gegen unser gewagtes Unternehmen sprach – der kalte Schneewinter, die kleinen Kinder – riet uns doch niemand ab; wir machten uns fertig. Ich zog meine lange wollene Jacke an, und Frau Buchwald gab mir von ihren geretteten Sachen einen grauen Wollschal, den ich mir um Kopf und Hals wickelte. Gepäck besaß ich nicht, so daß ich den einen Rucksack der kleinen Familie tragen konnte.

Mein Kopf war nach der Dumpfheit der letzten Tage auf einmal frei und klar. Ich konnte schnell überlegen und entscheiden. Natürlich dürften wir keine Straßen und Wege benutzen und mußten uns vor allem abseits der großen Heerstraße halten. So beschlossen wir, durch den schmalen Waldstreifen am Seeufer zu gehen. Nach einigen Kilometern müßten wir auf diese Weise am Ende des Sees nach Seedorf gelangen, einem Ort, der schon zum Nachbarkreis gehörte. Weder Frau Buchwald noch ich waren jemals dort gewesen; aber ich wußte, daß es im Dorf eine einklassige Schule gab, dort also ein Lehrer wohnen mußte. Ich war überzeugt, daß wir für die erste Nacht dort unterkommen würden. Dann mußte man weitersehen.

Es kam der bewegende Augenblick des Abschieds von den Meinen. Ich empfand schmerzhaft, daß es auch der Abschied für immer sein könnte, und als ich Mutter umarmte, stieg es mir heiß in die Augen, ich konnte die Tränen nicht zurückhalten. Vor über fünf Jahren war ich in dieses Dorf als eine Fremde gekommen. Mir war als Lehrerin eine Aufgabe aufgetragen worden, für die ich alle meine Kräfte gebraucht und die mir trotz anfänglicher Schwierigkeiten mehr und mehr Freude beschert hatte. Hier hatte ich dann meinen zukünftigen Lebenskameraden gefunden und mich damit entschlossen, mein ganzes Leben in diesem Dorf zu verbringen. Während der drei Verlobungsjahre hatte ich eigentlich schon ganz dazugehört. Nun verließ ich den Ort, wo ich glücklich gewesen war und mich geborgen gefühlt hatte. Er konnte mir keinen Schutz mehr geben, im Gegenteil, in ihm lauerte die Gefahr. Mit großer innerer Anstrengung wandte ich mich ab und ging mit den anderen hinaus in den kalten Wintertag. Nicht mehr umsehen, die Gedanken auf das Kommende richten!

Das Wetter war für uns günstig. Der Himmel erstrahlte in lichtem Blau, die Luft war kalt und trocken. Ich atmete sie in vollen Zügen ein, und es war, als verspürte ich einen Hauch von Freiheit und als wüchsen mir neue Kräfte zu. Der Aufbruch aus der Enge des Eingesperrtseins erfüllte mich allmählich mit Tatkraft. Wir hatten angefangen zu handeln.

Zunächst mußten wir die freie Wiese am See überqueren. Trotz der Schießereien in den vergangenen Tagen empfand ich in dem offenen Gelände keine Furcht. Die beiden Kleinkinder mochten ein gewisser Schutz für uns sein. Überlegungen, welche Gefahren uns umgaben, stellte ich nicht an. Wir strebten, vom Dorf her kommend, die linke Ecke des Sees an. Nur sehr langsam kamen wir vorwärts. Es ging durch fußhohen Schnee, und die Kleinen stapften mühsam voran. Auch ich hatte es mit dem kranken Fuß nicht leicht. Endlich erreichten wir die Bäume des Seeufers. Der Boden wurde uneben, das Gehen noch beschwerlicher. Aber wir waren nun in leichter Deckung. Gesprochen haben wir auf der langsamen Wanderung kaum. Die Kinder brauchten ab und zu ein ermunterndes, tröstendes Wort. Wir mußten auf den Boden achten, um Mißgeschicke zu vermeiden, und hielten uns möglichst dicht am Seeufer, um die Richtung nicht zu verlieren. Nur die dunklen Stämme des Waldstreifens hatten wir um uns. Mehr als eine Stunde waren wir wohl schon unterwegs, als der Baumbestand merklich lichter wurde und wir schließlich vor freiem Feld standen. In der Ferne sahen wir zwei, drei Häuser; dort mußte der Ort Seedorf beginnen. Wenige Meter vor uns aber floß ein Bach in den See. Die Ufer waren vereist, doch in der Mitte, über Steine hinweg, bewegte sich das Wasser eilig auf den See zu. Zum Überspringen war der Bach viel zu breit. Wir legten das Gepäck nieder, und ich griff nach dem kleinen Jungen. Aber seine Mutter entzog ihn mir mit heftiger Bewegung und sagte entschieden: „Das mache ich selber." Und so schleppte sie das Kind durch das Wasser zur anderen Seite, und ich beeilte mich, ihr mit den Gepäckstücken zu folgen, während Else mit der Kleinen zurückblieb. Die Mutter kehrte wieder um, ging durchs eisige Wasser zurück und brachte auch das Mädchen mit großer Anstrengung herüber; ihr folgte Else mit dem Rest des Gepäcks. Weiter ging es mit nassem Schuhzeug durch den Schnee übers freie Feld, das unberührt weiß vor uns lag. Hier hatte der Krieg noch nicht seine Spuren gezogen, die Welt schien voller Frieden. Auf dieser Seite gab es offenbar weder eine Fahrstraße noch einen Weg von dem Dorfe her. Während wir uns quer über die Fläche ganz allmählich der Ortschaft näherten, wuchs die Spannung, ob wir dort auf Russen treffen würden. Fünf Tage waren seit ihrem Einfall bei uns vergangen; ob sie das Gebiet vielleicht doch schon systematisch durchkämmt hatten? Auf jeden Fall aber waren wir in Seedorf unbekannt.

Das Dorf empfing uns voll friedlicher Ruhe. Die Dorfstraße war leer, Schornsteine rauchten und verbreiteten dadurch ein Gefühl von Behaglichkeit. Von dem kleinen Gutshof und den Bauernhöfen hörte man ab und zu die Arbeitsgeräusche eines dörflichen Wintertages. Dann begegneten wir auch Dorfbewohnern, die unseren merkwürdigen Aufzug bestaunten. Wir gaben aber keine großen Erklärungen ab, fragten nur, ob hier schon Russen gewesen seien. Nein, es waren noch keine im Ort gewesen, aber man hätte in der Ferne den Feuerschein brennender Häuser in den Nachbardörfern gesehen.

Das Wohnhaus des Lehrers lag am Ende der Straße. Dort wurden wir – obwohl persönlich unbekannt – freundlich und warmherzig aufgenommen und mit allem, was wir nötig hatten, versorgt. Trotz großer Erschöpfung berichteten wir von den Schrecken der vergangenen Tage. Unsere Gastgeber lauschten mit erschrockenen, gespannten Mienen. Der Kollege Bresse war über 60 Jahre alt und stand vor seiner Pensionierung. Er erzählte, daß er aus politischen Gründen in dies kleine Dorf versetzt worden sei, sich hier aber ganz wohl gefühlt habe und nun im letzten Amtsjahr stehe. Seine Frau, hochgewachsen wie er, schaffte Bettzeug herbei, und wir richteten in einem kleineren Zimmer auf dem Teppich ein Nachtlager ein. Obwohl wir keinen Augenblick unsere Lage vergessen konnten, genossen wir doch die Behaglichkeit der gepflegten Wohnung. Freilich – wie lange würde dieser Frieden dauern?

Wir wollten nur eine Nacht bleiben. Aber das freundliche Ehepaar lud uns mit herzlichen Worten ein, uns nach all den Anstrengungen etwas in ihrem Hause zu erholen, denn für das, was wir vorhatten, würden wir doch viel Kraft brauchen. Nach der friedlich verlaufenen Nacht – zum ersten Mal nach einer Woche schliefen wir ohne Schuhe – blieben wir dann noch den folgenden Tag in dem gastfreien Haus. Die Kinder lebten wieder etwas auf, und ich mußte Märchen erzählen und mit ihnen singen. Sie wußten, daß wir unterwegs waren zu ihren Großeltern, auf die sie sich schon sehr freuten. Die alten Lehrersleute waren froh, mit uns erzählen und ihre Sorge und Angst vor der Zukunft mit uns teilen zu können. Wir bereiteten gemeinsam die Mahlzeiten, nahmen sie am gedeckten Tisch ein und waren voller Dankbarkeit für diese wunderbare Zufluchtsstätte. Aber länger als drei Nächte wollten wir nicht bleiben, wir müßten weiter.

3.

Am dritten Tag, nach dem Mittagessen, sahen wir vom Fenster aus einen Pferdekutschwagen in vollem Galopp auf dem Fahrweg von Gutenhof her auf das Dorf zufahren. Das waren Russen! Plötzlich war alles wieder grauenvolle Wirklichkeit. Mein erster Gedanke war: Verstecken! Mit den Gelegenheiten des Hauses nicht vertraut, lief ich hinaus in den Garten. Dort war eine kleine Miete angelegt. Ich kauerte mich hinter den niedrigen Erdwall. Bald vernahm ich die ungefügen Laute der fremdartigen Sprache. Ich schmiegte mich dicht an die verschneite Erde, als könnte ich so, wie in der Kinderzeit bei der Mutter, Schutz finden. Aber ich konnte mich nicht lange dieser trügerischen Geborgenheit hingeben. Die Russen kamen in den Garten und stöberten mich auf. Offenbar waren sie in bester Stimmung, lachten über mein Versteck und bedeuteten mir mit entsprechend nachdrücklichen Gebärden, daß ich mich ins Haus zu begeben hätte. Die Begegnung unter freiem Himmel war etwas weniger schrecklich als jene erste im dunklen Keller.

Im Haus war große Aufregung. Der Anführer sprach einige Brocken Deutsch. Wir sollten für drei Tage mitkommen, um anderswo zu arbeiten, „raboti, raboti“, und er machte die Bewegung des Schippens. Wir zeigten auf die Kinder. „Kinder hierbleiben und eine Frau“, er hob mehrmals einen Finger in die Höhe, um die Zahl deutlich zu machen. Wir sahen uns ratlos an. Frau Buchwald sagte zu der Lehrerfrau: „Sie sind die Älteste. Sie müssen hierbleiben, ich vertraue Ihnen meine Kinder an.“ Die Frau schüttelte den Kopf. „Ich bleibe bei meinem Mann“, sagte sie mit fester Stimme. Die beiden zogen ihre Lodenmäntel an. Else stellte sich nahe an meine Seite. Frau Buchwald sah uns in großer Not an. „Ich will nicht allein hierbleiben, ich will mit euch gehen.“ „Sie müssen bei Ihren Kindern bleiben“, sagte ich und fügte tröstend hinzu: „In drei Tagen kommen wir zurück, und dann gehen wir zusammen weiter.“ Der Russe trieb mit lauter Stimme und heftigen Gebärden zur Eile an. Ich zog die dicke Strickjacke über, band den grauen Schal um Kopf und Hals, nahm mit einem Blick Abschied von der Mutter und den Kindern und hinkte mit Else hinter den alten Lehrersleuten her.

Vor einem Bauernhof auf der Dorfstraße stand ein Ackerwagen. Zwei Pferde waren vorgespannt, und auf dem Wagen saßen schon Frauen, alte Männer und ein paar jüngere Mädchen auf quergelegten Brettern, dicht aneinander gedrängt, so daß wir kaum noch Platz fanden, denn wir gehörten zu den letzten. Ich kannte niemanden von den Leuten. Vorn auf dem vordersten Brett saß ein bewaffneter Russe mit der Peitsche. Der Wagen fuhr mühsam an und schlug die Richtung ein, aus der vorher die Kutsche mit den Russen gekommen war.

Der Weg war schlecht, halb gefroren, stellenweise getaut und aufgeweicht. Die Pferde hatten es schwer, mit dem überladenen Wagen vorwärtszukommen. Wir wurden trotz der langsamen Fahrweise hin- und hergerüttelt. Niemand sprach ein Wort. Der trübe Februarnachmittag entsprach unserer Gemütsverfassung. Wir waren den feindlichen Soldaten hilflos ausgeliefert. Wohin würde man uns bringen? Was würde uns erwarten? Wieder wie in den ersten Tagen überfiel mich diese dumpfe Lähmung, die jeden Gedanken erstickte und alles Gefühl ersterben ließ. Auch das Zeitgefühl ging verloren. Ich starrte über die weiten Felder, die zum Teil mit Schnee bedeckt waren; inmitten der weißen Decke breiteten sich schwarze Ackerflächen aus. Feuchter Nebel hing in den kahlen Bäumen und Hecken. Alles schien in grenzenlose Trostlosigkeit eingehüllt. Neben mir kauerte Else. Hinter uns hockten die beiden alten Lehrersleute. Wir erreichten Gutenhof, ein Dorf, scheinbar ohne Bewohner. Die Dorfstraße erstreckte sich zunächst quer zu unserer Fahrtrichtung. Wir fuhren da ein, wo sie eine Biegung macht und sich in unsere Fahrtrichtung wendet. Immer noch war kein Mensch zu sehen. Am Ortsausgang gabelte sich die Straße. Wir hielten uns rechts, die Straße wurde etwas breiter und hatte einen festeren Untergrund. Jemand sagte leise: „Es geht nach Bahnfeld.“ Ich hob den Kopf. Bahnfeld, der

Nachbarort von Wallburg! Aber wie ich auch nach vorn spähte, im Nebeldunst war nichts zu erkennen, und ich versank wieder in meine trüben Betrachtungen. Allmählich begann es zu dämmern. Es war schon fast dunkel, als wir uns endlich einem Gebäude näherten. Bahnschienen, auf denen einige Güterwagen standen, zeigten uns an, daß wir an der Station Bahnfeld, die etwas außerhalb des Dorfes liegt, angekommen sein mußten, und zwar auf dem Güterbahnhof. Vor dem zugehörigen Gebäude hielt der Wagen an, und wir mußten absteigen. Wir standen dicht aneinander gedrängt. Else und ich hielten uns fest an der Hand.

Das Haus schien übervoll von Soldaten zu sein. Hinter den Fenstern sah man sie im Kerzenlicht hin- und hergehen. Einige kamen heraus, betrachteten im Abenddunkel unsere Gruppe, redeten und lachten. Sie schienen gut gelaunt. Schließlich fing einer an zu kommandieren. Man hatte eine kleine Tür geöffnet. Wir standen etwa fünf Schritte davon entfernt. Die Türöffnung war ein schwarzes Rechteck. Ich sah trotz der zunehmenden Dunkelheit die ersten Stufen einer Treppe, die nach unten führte, also in einen Keller. Der Wortführer hob den Arm, deutete auf die Tür, indem er „Deutsche!“ schrie und danach schrill durch die Zähne pfiff. Von uns rührte sich niemand, die Furcht lähmte wohl alle. Ich zwang mich zu denken. Es war Abend, wir mußten irgendwo die Nacht verbringen. Darum wohl sollten wir in den Keller gehen. Man mußte sich nicht unbedingt fürchten. Wir würden wenigstens ein Dach über dem Kopf haben. Sekunden waren vergangen. Der Russe stand noch immer mit ausgestrecktem Arm und Zeigefinger. Da sagte ich zu Else: „Komm, wir sollen hier übernachten.“ Sie kam mit mir, und hinter uns schlossen sich die anderen wortlos an. Wir gingen in das schwarze Loch hinein, die Treppe hinunter und befanden uns nun in völliger Dunkelheit. Unsere Füße stießen an Gegenstände, die auf dem Fußboden lagen, unsere Hände tasteten auf gestapelten, prall gefüllten Papiersäcken entlang. Jemand begann, leise zu weinen, und es hob nun ein halb unterdrücktes Jammern und Klagen an. Ich versuchte zu beruhigen, indem ich mit etwas erhobener Stimme alles als ganz natürlich erklärte, daß wir hier eben übernachten sollten, morgen früh würden wir wohl weiterfahren. Jeder ertastete sich eine Stelle, wo er irgendwie sitzen oder hocken konnte. Die Säcke schienen zu den hinteren Wänden hin schräg nach oben aufgeschichtet zu sein, man konnte wie über Stufen auf allen vieren nach oben kriechen. Es gab auch mindestens einen Stützpfeiler in dem Raum. Else und ich saßen so weit wie möglich oben auf dem Säkkeberg, eng aneinandergeschmiegt. Ich sagte noch einmal mit beruhigender Stimme in das Seufzen und Stöhnen hinein, daß wir versuchen sollten zu schlafen. Es wurde allmählich stiller, das halblaute Schluchzen seltener. Umso mehr hörten wir nun das Rumoren in den über dem Keller befindlichen Räumen, das sich ab und an zu lautem Getöse steigerte. Ich wünschte mir, daß es auch dort oben allmählich leiser würde und man zur Ruhe käme. Eigentlich müßte es hier doch einen Kommandanten geben, der für Ruhe und Ordnung seiner Leute zu sorgen hätte. So lauschte ich angespannt nach oben. Nach einer kleinen Weile hörte ich Stimmengewirr, das sich unserem Keller näherte. Bald konnte ich einzelne Stimmen unterscheiden, dazwischen wurde gegrölt und gelacht. Dann sprang eine Tür in der rückwärtigen Kellerwand auf. Ich hörte das schreckliche Auf- und Niedersurren der automatischen Taschenlampen und sah den unruhigen Lichtschein auf der Wand vor uns. Für den Bruchteil einer Sekunde hegte ich noch den hoffnungsvollen Gedanken, man wolle uns etwas zu essen bringen, vielleicht ein Stück Brot. Dann aber erkannte ich eindeutig die grauenvolle Lage. Die Männer suchten mit quiekenden Lampen ihre Opfer unter uns Frauen. Es begann ein furchtbares Gerangel in der Dunkelheit. Denn beim Festhalten der Beute konnten die Taschenlampen nicht bedient werden. Ich fühlte plötzlich, daß Else von mir weggezogen wurde. Unsere Hände verkrampften sich, ich wollte sie festhalten. Sie hatte aber ihre Fausthandschuhe an. Schließlich wurde das Ziehen und Zerren so stark, daß sie nachgeben mußte. Ihre Hand entglitt mir, und ich behielt nur den Handschuh. Arme Else, dachte ich noch, da wurde ich von hinten umschlungen. Ich stürzte nach vorn über die stufenartig aufgetürmten Säcke. Der Mann fiel mit mir und lag nun auf meinem Rücken. Andere stolperten über uns hinweg. Ich kämpfte in wahnsinnigem Schrecken mit Aufbietung aller Kräfte, mich aus meiner Lage zu befreien. Zuletzt versuchte ich, mich wie ein Igel zusammenzukrümmen. Auf der unebenen schrägen Fläche kamen wir ins Rutschen, wurden aber gleich von einem anderen Menschenknäuel aus Armen und Beinen gebremst. Mein Angreifer hatte von mir abgelassen. Ich blieb gekrümmt liegen und zog den Kopf tief nach unten ein. Ich hörte das Keuchen und Stöhnen der gequälten Menschen und dazwischen das Kichern, Lachen und Fluchen der Russen, für die das Ganze anscheinend ein Riesenspaß war. Plötzlich schrie eine hohe weibliche Stimme laut: „Mama!! Mama!!“ Das Getümmel hörte einen Augenblick auf, hob etwas leiser als zuvor wieder an und ebbte dann schnell ab. Dafür hörte man das angstvolle Schreien des Mädchens, das immer wieder nach seiner Mutter rief, dazwischen laut weinte und schluchzte. Man konnte an dem Abnehmen der Lautstärke erkennen, daß man das Mädchen zur Tür hinausschleppte. Die Männer gingen offenbar hinterher, denn bald danach schlug die Tür zu, die Klagelaute und Angstschreie entfernten sich, im Keller wurde es wieder ruhig, man hörte nur ein leises, halbunterdrücktes hilfloses Weinen. Ich dachte an das Mädchen, dessen Mutter offenbar auch in dem Keller war. Aber ich dachte auch, in welch unmittelbarer Gefahr ich selbst gewesen war, mitgezerrt zu werden. Und wo war Else? Mein Hals war wie zugeschnürt, ich konnte keinen Laut herausbringen. Erschöpft lag ich am Fuße des Säckeberges.

Ich wußte nicht, wieviel Zeit in der Dunkelheit vergangen sein mochte, als die Tür wieder geöffnet wurde und das Mädchen, jämmerlich schluchzend, zurückkam. Ich hoffte, daß es im Dunkeln zu den Seinen zurückfände und von der Mutter getröstet und beruhigt werden könnte. Das Schluchzen ging allmählich in leises Weinen über, zuletzt blieb ein Wimmern im Raum, das sich mit wechselndem Atem verstärkte oder verringerte. Auf einmal aber hörten wir Gepolter und Gelächter auf der Treppe, die Tür wurde von neuem aufgestoßen, die Taschenlampen begannen zu surren. Ich befand mich noch immer am Fuße des Säckeberges. Neben mir seufzte und klagte mit brüchiger Stimme ein alter Mann. Ich tastete nach ihm wie nach einem Rettungsanker. „Bitte, legen Sie sich auf mich, verstecken Sie mich, sonst bin ich verloren“, flüsterte ich in höchster Not. „Das kann ich nicht“, sagte er heiser, „wie soll das gehen?“ „Haben Sie Erbarmen!“ flehte ich in letzter Verzweiflung und schob mich halb unter ihn. Da gab er nach und legte sich willig mit dem ganzen Rücken über mich. Ich fühlte, wie er einen kleinen Rucksack unter seinen Kopf schieben wollte. Ich ergriff ihn und legte ihn über mein Gesicht, das etwas über seine Schulter herausragte. So gut es ging, zog ich die Beine an. Alles vollzog sich so blitzschnell, daß ich gerade noch rechtzeitig den kleinen Lichtkegeln der Lampen entzogen war. Die Russen ließen den Alten in Frieden. Das Gerangel war diesmal schneller zu Ende, denn die Stimme desselben Mädchens schrie wieder auf: „Mama! Mama!“ Es war wie ein Signal, die Männer ließen von den anderen ab, entfernten sich zur Tür hin, indem sie das weinende Kind mit sich nahmen. Das grausige Geschehen hatte sich wiederholt. Mein Beschützer stöhnte: „Herrgott! Und das läßt du zu!“

Ich lag wie erstarrt. Sollte das nun so weitergehen, die ganze Nacht? Ich rückte an dem Rucksack, um Luft zu holen. Dieser schwarze Keller erschien mir wie eine Hölle. Man hatte mich nicht entdeckt, aber die Nacht war noch lang, und es war wohl nur eine Frage der Zeit, wann sie mich aufstöbern würden. Hier gab es kein Entrinnen. Und ich dachte, daß dies dann – wenn sie mich so mitschleppten wie das Mädchen – auch die letzte Nacht meines Lebens sein würde; denn nach einer Vergewaltigung weiterzuleben, war mir unvorstellbar. Der Gedanke an den Tod schreckte mich weniger, alle Ängste wären dann endlich vorbei. Aber was vor diesem Ende lag, das erfüllte mich mit fast unerträglichem Grauen. Und es war ringsum schwarze Nacht, ob man die Augen offen hielt oder sie schloß. Man hatte nur noch zwei Sinne: Hören und Tasten. Ich lag nun ganz still, um den alten Mann nicht noch mehr zu belästigen.

Wir haben wohl mehrere Stunden so gelegen, und die Russen kamen noch oft. Ich weiß nicht, ob und wieviele andere Frauen und Mädchen mitgeschleppt wurden, aber das laute und verzweifelte „Mama!“ ertönte noch mehrere Male in dieser Schreckensnacht.

Als ich in einer Pause wieder einmal den Rucksack von meinem Gesicht zur Seite schob, zeichnete sich seitwärts ein kleines dunkelgraues Rechteck in der tiefen Schwärze ab; anscheinend befand sich dort ein Fenster. Begann der Morgen zu dämmern? Mein Beschützer richtete sich auf. „Ich kann nicht mehr liegen, mir tut alles weh“, klagte er mit seiner altersbrüchigen Stimme. „Haben Sie Dank!“ sagte ich leise und inbrünstig. Vorsichtig tastend kroch ich den Säckeberg hinauf und sah nun die graue Fläche eines zweiten Kellerfensters. Es war zum Teil verdeckt, denn davor saßen wie auf einer Bank zwei Menschen. Als ich sie erreicht hatte, erkannten wir uns. Es war das alte Lehrerehepaar. „Wir sind hier oben unbehelligt geblieben“, sagte Herr Bresse, „aber wie ist es Ihnen ergangen?“ Ich berichtete flüsternd von meinem Versteck, das ich eben verloren hatte. Dabei kam mir ein Gedanke. Der Lehrer, ein großer Mann, hatte seine Beine rechtwinklig auf die untere Sackreihe gesetzt. Die Sitzfläche war nur schmal, so daß die Knie weit nach vorn standen. Dadurch ergab sich unter seinen Beinen ein kleiner rechteckiger Raum. „Darf ich mich da hineinhocken?“ fragte ich. Wir versuchten es. Ich saß auf meinen Unterschenkeln, machte den Rücken ganz rund und neigte den Kopf so tief wie möglich auf meine Brust, so daß ich mit dem Hinterkopf fast den Boden berührte. Mein Beschützer setzte seine Beine entsprechend zurecht und nahm die Enden seines weiten Lodenmantels vorn zusammen. So kauerte ich wie in einem winzigen Zelt, und als die nächsten Russen anrückten, glitt der Lichtkegel schnell über die beiden alten Leute hinweg.

Ich habe dort gesessen, bis das Morgengrauen den Kellerraum, etwa 5 m im Geviert, ganz erhellt hatte. Als ich aufstehen wollte, schmerzten alle Muskeln, ich konnte mich nur mühsam aufrichten und bewegen. Man sah nun den Aufbau der Papiersäcke, in denen sich Düngemittel befinden mochten. Jetzt war alles, was man in der schwarzen Dunkelheit mühsam ertastet hatte, in Sekundenschnelle zu überblicken. Ich versuchte, mein Haar etwas in Ordnung zu bringen, und band den Schal neu. Inzwischen standen alle unten im Raum herum, ich erblickte Else, die nun zu mir heraufstieg. Ihr übermüdetes Kindergesicht versuchte zu lächeln. „Sie haben mich nicht gefunden", sagte sie. „Und der Russe, der dich von mir wegzog?" „Ich konnte ihn loswerden, er bekam nur den Handschuh." Ich holte erleichtert und voller Dankbarkeit tief Atem. Wir stiegen von dem Säckeberg hinunter. Um uns herum alles für mich fremde Gesichter! Wir hatten eine Nacht lang Schreckliches zusammen erlebt, aber wir kannten uns nicht. Welcher von den alten Männern war wohl mein Beschützer gewesen? Und welche von den Frauen waren die Opfer dieser Nacht? Ich schaute vor mir auf den Boden und mochte nicht aufblicken.

Die Tür nach draußen war von außen geöffnet worden. Kalte Morgenluft drang in unser Verlies. Da stürmte ein junger Russe die Treppe herunter. Er hatte ein ganzes Brot in den Händen, streckte es einer Frau, die an dem Stützpfeiler lehnte, entgegen. Sie nahm es wie selbstverständlich in Empfang. Kannten sie sich? Ohne weitere Umstände zu machen, drückte der Mann die Frau, die sich nicht wehrte, gegen den Pfeiler und vergewaltigte sie stehend vor unserer aller Augen. Ich wandte mich ab und zog Else mit mir. Ohnmächtiger Zorn wollte mich fast ersticken, und ein entsetzlicher Ekel schüttelte mich innerlich. Langsam stiegen wir beide die Kellertreppe hinauf, ich brauchte frische Luft.

Draußen hatte es gefroren. Russen spannten gerade die Pferde vor den Ackerwagen, mit dem wir gestern abend angekommen waren. Unter lauten Zurufen „Dawei, dawei!" bestiegen wir zusammen mit unseren Leidensgenossen, die uns gefolgt waren, den Wagen. Wir saßen wieder eng zusammen, und ich weiß nicht, wie es dazu kam: neben mir saß die Frau mit dem Brot. Es wurde nichts gesprochen. Jemand hatte ein Messer. Und während der Wagen langsam durch den grauen Morgen rüttelte, wurde das Brot verteilt. Es gab für jeden nur ein kleines Stück. Ich kämpfte mit mir. Von diesem Brot wollte ich nichts essen. Die Frau saß neben mir und blickte auf das Stück Brot in meiner Hand. „Haben

Sie keinen Hunger?“ Ich machte eine schwache verneinende Bewegung mit dem Kopf, sagte dann aber wahrheitsgemäß: „Noch nicht.“ Hatte sie für uns alle ein Opfer bringen wollen? Oder: War sie nicht – auch ohne das Brot – selbst ein Opfer, durch das ich verschont geblieben war? Ich grübelte und wußte dies Erlebnis in meiner bisherigen Wertordnung nicht unterzubringen. Unauffällig sah ich sie von der Seite an. Sie sah, wie alle, übernächtigt aus, schien aber ungebrochen. Und als sie sich mir zuwandte und wieder auf mein Stück Brot sah, führte ich es langsam, fast schuldbewußt, zum Munde. Es waren nur wenige Bissen, aber ich habe lange daran gekaut.

Der Himmel hellte sich etwas auf. Wir fuhren auf ein Waldstück zu. Meine Nachbarin, von der ich das Brot bekommen hatte, begann leise zu mir zu sprechen. „Wenn wir im Wald sind, springe ich vom Wagen; kommen Sie mit?“ Ich sah sie an. „Nein“, sagte ich. Sie redete weiter: „Man wird uns verschleppen, einsperren . . . kommen Sie mit, ich weiß hier Bescheid, wir schlagen uns durch . . .“ „Nein“, sagte ich, „es hätte keinen Sinn, man würde uns bald wieder einfangen. Außerdem kann ich nicht springen, ich habe einen kranken Fuß.“ „Ich helfe Ihnen, wir bleiben zusammen, ich verspreche es Ihnen, aber kommen Sie mit . . .“ Sie redete allmählich aufgeregter, eindringlicher, dennoch leiser. Was hatte die Frau, die mich doch gar nicht kannte, bewogen, ausgerechnet mich zu ihrer Fluchtgenossin zu erwählen? Weil sie mich nicht kannte? Ich antwortete nicht mehr, während sie immer aufgeregter auf mich einredete. Wir fuhren nun durch den Wald, und sie sagte, ohne aufzuhören – es war stets wie ein Zischen –: „Jetzt – kommen Sie – jetzt springen wir . . . Wenn wir dort hinter dem Strauch sind . . . Kommen Sie doch . . . Jetzt müssen wir . . . Der Wald ist bald zu Ende . . .“ Ich sagte: „Tun Sie's allein, wenn Sie es doch so wollen.“ Aber sie tat es nicht. Wir fuhren aus dem Wald hinaus, weit breitete sich flaches Land vor uns aus. Meine Nachbarin schwieg, und ich konnte meinen grüblerischen, trüben Gedanken nachhängen.

Wie sollte es weitergehen? Wir waren vom Kriegsgeschehen überrollt worden. Dergleichen hatte man in den vergangenen Kriegsjahren des öfteren gehört und gelesen. Aber hatte man jemals an solche Dinge dabei gedacht, wie wir sie hier erlebten? Hatte es noch einen Sinn, so weiterzuleben, oder würden wir vielleicht eines Tages wieder von unseren Soldaten befreit werden? Aber was wäre dann von unserem Menschsein noch übrig? Ich hatte eine furchtbare Nacht hinter mir. Es war wie ein Wunder, daß ich von dem, was mir als das Schrecklichste erschien, verschont geblieben war. Aber konnte das so bleiben? Dieser Tag würde zu Ende gehen, und eine neue Nacht würde anbrechen und noch so viele Nächte ... Die Hoffnung, ich könnte immer wieder verschont bleiben, war unhaltbar. Und dennoch – die vergangene furchtbare Nacht hatte ich überstanden. Meine Gedanken gingen hin und her, und schließlich kam ich zu einem festen Entschluß. Ich war schon einmal kurz davor gewesen, meinem Leben ein Ende zu machen. Frau Buchwald, die das Leben ihrer Kinder schützen wollte, hatte mir, ohne es zu beabsichtigen, einen neuen Lebenssinn erschlossen. Durch unseren gemeinsamen Aufbruch hatte ich nach der dumpfen Verzweiflung wieder mich selbst gefühlt und dabei empfunden, daß ich noch Lebenskräfte genug besaß, auch in dieser schlimmen Zeit einen Platz auszufüllen. Tausende, wahrscheinlich Millionen von Menschen mußten nun ähnliche Leiden ertragen. Ich wollte mich dem auch nicht entziehen. Man konnte sich, wenn man nicht aufgab, noch nützlich machen durch Wort und Tat, man konnte vielleicht anderen in bescheidener Weise helfen und brauchte dadurch nicht sich selbst zu verlieren, sondern würde sich erhalten und hoffentlich auch behaupten können. Aber eine Grenze setzte ich mir an diesem Morgen. Sollte ich vergewaltigt werden, so würde ich nach meiner Überzeugung als Mensch zerstört sein und dürfte meinem Leben ein Ende machen. Dieser feste Entschluß beruhigte und stärkte mich. Ich hatte an jenem Morgen auf dem Ackerwagen mein Inneres aufgeräumt. Ich hatte Abschied genommen von meinem ersten Leben, das mich aus der Enge und Armut meiner Kinderzeit heraus zu einem erfüllten, glücklichen Dasein geführt hatte. Ich begann nun ein ganz anderes Leben in tiefer Bedrückung und mit düsterer Zukunft, den Freitod als letzte Ausflucht friedlich zur Seite.

Unser Wagen war inzwischen ein längeres Stück weitergefahren. In der Ferne tauchten Häuser auf. Jemand sagte leise: „Grunau." So waren wir also in einem Halbkreis um Wallburg herum gefahren. Wir durchquerten das verwüstete Dorf, in dem es keine Menschen zu geben schien, und fuhren weiter über Land. Zuletzt bogen wir auf die Zufahrt zu einem Gutshof ein: Johannisthal. Dort herrschte lebhaftes Treiben von vielen Soldaten und Zivilisten. Große Lastautos standen überall umher, und es roch nach schlechtem Autokraftstoff. Wir kletterten vom Wagen und wurden gleich über den Hof aufs freie Feld geführt. Dort bot sich uns ein nie zuvor gesehener Anblick. Auf den großen, zum Teil mit Schnee bedeckten Ackerflächen bewegte sich eine riesige Menge von Menschen. Soweit man sehen konnte, hantierten eingemummte Gestalten, die sich schwarz gegen das Schneefeld abhoben, mit Gerätschaften, meist Schaufeln, wie wir bei näherem Zusehen feststellten, und bearbeiteten den Boden. Auch wir mußten uns von einem Haufen eine Schaufel oder einen Spaten nehmen und bekamen zwischen den Arbeitenden einen Platz zugewiesen. Sie begrüßten uns mit gedämpfter Neugier: „Woher kommt ihr? Wie sieht es draußen aus? Wißt ihr etwas Neues?" Von ihnen erfuhren wir, daß hier ein Flugplatz entstehen sollte und wir dafür den Boden einzuebnen hatten. Mein Spaten war ein richtiger „Pionierspaten", wie mir einer der Männer sachkundig erklärte; das Blatt war etwa 30 × 40 cm groß mit einem für meine Größe – 1,54 m – viel zu langen Stiel, den ich kaum mit den Händen fassen konnte. Der Boden war hart gefroren und dünn mit Schnee bedeckt; in den Furchen und Rinnen des Ackers stand das blanke Eis. Wir sollten durch fortwährendes Stoßen mit der unteren Spatenkante das Eis zerschlagen. Es war ein erfolgloses Bemühen, denn selbst nach stundenlanger Betätigung konnten wir nicht bis zur losen Ackerkrume vordringen. Beaufsichtigt wurden wir von Zivilisten, die eine weiße Armbinde trugen. Es waren Ausländer, z.B. Holländer, die in Deutschland gearbeitet hatten und offenbar nicht als „Feinde" betrachtet wurden. Sie brauchten keinen Spaten in die Hand zu nehmen, dafür mußten sie uns im Auge behalten. Das war aber auch der einzige Vorzug, den sie genossen. Wir hörten, daß man die vielen Menschen aus den umliegenden Ortschaften hier zusammengetrieben hatte, meist Mädchen und Frauen, aber auch alte Männer. Von den russischen Soldaten sah man hier draußen wenig. Am Rande des weiten Feldes war ein großes Zelt errichtet. Dort hielten sich wohl die Wachhabenden auf. Sie hatten sich davor ein Feuer angezündet.

Es mußte schon nachmittags sein, als eine Feldküche auffuhr. Die Menschen drängten sich zur Essensausgabe. Man sah sie bald überall herumstehen und die warme Suppe löffeln. Else und ich hatten weder Teller noch Löffel noch sonst irgendeinen Behälter. Es blieb uns nichts anderes übrig, als zu warten, bis jemand fertig war und uns Teller und Löffel lieh. Wir gingen langsam ein bißchen umher. Der Gedanke, von dem benutzten Teller eines unbekannten Menschen zu essen, war neu und nicht angenehm. Ich schaute in die Gesichter und fand bald ein vertrauenerweckendes. Die Frau, der es gehörte, überließ mir dann auch auf meine schüchterne Bitte hin freundlich und wohlwollend ihr Eßgerät. Auch Else hatte sich Teller und Löffel von jemandem erbeten. Das Essen – man bekam nur eine Kelle voll – war eine dünne Brühe, in der einige Kartoffelstükke und Fettstückchen schwammen, fast ungesalzen und nur noch lauwarm.

Nach dem Essen ging es wieder an die Arbeit. Sie dauerte bis zum Dunkelwerden. Am Horizont stieg ringsum Feuerschein auf. Von hellem Gelb bis zu tiefem Rot veränderte sich fortwährend der abenddunkle Himmelsrand, als wäre der Flammenschein ein lebendiges, atmendes Wesen. Die Menschen standen still und schauten in die verschiedenen Richtungen. Ab und zu hörte man eine Stimme leise den Namen eines Ortes nennen. Endlich begann alles Menschenvolk die Spaten abzulegen und schweigend zum Gutshof zu trotten, den einige trübe Lampen notdürftig erhellten. Gab es hier Strom? Es hieß, daß die Russen sich mit Motoren selber Strom erzeugten. Else und ich gingen mit der Gruppe der Menschen, mit denen wir zusammen gearbeitet hatten. Wir schoben uns durch die Tür eines Wirtschaftsgebäudes rechter Hand und stolperten, dicht gedrängt, eine Holztreppe hinauf. Oben hing eine Lampe und beleuchtete schwach einen Bodenraum, dessen ganze Länge und Breite man nur erahnen konnte. Wir befanden uns offenbar in einer der mächtigen Gutsscheunen. Einige Menschen lösten sich aus dem Gedränge. Wir anderen schleppten uns noch einmal eine Stiege hinauf und befanden uns nun auf dem Oberboden. Auch hier verbreitete eine Lampe schwaches Licht. Ich sah, daß auf dem Fußboden Getreidekörner aufgeschüttet waren, und fühlte sie gleich darauf unter den Füßen. Die Menschen stapften ihren Schlafplätzen zu, sie taumelten mehr, als sie gingen, und ließen sich irgendwo einfach fallen. Else und ich waren zur Seite getreten, um niemandem seinen Platz zu nehmen. Zuletzt fanden wir dicht vor der Treppe noch ein Fleckchen, wo wir zwei uns gerade noch ein wenig ausstrecken konnten. Es machte nichts aus, daß man mit allen benachbarten Schläfern Tuchfühlung hatte. Else und ich lagen einander zugekehrt auf der Seite, umschlangen uns fest, einer den anderen wärmend und schützend vor den zu befürchtenden Schrecken der Nacht. Trotz großer Ängste schliefen wir vor Erschöpfung bald ein.

In der Nacht ließ man uns in Ruhe. Wir wurden wach von den groben, unverständlichen Lauten der Russen und dem allgemeinen Aufbruchsgetümmel. Es war noch dunkel, die Lampe an der Treppe brannte trübe. Schlaftrunken dehnten und streckten wir unsere steifen Glieder, wurden aber gleich von der Menge zur Treppe gedrängt. Mit dem Menschenstrom fanden wir den Weg zur Feldküche auf dem Hof. Dort gab es schwarzen, bitteren Kornkaffee. Nachdem wir uns ein Trinkgefäß geliehen hatten, erhielten wir ein paar Schlucke davon. Jeder bekam einen Brocken

Brot, den man gut mit der Hand umschließen konnte. Ich fragte in der Dunkelheit jemanden vorsorglich, wie lange das reichen müßte. „Das ist die Tagesration", antwortete man bitter. Da steckte ich das Brot in die Tasche meiner Trainingshose. Möglichst lange wollte ich das Essen hinausschieben. Dann trotteten wir auf das Feld; ein trübgrauer Streifen am Horizont zeigte uns, wo Osten war. Wir nahmen unsere Spaten und stießen sie auf die hartgefrorene Erde.

Nun hatte ich Zeit zum Nachdenken. Die frische Luft des heraufdämmernden Tages tat mir wohl. Ich hatte geschlafen, mein Kopf war klar. So überdachte ich unsere Lage. Anscheinend waren wir hier vor Vergewaltigungen besser geschützt als in den Häusern eines Dorfes. Drei, vier Tage – wie uns gesagt worden war – könnte man vielleicht durchstehen. Ob bis dahin der Flugplatz, den wir planieren sollten, fertig war? Ich blickte über das Feld mit den vielen sich bewegenden Gestalten. Wenn das ein Flugplatz werden sollte, so bedurfte es gewiß einer längeren Zeit. Ich fragte andere, woher sie kämen und wie lange sie schon hier wären. Manche glaubten, schon eine Woche lang da zu sein. Alle hofften, bald wieder heimkehren zu dürfen.

Im Laufe des Vormittags sah man auf dem Gelände einige Pferdewagen langsam hin- und herfahren. Auch zu uns kam solch ein Karren. Er brachte Sand herbei. Wir mußten abladen, dann mit dem Sand kleine Senkungen auf der Bodenfläche auffüllen und mit dem Spaten festklopfen. Ich war entschlossen, nur soviel zu tun, wie es der Augenschein erforderte. Ich wollte mich nicht anstrengen, ich wollte keinen feindlichen Flugplatz bauen helfen. In diesem äußeren Verhalten unterschied ich mich nicht von meinen Leidensgenossen, wahrscheinlich auch nicht in meinen Gedanken. Von meinem Stückchen Brot aß ich nach längerem Abwarten immer nur einen kleinen Bissen. So lange, wie es mir möglich war, behielt ich ihn im Mund, um die anschließende Pause zu verkürzen, wenigstens in meiner Vorstellung. Aber mein Brot war doch längst aufgezehrt, ehe die Suppe kam. Alles spielte sich dann so ab wie am vorigen Tag und ähnlich an jedem weiteren.

Nach drei Tagen war mir klar, daß es mit unserer „Heimkehr" noch längere Zeit dauern würde. Else und ich beschlossen, die Eintönigkeit unseres Arbeitstages etwas zu unterbrechen. Der sonnige Wintertag stimmte uns zuversichtlich. Wir verfolgten mit den Augen die Fahrt der Sandwagen. Dann „arbeiteten" wir uns bei der mangelhaften Aufsicht in der Richtung vorwärts, die die Sandwagen nach dem Abladen einschlugen. Es dauerte sehr lange, bis wir endlich zu der Stelle gelangten, wo die Wagen beladen wurden. Ein niedriger Sandhügel am Rande des Feldes war schon zu einem Teil abgegraben. Unauffällig reihten wir uns unter die dort Arbeitenden und warfen nun, etwas am Abhang stehend, von oben Sand in die unten vorfahrenden Wagen. Von unserem Stand aus hatten wir eine neue Aussicht. So sahen wir nicht weit von uns ein kleines Feuer bei einer Kartoffelmiete, die offenbar auch abgetragen werden mußte. Wir erkundigten uns, was es mit dem qualmenden Feuer auf sich hätte, und erfuhren, daß sich die dort arbeitenden Leute Kartoffeln brieten und während der Arbeit verzehrten. Das war bis jetzt geduldet worden. So beschafften wir uns auch einige halbverbrannte, trotzdem wunderbar schmeckende Kartoffeln und stillten für eine kurze Zeit den ständigen, quälenden Hunger. Später kehrten wir unauffällig zu unserer Gruppe zurück und berichteten von unserem Abenteuer.

Eines Abends – wir hatten uns gerade beim trüben Schein der Lampe auf unserem Körnerlager eingerichtet – hörten wir lautes Poltern und Geschrei vom unteren Boden her. Ein Mann stürmte keuchend die Stiege herauf. Sein Gesicht war verzerrt, er schrie: „Rettet mich, versteckt mich, sie wollen mich umbringen!" Mit ein paar stolpernden Sprüngen eilte er an uns vorbei in die dunkle Ecke und verschwand. Unmittelbar nach ihm kamen einige bewaffnete russische Soldaten die Treppe heraufgelaufen. Sie schrien durcheinander, liefen hierhin und dorthin. Wir saßen alle stumm und wie versteinert. Schließlich fanden sie den Geflüchteten, zerrten ihn, der am Boden lag, nach vorn zur Treppe. Trotz seiner aussichtslosen Lage schrie der Mann am Boden: „Sie wollen alle Männer nach Rußland bringen! Rettet euch! Geht nicht mit!" Da traten die Russen mit ihren schweren Stiefeln nach dem Wehrlosen. Er versuchte, mit beiden Armen seinen Kopf vor den Fußtritten zu schützen. Ich meinte, er müsse nun tot sein. Unsere Erstarrung hatte sich jäh gelöst. Frauen standen auf, Männer verbargen sich hinter ihnen. Ein Jammern und Wehklagen von vielen Stimmen hob an. Hinter uns fing eine Frau schrill zu schreien an. Ich sah, wie sie dabei mit beiden Händen unablässig in ihr aufgelöstes Haar griff. Else und ich saßen aneinandergeschmiegt und zitterten am ganzen Leibe. Die Soldaten ergriffen den wie leblos am Boden liegenden Mann, dessen Arme noch immer den Kopf bedeckten. Sie stellten ihn gewaltsam auf die Beine, stießen den Taumelnden zwischen sich zur Treppe und schafften ihn auf irgendeine Weise die Treppe hinunter.

Neue Soldaten drängten die Treppe herauf. Was wollten sie nun? Schrecken überfiel uns von neuem. Neben uns hatten zwei

Holländer mit Armbinde, die Deutsch verstanden, ihr Lager. Sie waren im Besitz einer Decke. Ich flehte sie an, Else und mich noch darunter zu verstecken. Sie zögerten etwas, ließen es dann aber zu, daß wir wie Katzen unter die Decke krochen, uns in die Körner, die hier etwas höher aufgeschüttet waren, einwühlend. Dann lauschten wir herzklopfend den Vorgängen im Bodenraum. Aber es kam anders, als unsere Angst uns fürchten ließ. Die Russen versuchten, die in Panik geratene Menge zu beruhigen. Einige wußten ein paar deutsche Sprachbrocken, die sie ständig wie Beschwörungsformeln wiederholten. Dabei gingen sie wohl im großflächigen Bodenraum umher. Wir sollten ruhig sein, es geschehe uns nichts, die Männer sollten mitkommen, sie würden in ein anderes Lager gebracht, „andere Arbeit, nix gutt für Frau". Es dauerte lange, bis der Lärm allmählich abschwoll. Das laute Weinen und Klagen wurde zum leisen Schluchzen, die Stimmen klangen gedämpfter. Man hörte schwere Stiefel auf der Holzstiege, die Soldaten verließen unseren Bodenraum.

Ich schlug die Decke zurück und richtete mich auf. Wir hatten nun wieder den gewohnten Anblick unserer näheren Umgebung, die vielen eng beieinander liegenden Menschenleiber im schwachen Licht der trüben Lampe. Wir bedankten uns für den Schutz unter der Decke, krochen zu unserem Platz vor der Treppe zurück und nahmen unsere gewohnte Schlaflage ein. Aber ich konnte nicht einschlafen. Das Bild des wehrlosen Mannes, wie er brutal mit Füßen getreten wurde, stand mir vor Augen. Ich wurde nicht fertig damit. Während Elses regelmäßige, tiefe Atemzüge mir ihren Schlaf anzeigten, versuchte ich, das Erlebnis roher Gewalt zu verarbeiten. Das letzte leise Weinen und Stöhnen in unserem Schlafraum war schließlich verstummt. Die trübe Lampe erlosch, fahles Mondlicht fiel durch die Dachluken und beleuchtete gespenstisch einige Schläfer. Etliche hatten zu schnarchen begonnen. Das mir ungewohnte Geräusch nahm nun ständig zu und wurde allmählich so laut, wie ich es noch nie in meinem Leben gehört hatte. In dem großen Raum schwoll es zuletzt so an, daß ich annehmen mußte, jeder Schläfer sei mit großer Lautstärke daran beteiligt. Ein gewaltiger Chor von häßlichen Urlauten bedrängte mich und nahm mir fast den Atem. Sie erschienen mir wie das mächtige Schnaufen und hohle Röcheln eines riesigen Untieres, das mich bedrohte. Ich richtete mich auf, wand hastig den Schal vom Hals, riß die Bluse auf und rang nach Luft. Ich fürchtete, schreien zu müssen, und wollte hinaus ins Freie, heraus aus dem niedrigen Bodenraum. Eine Weile kämpfte ich verzweifelt gegen dieses Drängen, dann fing ich mich wieder. Verstandesmäßig machte ich mir klar, daß alle diese Menschen völlig erschöpft waren, zum Teil auch erkältet, und daß das Schnarchen ein natürlicher Vorgang sei, vor dem man sich nicht zu fürchten brauche. Mit festem Willen versuchte ich, regelmäßig zu atmen, wandte mich schließlich wieder Else zu, die von allem nichts gemerkt zu haben schien, und hoffte, trotz der weiter orgelnden Schnarchgeräusche endlich Ruhe zu finden. Irgendwann bin ich eingeschlafen.

Am Morgen erwachte ich kaum erholt. Draußen war es nicht mehr eisig kalt wie bisher, es schien sogar leicht zu tauen. In der noch nächtlichen Dunkelheit des Hofes trank ich den Becher dünnen Kornkaffees in einem Zuge aus. Ich drängte mich noch einmal zur Schöpfstelle nach vorn und hielt den Becher hin, aber ich hatte kein Glück, der letzte Kaffee war ausgeschenkt. Auf dem dämmerigen Feld war diesmal alles anders für mich. Der Spaten schien noch schwerer als sonst zu sein, ich zog ihn mühsam auf dem Boden hinter mir her. Else war besorgt um mich. Die Lehrersleute aus Seedorf, die sich meist in unserer Nähe aufhielten, fragten mich nach meinem Ergehen. Ich stellte den Spaten auf die Erde und legte den schweren Kopf auf die Hände, die beide den Griff hielten. So stand ich längere Zeit, und die anderen bildeten beim Schippen unauffällig mehrere Kreise um mich, damit ich nicht auffiele. Ich hatte Durst, meine Kehle war wie ausgebrannt. Bekam ich eine Krankheit? Der Durst wurde immer größer; zuletzt hatte ich nur noch einen Gedanken: Ich mußte trinken, ich mußte irgend etwas trinken. Als ich hilflos und verzweifelt um mich schaute – das Morgenlicht des bedeckten Himmels begann den Platz etwas zu erhellen – trat eine der Frauen an mich heran. „Kann ich Ihnen irgendwie helfen?“ fragte sie teilnahmsvoll. „Ich habe Durst“, sagte ich mit trockenen Lippen. „Kommen Sie!“ Sie faßte mich um die Schultern und brachte mich zu einer zweiten Frau, mit der sie kurz sprach. Wir gingen an den nahen Rand des Feldes. Dort floß ein kleiner Bach, und wir stiegen die Böschung, an der allerlei niedriges Gesträuch wuchs, hinunter. Die Frau holte aus dem Gebüsch ein Körbchen hervor und entnahm ihm eine kleine Flasche, die noch zu einem Viertel gefüllt war. „Da“, sagte sie, indem sie den Korken entfernte, „trinken Sie, es ist Himbeerwasser.“ Ich nahm zögernd die Flasche. Aber sie nickte mir freundlich und ermunternd zu, und so trank ich einen Schluck. Es war ein wunderbarer, aber leider nur ganz kurzer Augenblick. Denn die wohlschmeckende Flüssigkeit verzischte in meiner Kehle wie ein Tropfen Wasser auf einer heißen Ofenplatte. Ich reichte die Flasche zurück. „Trinken Sie nur aus!“ sagte die Frau.

„Und Sie?" „Ich habe keinen Durst." Ich sagte: „Ich will von dem Wasser aus dem Bach trinken." „Das dürfen Sie nicht", rief meine Wohltäterin aufgeregt, „Sie wissen doch, daß hier alle ihre Notdurft verrichten. Das Wasser ist ungenießbar." Sie hatte recht. Ich trank den Rest aus der kleinen Flasche und dankte der hilfsbereiten Frau. Sie verstaute ihren Korb im Gesträuch. Sicher war es eine Bauernfrau, die, als sie abgeholt wurde, vorsorglich einen kleinen Eß- und Trinkvorrat mitgenommen hatte. Wir stiegen wieder die Böschung hinauf und gingen zu den anderen. Ich spürte die scheuen Blicke, die sie mir entgegensandten.

Die Zeit schlich dahin. Der Durst kam wieder. Er wurde schließlich unerträglich. Ich fühlte die aufgesprungene Haut meiner trockenen Lippen, die ausgebrannte Zunge, die sie nicht befeuchten konnte. Aber niemand hatte mehr etwas zu trinken. Ein alter Mann sagte: „Gehen Sie doch zu dem Zelt! Die Russen kochen sich dort Tee." Ich schaute hinüber und sah das brennende Feuer. Ich schüttelte den Kopf. „Ich fürchte mich." Man redete mir zu, und der Durst brannte. Eine kurze Zeit hielt ich es noch aus. Dann ließ ich den Spaten los und tat die ersten Schritte in die Richtung zu dem Zelt. Das Gelände stieg etwas an. Man hatte das Zelt wohl auf dem erhöhten Platz aufgeschlagen, um Übersicht über das riesige Feld zu haben. Der Weg wurde mir sehr sauer. Es hatte etwas getaut, und das Nachziehen meines kranken Fußes machte mir zu schaffen. Ich hatte keine Kraft mehr und schleppte mich mühsam vorwärts. Aber auch innerlich war ich an meinen Grenzen angelangt. Ich sollte die Menschen, die ich nach all den schrecklichen Erlebnissen aus tiefstem Grunde verabscheute, um Hilfe bitten! Dennoch – der Durst brannte. Was sollte ich tun? Erschöpft erreichte ich schließlich den Lagerplatz, den man vor dem Zelt mit allerlei Gezweig eingegrenzt hatte. Auf dem Vorplatz flackerte das Feuer. Tatsächlich hing in einem Dreibein ein großer dampfender Kessel. Soldaten liefen lebhaft hin und her, riefen sich in ihrer Sprache allerlei zu. Ich blieb vor dem Zaun stehen. Nach kurzer Zeit kam ein junger Russe auf mich zu und blickte mich fragend an. Ich hob stumm die Hand und machte die Gebärde des Trinkens. Unsere Blicke begegneten sich, er wandte sich um und kam sogleich mit einem großen Becher heißen Tees zurück. Ich trank den Tee wie eine unsägliche Köstlichkeit in mich hinein. Mir war in diesem Augenblick, als gäbe es keinen Krieg, keine Feinde, keine Grausamkeiten; ich konnte glauben, daß ich wieder gesund werden würde; mit jedem Schluck trank ich mir die Gewißheit zu. Ich war dankbar für die Hilfe, die mir zuteil wurde, und empfand es als ein Wunder, daß diese Hilfe mir von einem menschlichen Wesen inmitten von so viel Elend und Gewalt kam. Der Mensch in der fremden Uniform stand noch immer vor mir hinter dem Zaun. Ich hob den Blick und reichte den geleerten Becher über den Zaun zurück. „Danke!" sagte ich vernehmlich und hoffte, daß er den Sinn des Wortes aus meinem Gesicht ablesen konnte. Er nickte ein wenig, drehte sich dann um und entfernte sich langsamen Schrittes. Ich sah ihm nach, bis er im Zelt verschwand.

Erwärmt von dem heißen, starken Getränk kehrte ich langsam zu meiner Gruppe zurück und berichtete von der menschenfreundlichen Hilfe, die mir erwiesen worden war. Ich fühlte mich besser, in mir war wieder etwas ins Gleichgewicht gekommen. Die Menschlichkeit war noch nicht ganz ausgestorben. Mein Durst schien gestillt, mein Kopf war wieder freier und leichter, meine Ängste klangen ab. Mit anderen Augen blickte ich über das weite Feld, wo Hunderte von Menschen die Hände rührten und sich plagten. Einmal würde dieses Elend zu Ende sein. Wie lange mußten wir noch ausharren? –

Seit unserer Ankunft mochten nun schon 12 oder 14 Tage vergangen sein. Bei der Gleichförmigkeit unseres Tageslaufs war ich beim Zählen durcheinandergekommen. Eines Abends nun durften wir bei eingetretener Dunkelheit das Arbeitsfeld nicht verlassen. Tauwetter hatte Regen gebracht. Es war ein feiner Nieselregen, der schon seit dem Nachmittag, einmal milder, einmal heftiger, auf uns niederging. Es mußte aber trotzdem weitergearbeitet werden. Durch die Schwärze der Nacht zuckte plötzlich der grelle Strahl eines Scheinwerfers. Er glitt über das Feld, überall für einige Augenblicke die jeweiligen Menschengruppen beleuchtend. Bald war er wie der gleißende Radius eines riesigen Kreises wieder bei uns angekommen. Also Nachtarbeit mit Scheinwerferüberwachung! Wir waren seit Tagesanbruch auf den Beinen und vom stundenlangen Regen durchnäßt. Unmut und Zorn kamen auf, und niemand von uns arbeitete weiter. Inzwischen goß es heftig, im blendenden Strahl des Scheinwerfers sahen wir den dichten Regenvorhang. Schließlich bildeten wir kleine Kreise, Schulter an Schulter, den Kopf tief auf die Brust gesenkt. So war das Gesicht etwas geschützt, ebenso die Vorderseite des Körpers, und der Regen lief über Hinterkopf und Rücken ab. Es war uns nun gleichgültig, daß man im Scheinwerferlicht unsere Kreise sehen würde. Ich weiß nicht, wie lange wir in dieser Stellung verharrt haben, es erschien mir sehr, sehr lange. Die Stimmung sank entsprechend und machte sich in mühsam gedämpften Unmutslauten Luft. Spät erst kam der unermüdliche Scheinwerfer zur Ruhe. In größter Trostlosigkeit schleppten wir uns auf unser Lager.

Am nächsten Morgen – es regnete nicht mehr – ging es nicht hinaus aufs Feld. Nach dem dünnen Kornkaffee mußten wir uns zu einer langen Kolonne aufstellen. Zu fünfen oder sechsen – es wurde nicht gezählt – reihten wir uns im Gutshof zu einer Schlange auf, die weit hinaus aufs Feld reichte. Was hatte man vor? Sollten wir zu Fuß weiter, woanders hin? Niemand wußte es. Meine Arbeitskameradinnen schauten besorgt auf meinen Fuß. Eine sagte: „Da vorn", und sie machte eine ausholende Bewegung mit dem Arm, „ist eine kranke Frau gewesen. Man hat sie nach Hause geschickt. Melden Sie sich doch auch krank!" – Nach Hause! Wo war mein Zuhause? Aber wenigstens käme man aus diesem elenden Leben heraus. Ich würde zurück nach Seedorf gehen, wo Frau Buchwald mit den Kindern auf mich wartete. Mein Blick ging zu Else, deren rundes Kindergesicht ein wenig blasser als sonst zu sein schien. Die Luft war winterlich kalt. Ich begann, neben der Gruppe hinkend hin und her zu gehen, und versuchte, ruhig nachzudenken. Sollte ich mich von meinen Leidensgefährtinnen lösen? Könnte ich dadurch dem schrecklichen Schicksal weiterer Verschleppung entrinnen? Ob Frau Buchwald überhaupt noch in Seedorf war? Statt dreier Tage waren nun schon zwei Wochen vergangen. Was konnte inzwischen alles geschehen sein? – Ich hatte viel Zeit zum Grübeln. Aber auf einmal schob ich alle Erwägungen zur Seite. Ohne Übergang wußte ich, was ich wollte: Bei diesen Menschen hier wollte ich bleiben. Sie hatten mir im wahren Sinne des Wortes zur Seite gestanden mit ihrer menschlichen Teilnahme und ihrer Hilfe. Bei ihnen empfand ich noch einen Hauch von bescheidener Geborgenheit. So beendete ich aufatmend meine unruhige Wanderung, ging wie befreit zu den anderen und sagte zu Else, aber so laut, daß es die Umstehenden hören konnten: „Ich melde mich nicht krank, ich bleibe hier." Über Elses Gesicht huschte ein erlöstes Lächeln, die anderen nickten mir freundlich zu.

Wie lange warteten wir nun schon? Es mußte viel Zeit vergangen sein. Endlich setzte sich der Menschenzug schleppend in Bewegung. Wir verließen den engeren Hof und erreichten eine Straße, an der zu beiden Seiten verlassene, geplünderte Arbeiterhäuser standen. Bald mußten wir wieder stehenbleiben. Die uns begleitenden bewaffneten Soldaten wiesen uns an, in die Häuser hineinzugehen. Wir wurden förmlich hinein gedrängt und saßen in den verwüsteten Unterkünften dicht nebeneinander auf dem

Fußboden. An der Tür hielten zwei Soldaten Wache. Was nun? Die Menschen hockten mit grauen Gesichtern stumm auf dem Boden und regten sich nicht. Ihre Mienen waren maskenhaft leblos. Eine Weile saßen wir so. Ich beobachtete die beiden Soldaten in dem Türrahmen – die Tür war halb aus den Angeln gerissen und lehnte an der Wand. Ihre Gesichter schienen mir lebendiger zu sein als die ihrer Gefangenen. Manchmal sprachen sie etwas miteinander. Die Zeit verrann. Irgendwann stand ich auf. Ich ging auf die beiden zu, schaute sie an und versuchte, mich ihnen verständlich zu machen. Gelernt hatte ich schon, daß „na domo" (oder so ähnlich) „nach Hause" hieß. Ich wollte herausbekommen, was man mit uns vorhabe, ob wir nicht „na domo" gehen könnten. Sie begriffen. „Nix na domo", sagte der eine und schüttelte den Kopf. Aber was dann? Sie zuckten mit den Achseln, dann sagte der andere: „Moskau." Ich kehrte zu meinem Platz zurück. Also doch wahrscheinlich nach Rußland! Vielleicht aber nicht so weit weg, nicht nach Sibirien. Leise sprach ich mit Else. Beide hatten wir Hunger, es mußte Essenszeit sein. Wir schauten uns im Raume um und entdeckten den Herd, auf dem allerlei Hausrat durcheinanderlag. Vielleicht war die Feuerstelle noch brauchbar. Ich erspähte auch einen großen eisernen Topf. „Else", sagte ich, „laß uns versuchen hinauszugehen. Draußen vor den Häusern sind kleine Ställe, vielleicht finden wir etwas Eßbares." Wir faßten uns fest an der Hand, traten zu den Soldaten, machten die Gebärde des Essens und legten die freie Hand auf unseren Magen, wobei wir qualvoll die Augen verdrehten. Die jungen Kerle, die sicher große Langeweile auf ihrem Posten hatten, grinsten verständnisvoll und ließen uns hinaus, uns bedeutend, daß wir schnell wieder zurückkommen sollten. So krochen wir in den niedrigen Keller, der sich unter dem kleinen Stall befand, und fanden auch sogleich Kartoffeln. In einen alten Korb, der zusammen unter vielem anderen auf der Straße lag, sammelten wir die noch genießbaren Kartoffeln und brachten sie in die Arbeiterwohnküche. Nur wenige von den Zurückgebliebenen blickten auf, als wir mit dem Korb den Raum betraten. Wir machten uns am Herd zu schaffen, fanden altes Papier und Holzstücke, jemand brachte Streichhölzer herbei. Bald brannte das Feuer. Wir durften aus der Pumpe vor dem Haus, die erstaunlicherweise noch einigermaßen in Ordnung war, Wasser holen und konnten nun die Kartoffeln kochen. Es dauerte eine Weile, bis sich in der Wohnküche der Geruch von Pellkartoffeln verbreitete. Der Herd, dessen Feuer wir ständig in Gang hielten, spendete spürbar etwas Wärme. Die Gesichter verloren ihre düstere Teilnahmslosigkeit. Endlich waren die Kartoffeln gar, das Wasser konnte abgegossen werden. Wir schafften es zu zweit und stellten den Topf auf den Boden. Jedem unserer Leidensgenossen legten wir ein paar Kartoffeln in den Schoß. Sie reichten für alle, die in dem Raum waren. Wir pellten sie mit den Fingern, sie schmeckten uns wunderbar. Und auf einmal ging ein kleiner Steintopf von Hand zu Hand rundum. In dem Topf befand sich Schmalz, richtiges Griebenschmalz. Ob es ein letzter mitgenommener Vorrat war oder ob sich der Topf in der Küche gefunden hatte – niemand fragte, alle genossen die warme Mahlzeit.

Obwohl die Mienen sich ein wenig aufgehellt hatten und dadurch lebendiger wirkten, saßen wir weiterhin stumm zusammen. Die Ungewißheit unseres Schicksals lastete auf jedem, und das Warten zog sich hin. Lange geschah nichts. Dann erschien eilig ein Soldat. Anscheinend brachte er den beiden Wachhabenden eine Nachricht: Wir sollten aufbrechen. Schwerfällig erhoben sich die Menschen und verließen langsam das Haus. Ich blickte zum Gutshof zurück. Dort stand noch immer eine lange Menschenschlange. Andere Trupps zogen an uns vorbei, auf beiden Seiten von bewaffneten Soldaten begleitet. Vor den Arbeiterhäusern standen die Menschen wie wir in kleinen Gruppen und warteten teilnahmslos, was mit ihnen geschehen sollte, wohin sie getrieben würden. Kein Zweifel, das Flugplatzlager wurde geräumt, die Menschen wurden mit Lastwagen abtransportiert. Nach Rußland? Wenn man uns nur nicht voneinander trennte! Wieder standen wir lange, während andere an uns vorbeizogen. Aber dann kam eine Aufforderung an uns, und wir trauten unseren Ohren nicht: „Dawai! Na domo!“ Wir sollten nach Hause gehen? Wir konnten es nicht fassen, und ich fragte noch einmal zurück. Aber unsere beiden Wächter verzogen freundlich ihre Gesichter und bewegten ihre Arme auf und ab, als ob sie Hühner scheuchen wollten. Da glaubten wir ihnen. Nun hieß es für uns: „Auf nach Seedorf!“ Der Weg war wohl allen bekannt: von Johannisthal nach Grunau, von Grunau nach Wallburg, dann am See entlang nach Seedorf. Schätzungsweise mußten das zusammen etwa 12 km Fußmarsch sein. Eine Uhr besaß niemand. Wer bei der Abholung noch eine bei sich gehabt hätte, wäre sie längst losgeworden. „Uhri, Uhri!“ war einer der meist gebrauchten Ausdrücke, die die Eroberer beim Plündern verwendeten. Wir hofften, den Weg bis zum Eintritt der Dunkelheit zu schaffen. Auf jeden Fall gingen wir sofort los. Wie gut, daß wir etwas gegessen hatten! Hoffentlich ließ man uns ungestört unseres Weges ziehen.

4.

Unsere kleine Seedorfer Gruppe schloß sich dicht zusammen. Noch immer fürchteten wir, daß man uns unerwartet zurückhalten würde. Else und ich gingen vorn an der Spitze. Den kranken Fuß nachziehend, gab ich das Tempo an. Dabei konnten auch die Älteren und ganz Alten Schritt halten. Gesprochen wurde auch jetzt kaum. Aber meine Gedanken waren in lebhafter Bewegung und liefen mir voraus. Was würden wir bei der Rückkehr vorfinden? Zuerst würde ich Wallburg wiedersehen. Würde ich die Meinen sprechen können? Oder waren auch sie inzwischen verschleppt worden? Hinter Grunau konnte man über die ebenen Felder hinweg schon die Häuser von Wallburg erkennen. Mein Herz begann zu klopfen. Zuerst kamen wir am Gehöft des Bürgermeisters vorbei, das etwa einen Kilometer vom Dorf entfernt liegt. Haus und Hof waren verlassen, Türen und Fenster zerschlagen, der Hausrat lag zerstreut auf der Straße. Hier hatte ich einst zur Frühlingszeit ein schönes Hochzeitsfest mitgefeiert, als die ältere Tochter des Bürgermeisters heiratete. Auch Frau Buchwald hatte zu den Gästen gehört. Wie fröhlich waren wir alle gewesen, und ich hatte mit meinem damals noch heimlich Verlobten getanzt. Die Welt war mir in jener Zeit trotz Krieg so schön erschienen. Aber dieser verwüstete Ort, an dem wir nun eilig vorübergingen, hatte nichts mehr mit solchem Lebensgefühl zu tun, und ich selbst schien eine andere zu sein als jene, die einmal voller Zukunftshoffnungen von ihrer eigenen Hochzeit träumte.

Wir näherten uns dem Dorfeingang. Es stand mir plötzlich wieder vor der Seele, daß ich aus diesem Dorf geflohen war, weil mir Gefahr drohte. Hatte sich eigentlich daran etwas geändert? Wir gingen mitten auf der leeren Dorfstraße. Unser Trupp hatte sich etwas auseinandergezogen. Ich wagte kaum, frei um mich zu blicken. Rechts und links der Straße sah ich die Ruinen ausgebrannter Häuser. Während wir ohne Aufenthalt vorwärtsgingen, hatte ich das Gefühl, daß sich mein Ich in einem winzigen Raum meines Innern versteckt hätte und mein Äußeres nur Schale und Automatik sei. Nur wie ein Fünkchen in der Dunkelheit spürte ich mein Selbst.

Menschen waren uns bis jetzt nicht begegnet. Das Dorf schien völlig verlassen zu sein. Auch Russen waren nicht zu sehen. Aber als wir an die kleine Seitenstraße in der Dorfmitte kamen, stürzte eine dunkle weibliche Gestalt auf mich zu: „Fräulein Langemark! Mein Gott, sind Sie's wirklich?“ Diese leise gesprochenen Worte waren so voll schreckhafter und gleichzeitig freudiger Überraschung, daß das Fünkchen Leben in meinem Innern ein wenig aufglühte. Es war eine meiner ehemaligen Schülerinnen, wie ich nach einem forschenden Blick erkannte. Sie trug ein schwarzes Kopftuch, das ihr Gesicht halb verbarg und sie alt erscheinen ließ. Wir gingen etwas langsamer vorwärts, und das junge Mädchen lief neben uns her. Ich fragte nach seinem Ergehen und nach Groths und erfuhr, daß letztere das Dorf verlassen und auswärts, von der Hauptstraße entfernt, Unterschlupf gesucht hatten. Es sei fast niemand mehr im Dorf. Die Mutter des Mädchens liege krank danieder, und deshalb seien sie noch hier. Unten im Hause von See-Groths lebte noch die alte, schwache Mutter mit ihrer Tochter. Russen seien auch hier, aber nur wenige, sie hätten ihr Quartier im Schloß.

Unser Gespräch wurde hastig und leise geführt. Wir gaben uns zuletzt mit vielen guten Wünschen die Hand, und dann eilte ich mit Else an der Seite den anderen nach, die uns inzwischen überholt hatten. Es war, als zöge die Seedorfer die Nähe ihres Dorfes an und beflügele ihren Schritt. Obwohl wir schon etwa 8 km hinter uns hatten, gingen die Menschen jetzt schneller als am Anfang. Außerdem hatte uns auf dem langen Weg niemand behelligt, es schienen keine Russen unterwegs zu sein. Das gab uns allen mehr Sicherheit. Dazu neigte sich der Tag dem Abend zu. Wir mußten möglichst vor Dunkelheit unser Ziel erreichen. Trotzdem wollte ich See-Groths, bei denen unser Weg unmittelbar vorbeiführte, aufsuchen, um mehr und Genaueres über die Meinen zu erfahren. Als wir vor der Gartentür standen, erschien plötzlich am Fenster ein fremdes Männergesicht mit einem dunklen Vollbart. Ich erschrak so sehr, daß ich mit dem heiseren Ausruf „Ein Russe!“ zur Seite sprang und, Else mit mir ziehend, davoneilte.

Über die Wallwiese vor uns gingen die Seedorfer, nun schon weit auseinandergezogen. Wir versuchten, wieder den Anschluß zu gewinnen. Da hörte ich hinter uns eine mir bekannt erscheinende Stimme meinen Namen rufen. Überrascht wandten wir uns um. Auf uns zu eilte der Mann mit dem Vollbart. „Warten Sie, ich gehe mit Ihnen!“ Wir blieben stehen, und ich erkannte allmählich Pastor Eckner aus Kirchheim, das nordwestlich von Seedorf liegt. Seit ich in Wallburg tätig war, hatte er seinen zu den Soldaten eingezogenen Amtsbruder Buchwald vertreten. Durch den Konfirmandenunterricht, den er in einem der beiden Klassenräume meiner Schule erteilt hatte, waren wir im Laufe der Jahre näher bekannt geworden. Nun also trafen wir hier zusammen. Er hatte mich am Gartentor stehen sehen und mich trotz meiner äußeren Verelendung erkannt.

Im Weitergehen berichtete er kurz, wie er in Kirchheim mit anderen Männern zusammen auf Lastwagen verladen und von Verhör zu Verhör geschleppt worden war. Schließlich habe man ihn laufen lassen. Dreißig Kilometer Fußmarsch habe er schon hinter sich. In Wallburg habe er See-Groths aufgesucht, dort wollte er eigentlich die Nacht verbringen. Als er aber erfahren habe, daß Frau Buchwald und ich nach Seedorf gegangen seien und ich plötzlich vor dem Haus aufgetaucht war, habe er beschlossen, mit nach Seedorf zu gehen, um dort der Frau seines Amtsbruders Beistand leisten zu können und gleichzeitig seinem Zuhause näher zu kommen. Ich berichtete nun kurz von unserer Flucht aus Wallburg und von der Verschleppung zum Schippen. Bei solchem Berichten verging die Zeit schneller als damals, als ich das erste Mal diesen Weg ging, und wir kamen auch schneller voran als im tiefen Schnee mit den kleinen Kindern an der Hand und dem Gepäck auf dem Rücken.

Mich hatte die Begegnung mit Pastor Eckner neu belebt. Seine Unverzagtheit machte großen Eindruck auf mich. Er schien ganz ohne Furcht zu sein, was gewiß auch auf seiner tiefen Gläubigkeit beruhte. Sein Gottvertrauen war so groß, daß er in der gegenwärtigen Lage noch fröhlich sein konnte. Die Zuversicht dieses Weggefährten war ansteckend.

Mit gespannter Erwartung näherten wir uns Seedorf, während sich allmählich die abendliche Dämmerung ausbreitete. Würden dort jetzt auch Russen sein? Wie mochte es Frau Buchwald mit ihren Kindern ergangen sein? Als wir das Dorf betraten, mußten wir erkennen, daß es voller Russen steckte. Es herrschte lebhaftes Treiben auf der Straße, Lastautos standen umher, es roch wieder scheußlich nach Treibstoff. Unsere Seedorfer Leidensgenossen liefen ohne viel Aufhebens auseinander, jeder strebte seinem Zuhause zu, und so zogen wir drei mit den beiden Lehrersleuten zum Schulhaus. Aber ach, wie anders sah alles aus als an dem Tag, an dem wir abgeholt worden waren: zerschlagene Fenster auch hier, offene Türen und drinnen ein heilloses Durcheinander allen Hausrats. Im Dämmerschein sah man die aufgerissenen Schränke und Schubladen, davor große Haufen durcheinandergeworfener Kleidungs- und Wäschestücke. Hier hatte wohl mancher Russe nach Schätzen gesucht. Die alten Lehrersleute blickten stumm umher. Sie mußten mehr ertragen als ich, die nur wenig besessen und schon am ersten Tag des Russeneinfalls alles verloren hatte.

Wir verließen das verwüstete Haus und wandten uns dem nächststehenden zu, einem niedrigen Arbeiterhaus, aus dem ein schwacher, unruhiger Lichtschein durchs Fenster drang. Dort fanden wir außer einigen alten Dorfbewohnern auch Frau Buchwald mit ihren beiden Kindern wieder. Wehmütige Freude auf beiden Seiten! Für Frau Buchwald war es zudem sehr tröstlich, den Amtsbruder ihres Mannes, der zugleich ein Freund der Familie war, nun bei sich zu haben. Sie hatte bald nach unserem Weggang Schlimmes erlebt und sich danach in dieses Haus geflüchtet, wo freundliche Menschen ihr Obdach und Nahrung gewährten. Die Kinder waren unversehrt geblieben.

Die guten Leute in dem Haus nahmen auch uns wie selbstverständlich auf. Eine einfache warme Suppe war bereitet worden. Pastor Eckner sprach das Tischgebet, und alle stärkten sich mit der wärmenden Mahlzeit. Dann wurden die Schlafplätze verteilt. Neben der Wohnstube befand sich noch eine kleine Schlafkammer mit einem Bett. Die Leute im Haus bestanden darauf, daß Frau Buchwald und ich als die jüngeren Frauen dort schlafen sollten, weil fast jede Nacht Russen eindrangen und wir dann in der Kammer etwas geschützter wären. Die kleine Else wollten sie unter ihre Fittiche nehmen.

Die zur Kammer führende Tür ließ sich leider nicht zuschließen oder verriegeln; Schloß und Klinke waren durch gewaltsames Öffnen unbrauchbar geworden. Frau Buchwald und ich standen beim Licht einer Wachskerze in der niedrigen Kammer vor der einfachen, schmalen Bettstelle. Es lag ein richtiges Federbett darauf. Wir zogen nur die Schuhe aus und beschlossen, wegen der Schmalheit der Liegestatt uns in entgegengesetzter Richtung hineinzulegen, so daß die eigenen Beine neben dem Körper des anderen lagen. Die Kerze wurde hinausgetragen und die Tür, so gut es ging, angelehnt. Obwohl ich sehr müde war, konnte ich nicht sogleich einschlafen. Durch den Türspalt – ich lag mit dem Blick zur Tür – sah ich den Schein der Kerze und lauschte den Stimmen der Bewohner, die sich mit dem Pastor unterhielten. Er wollte die Nacht auf einem Stuhl sitzend verbringen.

Es dauerte nicht lange, da rüttelte es an der versperrten Haustür, und wir vernahmen die uns nun schon sattsam bekannten Laute der ungeliebten Sprache. Der Pastor versuchte durch ruhiges Zureden, die eingedrungenen Russen wieder hinauszudrängen. Sie sollten schlafen gehen, es sei doch Nacht. Die Eindringlinge wurden etwas ruhiger, und es schien, daß sie nach einigem Hin und Her tatsächlich das Haus verließen, wohl, weil sie nur alte Frauen und Männer vorfanden. Aber einer von ihnen war dann doch geblieben. Wir hörten, wie Pastor Eckner auf ihn einsprach und ihn zum Verlassen des Hauses bewegen wollte. Schließlich aber hatte der Russe trotz des Halbdunkels die Tür zur Kammer entdeckt. Der Pastor mochte sie ihm vertreten haben. Er beschwor den Mann fortzugehen. Er fragte ihn – wohl um ihn abzulenken – nach seinem Namen. Nach allerlei sprachlichen Mühen stellte es sich heraus, daß der Russe Peter hieß. Nun redete Pastor Eckner ihn immer mit seinem Namen an. „Denk an deine Mutter", sagte er mehrmals eindringlich, indem er das Wort „matka" einfügte. Aber die Tür wurde doch aufgestoßen. Ich verkroch mich zitternd unter der Bettdecke. Der Russe näherte sich mit schwerfälligem Schritt unserem Bett. Er hatte wohl inzwischen erkannt oder erfühlt, daß jemand in dem Bett lag. So ließ er sich auf dem Bettrand nieder und begann, mit den russischen Lauten, die nun aber weicher und sanfter als gewöhnlich klangen, zu Frau Buchwald zu sprechen. Wie würde es weitergehen? Ich streichelte die bestrumpften Füße meiner Schlafkameradin, als ob sie das trösten könnte. Der Pastor, der wohl in der offenen Tür stand, ließ nicht ab, auf Peter besänftigend einzureden, wovon dieser wahrscheinlich nur die Worte „Peter" und „matka" verstand. Auf einmal trat etwas nicht mehr zu Erwartendes ein. Nach kurzem Verweilen erhob sich der Russe, verließ langsam, wie er gekommen war, die Kammer und ohne weiteren Aufenthalt das Haus. Dankbar atmeten wir auf. Die Haustür wurde wieder versperrt, und alles ging zur Ruhe. In dieser Nacht wurden wir nicht mehr gestört.

Mit dem nächsten Morgen – ich hatte tief und fest geschlafen – begann ein heller Tag. Der Himmel war klarblau, die Sonne stand schon über dem Horizont. Ich fühlte mich ausgeruht und gestärkt, und die Gegenwart von Frau Buchwald und Pastor Eckner machten mir die fremde Umgebung vertrauter. Auch Else schaute aus anderen Augen in die Welt, und Frau Buchwalds Kinder verbreiteten allein durch ihr Dasein einen Hauch von Frohsinn in der niedrigen Wohnstube. Ich fragte die Lehrerfrau, ob ich mir aus dem Wäschevorrat, der in ihren Zimmern verstreut lag, einen Schlüpfer heraussuchen dürfte. „Nehmen Sie, was Sie brauchen", sagte sie freundlich. Und so ging ich ins Schulhaus, ohne in der frühen Morgenstunde gestört zu werden. Ich fand bald, was ich suchte. Dabei fiel mir ein langer, schmaler Lederriemen in die Hände, mit dem ich meine Trainingshose in der Taille festhalten konnte, denn der Gummizug war völlig unbrauchbar geworden. Ich bedankte mich für die beiden nützlichen Dinge bei der Lehrerfrau. Von den Hausbewohnern erbat ich mir eine Schüssel, füllte sie an der Pumpe mit Wasser und wusch mich in der kleinen Kammer – zum ersten Mal seit über drei Wochen. Meine Trainingshose war unten an den Schuhen zerrissen und von Schmutz verkrustet. Jemand gab mir zwei Sicherheitsnadeln, mit denen ich die Fetzen an den Hosenbeinen notdürftig zusammensteckte. Als ich dann mein langes Haar durchgekämmt und aufgesteckt hatte – es war eine ziemlich mühsame Arbeit gewesen – erfüllten mich ein großes Wohlgefühl und tiefe Dankbarkeit. Fast wie ein ordentlicher Mensch saß ich mit den anderen am Tisch, auf dem die warme Morgensuppe dampfte.

Nach der Mahlzeit sagte Frau Buchwald zu mir: „Wir gehen nun mit Christoph Eckner nach Kirchheim. Was werden Sie tun?" Ich war mir nicht im klaren und hob unentschlossen die Schultern. „Ich weiß es noch nicht", antwortete ich leise und ging zur Stube hinaus auf den langen, schmalen Flur, der durch das Haus lief. Dort fand ich eine Ecke hinter einem niedrigen Schränkchen, setzte mich auf den Ziegelfußboden und überlegte. In Seedorf zu bleiben, schien mir sinnlos. Sollte ich, da Frau Buchwald mich nicht mehr brauchte, zurück zu den Meinen nach Wallburg gehen? Aber sie waren ja nicht mehr dort, ich müßte sie erst einmal suchen. Und wenn ich bis zu ihrem neuen Aufenthaltsort durchkäme, waren sie vielleicht schon wieder vertrieben, verschleppt oder geflohen. Ich wäre nun auch ganz allein unterwegs. Was ich mit anderen zusammen gewagt hatte, mochte ich für mich allein nicht tun. Was wollte ich also? Ganz eindeutig blieb die Antwort: Ich möchte mit nach Kirchheim gehen. Die Aussicht, mit Frau Buchwald und Pastor Eckner zusammenzubleiben, erfüllte mich mit warmer Freude. Aber ich müßte dazu Pastor Eckner fragen, ob ich zu ihm nach Hause mitgehen dürfte. Diese Frage allerdings würde mich einige Überwindung kosten.

Ich war in den vergangenen Jahren dem freundlichen Pastor nur als Lehrerin gegenübergetreten. Wir erledigten unsere Aufgaben, soweit sie sich berührten, mit kollegialer Hilfsbereitschaft. Aber in die Kirche war ich nicht gegangen. Zwar evangelisch getauft und eingesegnet, gehörte ich – unbeeinflußt von späteren Entwicklungen auf diesem Gebiet – von frühester Jugend an zu den Zweiflern, denen unbefangenes Glauben nicht zuteil geworden war. Fast alles, was das Christentum an Lebensregeln bietet, bejahte ich, und ich versuchte auch, danach zu handeln. Aber den mystischen oder dogmatischen Teilen der Glaubenslehre konnte ich nicht zustimmen. Aus einer Art Treue blieb ich Mitglied der Kirche, in der ich mich trotz aller Widersprüche beheimatet fühlte. Eine Aussprache über solche Glaubensfragen hatte es zwischen Pastor Eckner und mir nicht gegeben. Schon früh hatte ich es aufgegeben, über den Glauben oder das Glauben überhaupt mit anderen zu streiten. Aber wahrscheinlich hatte der Pastor im Laufe der Zeit sich über diese evangelische Dorfschullehrerin, die nie den Gottesdienst besuchte und auch keinen Religionsunterricht erteilte, Gedanken gemacht. Nun, wo die Not uns zusammengeführt hatte, sollte ich als Bittstellerin vor ihn treten. Was war daran eigentlich schwierig? Konnte die einst so selbstbewußte Lehrerin nicht bescheiden bitten? Ich kehrte energisch alle Bedenken und Vorbehalte aus meinem Herzen, überwand meinen Stolz und war bereit, ihm die Bitte vorzutragen.

Pastor Eckner sprach gerade im Wohnzimmer mit den einzelnen Menschen und tröstete sie in seelsorgerischer Weise. Ich trat zu ihm, bat ihn für einen Augenblick zur Seite und fragte ohne Umschweife: „Darf ich mit Ihnen zusammen nach Kirchheim gehen?“ Er schaute mich mit seinen freundlichen Augen wie prüfend an. „Ich kann Ihnen keine Sicherheit bieten“, sagte er dann, „ich weiß nicht, wie ich unser Zuhause vorfinde. Der Weg dorthin ist auch nicht ungefährlich. Wollen Sie nicht lieber hierbleiben?“ „Hier bleibe ich nicht“, antwortete ich entschlossen, „eher gehe ich zurück zu See-Groths nach Wallburg und versuche, die Meinen zu finden. Ich verspreche mir auch nicht mehr Sicherheit“, setzte ich hinzu, „Sicherheit wird jetzt wohl nirgendwo mehr zu finden sein.“ Er lächelte bei meinen Worten, vielleicht, weil mir allmählich die Röte ins Gesicht stieg. „Dann kommen Sie mit!“ rief er fröhlich. „Danke!“ Mehr brachte ich nicht heraus, aber er merkte wohl, daß mir ein Stein vom Herzen fiel.

Es dauerte noch eine ganze Weile, bis wir aufbrachen. Pastor Eckner sprach weiter mit seinen Pfarrkindern, die sich in der Stube einfanden. Ich teilte Frau Buchwald und Else mit, daß wir zusammenbleiben würden, und beide fanden das schön. Sie packten gerade ihre geringe Habe für die Fußwanderung. Ich hatte für mich kein Gepäck zu richten und ging wieder hinaus in den Flur, wo ich durch die offene Haustür den leuchtend blauen Himmel mit der hellen Sonne sehen konnte. Mir war leicht und frei zumute. Ich würde also mit nach Kirchheim gehen und damit wieder ein kleines Stück westwärts. Moorbach, wohin Frau Buchwald strebte, lag noch etwas weiter westlich. Ob man von dort aus nicht doch allmählich die Oder erreichen, sie überqueren und damit diesem Höllenkessel entfliehen könnte? Mir erschien es nun wieder wie ein Wunder, daß ich die vergangenen drei Wochen überstanden hatte. Wurde man doch behütet? Aber so viele Menschen waren schon zugrundegegangen, wurden sie denn nicht behütet? Warum nicht? „Der unerforschliche Ratschluß Gottes“ –

das war keine überzeugende Antwort für mich. Ja, wenn man glauben könnte wie der Pastor! Dann wüßte man auch, wem man zu danken hatte für Rettung aus Gefahr. Dann könnte man sich immer an den göttlichen Beschützer wenden und um Hilfe bitten. Tat ich das nicht? Ging's mir nicht oft wie in frühen Kindertagen durch den Sinn: „Lieber Gott, hilf mir!" Ich schaute hinauf zum Himmel. Über uns, droben sollte Gott sein. „Brüder, überm Sternenzelt muß ein lieber Vater wohnen!" – „Muß", sagt Schiller. Glaubte er es auch nicht recht? Ein lieber Vater im Himmel – was für ein beglückender Gedanke! Und ich sein geliebtes Kind! Wenn man das glauben könnte – alles wäre leichter zu ertragen. Aber das Glauben ließ sich nicht erzwingen, schon gar nicht hier und nach den Erfahrungen der letzten Zeit. Ich schloß die Haustür und kehrte in die Wohnstube zurück. Meine Wandergefährten waren zum Aufbruch gerüstet. Ich nahm den Rucksack, den ich schon von Wallburg nach Seedorf getragen hatte, auf den Rücken und wickelte mir den grauen Wollschal um Kopf und Hals.

Nun ging es ans Abschiednehmen. Die beiden Lehrersleute drückten uns bewegt die Hand – ob wir uns in besserer Zeit einmal wiedersehen würden? Es war mir nun, als ob wir eine Wanderung in eine schönere Welt anträten und die anderen zurückbleiben müßten. Mein Verstand versuchte, meine Hoffnungen zu dämpfen, denn wir gingen doch wieder hinaus ins feindselige Ungewisse. Meine frohgemute Aufbruchsstimmung ließ sich aber nicht beeinträchtigen. Ich wollte fort aus den engen Wänden, hinaus ins Freie, als ob ich dort auch etwas von der so lange unterdrückten Freiheit spüren könnte.

Meine Geduld wurde auf eine harte Probe gestellt. Zwar hatten wir endlich – nach herzlichen Dankesworten – das Haus verlassen, aber Pastor Eckner ging gleich in das nächste Haus hinein, um den dort zusammengedrängten Menschen – sich verabschiedend – geistlichen Zuspruch zu geben. Und so ging es dann weiter; kein Haus, in dem sich Leute befanden, ließ der Pastor aus. Die Menschen hatten Trost sehr nötig. In einem Bauernhaus fanden wir die Hausfrau in der unaufgeräumten Wohnstube auf dem Sofa sitzend. Das Haar hing ihr ungeordnet in die Stirn, ihr Gesicht war leer, ohne Ausdruck, und unaufhörlich liefen Tränen darüber hin. Die Frau war völlig gebrochen. Auf das teilnehmende Befragen des Pastors sprach sie in abgerissenen Sätzen, zwischendurch aufschluchzend, von den Schrecken der letzten Nacht, in der die Russen wie Tiere über sie hergefallen waren. Und während der Pastor die Frau tröstete und dabei beruhigend über ihre Hände strich, legte sich mir die Verzweiflung der Frau zentnerschwer auf das Herz und schien die Frische des Aufbruchs gänzlich zu vertreiben.

Bei den nächsten Häusern blieb ich draußen vor der Tür auf der Straße stehen, obwohl das nicht ungefährlich war: Ich konnte von plötzlich auftauchenden Russen aufgegriffen werden. Aber die Last des seelischen Elends in all den Häusern wollte mich erdrükken. Ich bewunderte den Pastor, der mit fast freudiger Hingabe seines Amtes waltete. Fand er jetzt endlich Menschenherzen, die seiner Lehre aufgetan waren? Seine seelische Kraft schien unerschöpflich zu sein. „Nennt mich Bruder Christoph!“ hatte er in einer der überfüllten Stuben voller Nächstenliebe gerufen. Und die Menschen waren sehr dankbar. Von ihren letzten Vorräten gaben sie ihm etwas für seine große Familie mit. Allen sagte er, daß er am kommenden Sonntag in Kirchheim Gottesdienst halten wolle; sie sollten, wenn es irgend möglich wäre, zur Kirche kommen.

Mir war allmählich, als brenne mir der Boden unter den Füßen. Unruhig schritt ich vor den Häusern auf und ab. Else hatte sich zu mir gesellt. Russen waren nicht zu sehen. Waren sie alle im Gutshof beschäftigt? Oder führten sie andere Unternehmungen in der weiteren Umgebung durch? Ich war heilfroh, als Pastor Eckner mit Frau Buchwald und den beiden Kindern aus dem letzten noch bewohnten Haus trat und wir endlich unsere Wanderung begannen.

Wir gingen zunächst denselben Weg, den ich vor etwa 14 Tagen – mir schien es eine Ewigkeit her zu sein – mit dem Bauernwagen gefahren war. Aber wie anders als damals war es heute! Der sonnenhelle Tag und die frostfreie Luft erschienen mir als erste Vorboten des nahenden Frühjahrs. Zwar gab es noch Schneeflekken auf den dunklen Äckern, aber in den Mulden stand spiegelndes Wasser. Und wir schritten dahin als freie Menschen – frei wenigstens in der unmittelbaren Gegenwart – und hatten ein Ziel vor uns, wo wir vielleicht Zuflucht finden könnten: das Pfarrhaus in Kirchheim. Wieder kam ich nach Gutenhof. Wir gingen ein Stück die Dorfstraße entlang. Der Ort wirkte in diesem Teil wie ausgestorben und sah verwüstet aus. Am Dorfausgang ging es nun nicht nach Norden in Richtung Bahnfeld weiter, sondern wir wandten uns nach links, wo die Straße nach Kirchheim abzweigte. Als die Füße des kleinen Rolf müde wurden, setzte Pastor Eckner den ermatteten Jungen auf seine Schultern und schritt trotz der zusätzlichen Belastung rüstig den holperigen Weg voran. Sein Herz und seine Gedanken waren sicher weit voraus bei seiner Frau und den Kindern, die er bald wiederzusehen hoffte. Frau Buchwald führte die kleine Marlies an der Hand. Wir kamen nur langsam vorwärts.

Pastor Eckner kannte den Weg von seinen vielen dienstlichen Fahrten mit dem Motorrad her und schlug vor, da wir etwa die Hälfte des Weges geschafft hätten, Rast zu machen. Das Land stieg gerade etwas an; wir erkletterten die kurze Böschung an der Straße und setzten uns oben an den Rand des Ackers. Von dem gespendeten Brot bekam jeder von uns ein Stück und ließ es sich nach der Morgenwanderung schmecken. Die Sonne strebte schon ihrem höchsten Stand zu. Wir hatten einen weiten Blick über das sonnenbeglänzte Land, dem man aus der Entfernung die Wunden des Krieges noch nicht ansah.

Die Kinder sagten, was wir Großen unterdrückten: sie hätten Durst. Wir aber hatten nichts zu trinken. Keine hundert Schritt von uns entfernt, im Grunde, stand eine riesige Wasserlache, in der sich die Sonne spiegelte. „Wasser genug!" rief Pastor Eckner fröhlich. Frau Buchwald kramte in ihrer Tasche und holte einen Becher aus glänzendem Silber hervor, der im Sonnenlicht funkelte. Der Pastor nahm den Becher und lief damit die Böschung hinunter über die Straße aufs Feld. Wir sahen ihm nach, wie der aufgeweichte Boden ihm zu schaffen machte, wie er aber dennoch, mehr springend als gehend, den kleinen „See" bald erreichte und sich niederbückte, um Wasser zu schöpfen. Dann – vorsichtig ausschreitend, damit er nichts von dem Himmelswasser verschüttete – kehrte er zu uns zurück, und jeder bekam seinen Schluck von dem kühlen Trunk aus dem silbernen Becher. Es war eine köstliche Rast.

Neu gestärkt zogen wir weiter. Wir hatten noch etwa vier Kilometer vor uns. Während der Pastor mit Else und den Kleinen vorausschritt, erzählte mir Frau Buchwald von Frau Eckner, die ein herzensguter, liebenswerter Mensch sei. Ihre Güte und Opferbereitschaft seien geradezu engelhaft. Vor acht Monaten habe sie ihr neuntes Kind geboren; das älteste sei gerade in diesen Tagen 15 Jahre alt geworden. Ich empfand große Achtung vor dieser Frau und freute mich, bald die ganze große Familie kennenzulernen.

Es mochte schon Mittag sein, als wir uns dem ersten Haus von Kirchheim näherten. Wir erkannten deutlich, daß vor dem Haus russische Kriegsfahrzeuge hielten, und sahen beim Näherkommen, daß Soldaten ein- und ausgingen. So wichen wir vorsichtshalber von der Straße ab und pirschten uns von hinten an den Garten des Gehöfts heran. Eine lange Rübenmiete gab uns etwas

Deckung. Wir ließen uns in ihrem Schutz nieder. Aus dem Haus schallte Lärm zu uns herüber. Pastor Eckner wollte versuchen, die Lage zu erkunden. Er wagte sich etwas näher an das Haus heran. Da erschien an der Hintertür eine Frau. Sie winkte abwehrend mit den Armen, so daß der Pastor umkehrte. Dann machte sie sich auf dem Hofplatz und schließlich im Garten zu schaffen und gelangte so unauffällig zu uns hinter die Miete. Die Frau hatte Pastor Eckner trotz des Bartes erkannt. Von ihr erfuhren wir, daß das Haus voller Russen war und daß sie gerade aßen und tranken. Sie hatten sich zuvor auf dem Hof die letzten Hühner geschossen, und die Frauen hatten davon das Essen kochen müssen.

„Sie sind jetzt fast alle betrunken", sagte die Frau und riet uns, das Haus hintenherum zu umgehen. Allerdings – es seien viele Fahrzeuge, beladen mit russischen Soldaten, vorbeigekommen; sie seien bis ins Dorf gefahren, Vorsicht sei geboten. Aber ehe wir weitergingen, wolle sie uns so bald wie möglich etwas zu essen und zu trinken bringen. Die freundliche Frau kehrte unauffällig zum Hause zurück, und wir blieben hinter der Miete sitzen und warteten.

Auf der Straße, die wir gegangen waren, tauchte eine Herde Kühe und anderes Vieh auf. Die Tiere waren wohl aus einem Seitenweg gekommen, der in die größere Straße einmündete. Langsam bewegte sich der riesige Zug vorwärts; wahrscheinlich hatte man das gesamte Vieh aus mehreren Dörfern gesammelt. Halbwüchsige Jungen zu beiden Seiten der Herde trieben die trägen Tiere mit langen Stöcken an, während einige Soldaten den Zug zu Pferde begleiteten. Wohin wollten sie mit der lebendigen Beute? Undenkbar, daß man das Vieh in so großer Menge unterbringen konnte. Vielleicht sollte es nach Bahnfeld getrieben und dort in Güterwagen verladen werden. Und was geschah mit den Jungen? Würden sie zu ihren Eltern zurückkehren dürfen? Das ganze Elend unserer Lage, der Lage aller hier vom Krieg überrollten Menschen, stand wieder vor meiner Seele.

Als der Zug fast vorüber war, erschien die freundliche Frau wieder, und wir labten uns an der mitgebrachten Hühnersuppe. Mit frischem Wasser konnten wir unseren Durst löschen. Die Frau hatte ihre kleine Tochter mit herausgebracht, die etwa in Marlies' Alter war. Frau Buchwald sprach für uns alle herzliche Dankesworte und redete auch mit dem kleinen Mädchen, das sich scheu an die Mutter lehnte. Dann wandte sich Frau Buchwald an ihre Tochter: „Wir haben hier so gutes Essen geschenkt bekommen. Wollen wir nicht dafür dem kleinen Mädchen deine Puppe schenken?" Marlies schaute mit großen Augen auf ihre Mutter, dann zu dem fremden Mädchen hin. Frau Buchwald zog aus der Tragetasche die Puppe hervor. Sie stellte noch einmal, fast bittend, die Frage, und nun nickte die Vierjährige ernst mit dem Kopf. „Hier", sagte die Mutter, „dann gib sie dem Mädchen!" Marlies nahm die Puppe, machte vier kleine Schritte zu dem Mädchen hin und reichte sie ihm. Dann kehrte sie sich schnell um und lief zu ihrer Mutter zurück. Frau Buchwald umarmte sie und lobte sie für die gute Tat. Das andere Mädchen freute sich über die neue Puppe und ging mit seiner Mutter strahlend davon. – Mir war der kleine Auftritt zu Herzen gegangen. Wie mußte dieses Opfer die kleine Puppenmutter getroffen haben!

Unter Vermeidung der Straße – wir gingen hinter den Häusern weiter übers Feld – näherten wir uns der Kirche. Um aber zum danebengelegenen Pfarrhaus zu gelangen, mußten wir auf die Straße zurückkehren. Wir schafften den Zugang durch ein menschenleeres Gehöft. Auf der Straße herrschte lautes geschäftiges Leben. Überall liefen russische Soldaten hin und her, einige galoppierten auf Pferden durch das Dorf, hielten jäh an und schwangen sich hastig vom Rücken der Tiere herab auf die Straße. Lastwagen polterten in Eile daher, für uns unverständliche Laute wurden durcheinandergeschrien. Das ganze Dorf schien ein einziges Heerlager zu sein. Um uns kümmerte sich bei dem Getriebe niemand, und so zog unser kleiner Trupp ungehindert die Straße entlang, an der Kirche vorbei und dann rechts in eine Nebenstraße hinein. Gleich darauf standen wir vor dem Tor des Pfarrgartens.

Über uns wölbte sich das kahle Geäst eines riesigen alten Baumes, hinter dessen dickem Stamm wir zunächst etwas in Deckung gingen. Wenige Meter hinter dem Tor erstreckte sich im Garten das Pfarrhaus in seiner ganzen Breite. In der Mitte war die Fensterfront durch den Eingang geteilt. Mehrere Steinstufen führten vom Vorgarten über eine kleine, von einer Steinbrüstung eingefaßte Terrasse zu der zweiflügeligen Haustür. Auf der Brüstung rechts und links von der Tür saßen einige Kinder. Zwei Gegenübersitzende wechselten gerade ihre Plätze. Alle bewegten unruhig die Arme oder schlenkerten im Sitzen mit den Beinen.

Pastor Eckner sagte, er wolle erst einmal allein in das Haus gehen, um zu sehen, ob Russen darin wären. Wir sollten so lange hinter dem Baum auf seinen Bescheid warten. Nun durchschritt er die kleine Pforte neben dem breiten Gartentor und eilte auf dem leicht gewundenen Weg dem Hause zu. Plötzlich löste sich aus der Kindergruppe eine schlanke Mädchengestalt mit langen blonden Zöpfen. „Vater!" rief sie laut und, mehr fliegend – so schien es – als gehend, kam sie die Treppe herunter, breitete die Arme aus und fiel dem Entgegenkommenden um den Hals. Nun sprangen auch die anderen Kinder herbei. – Ich lehnte meinen Kopf an die rissige Rinde des alten Baumes, und die Tränen liefen mir übers Gesicht wie ein warmer Regen.

Es dauerte längere Zeit, bis Pastor Eckner uns Nachricht brachte. Trotz des schwarzen Vollbartes konnte man in seinem Gesicht Kümmernis und Sorge erkennen. Der Ausdruck seiner Augen ließ uns schlechte Auskunft befürchten. Er habe seine Familie unversehrt wiedergefunden, aber das Haus sei voller Russen, alles ginge drunter und drüber, er könne es nicht verantworten, daß wir unter diesen Umständen das Haus beträten; hatte er doch eben durch sein unvermutetes Auftreten seine Frau mit Müh' und Not gerade noch vor dem Schlimmsten bewahren können. Er hoffe, daß es bis zum Abend besser werde. Bis dahin sollten wir draußen warten.

Wir gingen auf die gegenüberliegende Seite der kleinen Straße, sie lief in gleicher Richtung mit der Hauptstraße und mündete, wie bei einem Angerdorf üblich, später wieder in sie ein, so daß eine kleine Häuserinsel entstanden war. Dort befand sich das Schulhaus mit der Lehrerwohnung und dem Garten. Auf dem Zugang zum Haus, das geplündert war und ganz verlassen schien, nahe der Straße, ließen wir uns nieder und warteten. Uns war, als seien wir in einen Hexenkessel geraten. Das Getöse des fremden, feindlichen Heerhaufens auf der Hauptstraße dröhnte in unseren Ohren. Wir sprachen wenig und warteten lange.

Am Nachmittag gesellte sich eine Frau mittleren Alters zu uns, die die Nebenstraße wohl als Umgehung der Hauptstraße benutzt hatte. Man sah es an ihrem Äußeren, daß sie schon lange unterwegs gewesen sein mußte. Sie erzählte, daß sie – wie ich – nach Johannisthal verschleppt worden war und nun auf dem Weg nach Hause sei. Ihr Zuhause lag wenige Kilometer hinter Kirchheim in einer neuen Siedlung, die aus einigen wenigen Bauernhöfen bestand. Die Frau hoffte, daß die Russen sich in dieser kleinen Ortschaft nicht festgesetzt hätten. Wir erzählten ihr von unseren Sorgen, und sie lud uns sogleich ein, mit ihr zu gehen, sie könne uns gut für die Nacht in ihrem Hause aufnehmen. Als Pastor Eckner dann noch einmal zu uns kam, ohne uns gute Nachricht bringen zu können, riet auch er uns, mit der hilfsbereiten Frau mitzugehen. Er sagte, er wolle am Sonntag Gottesdienst halten, dazu würden dann vorher, wie üblich, die Glocken geläutet werden. Das sollte für uns im nahegelegenen Ort ein Zeichen sein, daß der Gottesdienst stattfinden könne. Er hoffe, daß wir dann nach dem

Gottesdienst in seinem Hause untergebracht werden könnten. „Wann ist Sonntag?“ fragte ich, denn mir war alles Zeitgefühl verlorengegangen. „Übermorgen!“ Mir klang das Wort wie eine Verheißung, so als ob übermorgen alles gut oder wenigstens besser werden müsse.

Wir nahmen herzlich Abschied und begannen unsere Wanderung, bedrückt, aber nicht ohne Hoffnung. Dafür sorgte schon unsere neue Weggefährtin, der es nichts ausmachte, daß wir wegen der Kinder und meines kranken Fußes nur langsam vorankamen. Sie war sichtlich erleichtert, daß sie nicht mehr allein unterwegs war. Der Gedanke an ihr Zuhause belebte sie, und sie malte uns schon aus, was wir zusammen essen würden und wo wir bequem und warm schlafen könnten.

Als wir die Siedlung erreichten, begann es schon zu dämmern. Die Dunkelheit aber, die sich in unserem Innern ausbreitete, war unbeschreiblich. Auch hier waren Straße und Häuser voller Russen. Unsere Begleiterin konnte ihr Gehöft gar nicht betreten. Stumm und ratlos gingen wir langsam die einzige kurze Straße der Siedlung entlang. Überall Fahrzeuge, darin und dazwischen lärmende Soldaten, Gelächter und Gegröle von den Häusern her! Eine ältere Frau mochte unsere kleine Gruppe vom Haus aus gesehen haben. Sie kam durch den kleinen Vorgarten bis an den Zaun zur Straße gelaufen. Im letzten Haus links der Straße seien die meisten Dorfinsassen untergekommen, auch sie verbringe dort die Nacht und käme uns gleich nach.

In dem bezeichneten Haus, dessen unteres Geschoß leer und verwüstet war, gab es im Oberstock ein Zimmer, in dem sich viele Menschen, meist Frauen jüngeren Alters, zusammendrängten und durcheinandersprachen. Es herrschte ein dichtes Gewühl, und der Lärm der vielen aufgeregten Stimmen machte es uns fast unmöglich, auf dem Treppenflur unser Anliegen vorzubringen. Wir standen vor der offenen Tür; mit unserer Weggefährtin waren wir vier Erwachsene, dazu die beiden Kinder. Schließlich drängte sich eine Frau energisch durch das Gewimmel. „Hier kann niemand mehr herein, das sehen Sie doch!“ sagte sie ziemlich barsch. Wir versicherten kleinlaut, daß wir nur wenig Platz brauchten, für jeden höchstens einen Stuhl, die Kinder nähmen wir auf den Schoß. Aber die Frau blieb hart. Unsere Weggefährtin ließ sie noch durch die Tür, stellte sich dann aber kampfbereit davor und sagte, wir sollten uns anderwärts einquartieren, hier jedenfalls ginge es nicht.

Inzwischen waren im Zimmer einige, die nahe bei der Tür standen, auf unsere Gruppe aufmerksam geworden. Ich sagte: „Aber wohin sollen wir gehen? Die Häuser sind doch alle besetzt, wir sind hier fremd, und nun ist es fast dunkel." Unsere Ratlosigkeit und Verzweiflung waren grenzenlos. Eine Frau trat durch die Tür heraus und sagte: „Gehen Sie die Straße zurück in das drittletzte Haus", und sie beschrieb es kurz, „dort wohnt in der Giebelstube die alte Frau Wagner mit ihren Enkelkindern. Sie ist allein, ihr Schwiegersohn ist Soldat, ihre Tochter hat man verschleppt. Die nimmt Sie bestimmt auf." Wir dankten für den Rat, stiegen langsam die Treppe hinunter und waren wieder auf der nun schon dunklen, unheimlich belebten Straße. Auf dem Weg zu dem genannten Haus sprachen wir nichts. Durch die Fenster des Erdgeschosses leuchtete unruhiges Kerzenlicht, Taschenlampen blitzten ab und zu auf. Oben im Giebel des Hauses waren die beiden Fenster matt erhellt. Dort sollten wir also ein Obdach finden. Aber zuerst mußten wir unten durch den Flur gehen und die Treppe suchen, mußten durch eine Schar unruhiger, lautstarker Russen hindurch. Wir mußten – es gab keine andere Wahl. Unser Einzug blieb natürlich nicht unbeachtet. Laute Zurufe und rohes Gelächter begleiteten unseren Weg. Aber wir wurden nicht tätlich belästigt und erreichten die Stube, deren Tür nur angelehnt war. Klinke und Schloß waren zerstört. Wir fanden alles so, wie die Frau es beschrieben hatte. Frau Wagner hatte sich nach dem Abtransport ihrer Tochter und der zwei holländischen Arbeitskräfte mit ihren beiden Enkelkindern in das Schlafzimmer der jungen Eheleute geflüchtet. Wir wurden verständnisvoll und warmherzig aufgenommen.

Das Zimmer besaß seine einfache Einrichtung fast noch vollständig: Ehebetten, Nachttische und Schrank. In der einen Ecke stand ein metallenes Kinderbett. Ein kleiner Tisch unter dem einen Fenster und drei Stühle waren wohl nachträglich für den jetzigen Bedarf dazugestellt worden. Im Zimmer umfing uns wohltuende Wärme, die Kerze spendete trauliches Licht. Die gute Frau gab uns von ihren Vorräten, die sie ins Zimmer gerettet hatte, etwas zu essen, und wir fühlten uns nach den vorangegangenen Erlebnissen geborgen, wenigstens für den Augenblick. Nur das Poltern und das auf- und abschwellende Dröhnen rauher Männerstimmen aus dem Erdgeschoß gemahnte uns an unsere bedrohliche Lage. Frau Wagner schlief mit ihren Enkelkindern in den Ehebetten, und es war dort auch noch Platz für Frau Buchwald. Rolf und Marlies wurden zusammen in das Kinderbett gelegt. Was mochte in den kleinen Seelen auf dem langen Weg bis hierher vorgegangen sein? Sie weinten nicht, sie sprachen kaum.

Das Hin und Her im Dunkeln hatten sie still hingenommen, hatten trotz Übermüdung die kleinen Füße vorwärts gesetzt. Jetzt lagen sie erschöpft im Bettchen und schliefen sofort ein. Frau Buchwald saß davor auf dem Fußboden und machte sich an dem Rucksack zu schaffen. Else und ich hockten neben ihr und versicherten ihr noch einmal, daß wir hier auf dem Fußboden neben dem Kinderbett gut schlafen könnten; wir waren es doch inzwischen gewöhnt. Ich dachte an die bevorstehende Nacht, Angst und Grauen stiegen in mir auf. Hier gab es keinen Ausweg, kein Verstecken, keine Flucht vor dem Schrecklichen. Ich dachte an meinen Verlobten, an die erträumte Hochzeit, durch die ich seine Frau werden sollte, und an das ganze Glück, das wir uns damals erhofften. Vor mir saß eine Frau, der solches Glück widerfahren war, für die sich erfüllt hatte, was ich noch ersehnte. Frau Buchwald hob den Kopf, als ob sie meinen Blick gespürt hätte. Da fiel ich vornüber und barg meinen Kopf in ihrem Schoß. „Ich fürchte micht so sehr", flüsterte ich, „ich fürchte mich vor dem Schrecklichen." Frau Buchwald sagte nichts und strich mir nur sanft über das Haar. Ich spürte dankbar die menschliche Nähe und atmete tief auf. Das Angstgefühl, das mich überwältigt hatte, kehrte langsam in seine normale Bahn zurück. Es war gut, eine ältere Kameradin zu haben. Wir gaben uns die Hand zum Gutenachtsagen. „Gute Nacht!" Als wir alle lagen, wurde die Kerze gelöscht.

Trotz großer Müdigkeit schliefen wir nicht sogleich ein. In der Stille unserer Stube hörte man umso lauter das Getöse unter uns. Die Dunkelheit war mir zunächst wie eine Schutzhülle erschienen, so als könnte man uns nicht finden. Aber die Tür war nicht mehr verschließbar. Selbst, wenn sie es gewesen wäre, so hätte das Zuschließen letztlich doch keinen Zweck gehabt. Wie würde nach dieser Nacht der morgige Tag für mich beginnen? War bis dahin meine letzte Entscheidung gefallen?

Nun hörten wir schwere Soldatenstiefel die Treppe heraufsteigen. Else und ich preßten uns vor Angst aneinander. Die Schritte machten vor unserem Zimmer halt; die angelehnte Tür ächzte leise. Im gleichen Augenblick rutschten Else und ich unter das Kinderbett. Es gab darunter nur wenig Raum über dem Fußboden, er reichte gerade, daß wir flach nebeneinander liegen konnten. Da surrte auch schon bedrohlich die Taschenlampe, und der kleine Lichtkreis glitt über den Fußboden, wo wir eben noch gelegen hatten. Der Russe machte zwei, drei Schritte, offenbar zu den Betten hin, dort, wo Frau Buchwald lag. „Lieber Gott, laß es nicht geschehen!" dachte ich verzweifelt. Wir sahen etwas von dem Lichtschein am Kopfende des Bettes, als der Russe zu sprechen anfing, nicht laut und grob, sondern leise mit ruhiger Stimme. Da stürmte jemand die Treppe herauf und stürzte ins Zimmer. Eine zweite Taschenlampe warf ihren Schein in die Dunkelheit. Dann vernahm man einen heftigen Wortwechsel zwischen den beiden Russen. Der Hinzugekommene hatte offenbar Befehlsgewalt. Nach wenigen Augenblicken verließ der erste murrend den Raum. Der andere sagte deutlich, aber mit falscher Betonung der Endsilbe: „Schlafenn!“ und folgte dem ersten die Treppe hinunter.

Nur allmählich löste sich unsere innere Spannung. Wir lauschten noch immer zur Treppe hin. Wurden wir wirklich beschützt? Else und ich schoben uns unter dem Bett hervor. Das Wort „Schlafenn“ klang mir noch in den Ohren. Es hatte so geklungen wie ein langer beruhigender Satz: „Schlaft nur, niemand darf euch etwas tun!“ Wir wollten an das Wunder dieser Nacht glauben. So schliefen wir, völlig erschöpft von den Mühen des Tages, dankbaren Herzens ein.

Der nächste Morgen fand uns alle ausgeschlafen. Das Frühlicht drang durch die Fensterscheiben. Ich dachte an die wunderbare Wendung am gestrigen Abend. Wieder hatten wir eine Nacht überstanden. Wir reckten und streckten uns. Else erzählte den anderen lachend, wie wir, ohne vorher überhaupt daran gedacht zu haben, vor Angst blitzschnell unter das Kinderbett gerutscht waren. Wir ordneten unser Haar und zupften die Kleidung etwas zurecht. Ich besah meine Schuhe. Die Sohlen hatten sich vorn an der Spitze gelöst, die Zehen guckten heraus. Damit konnte ich wohl nicht mehr bis nach Kirchheim gehen. Die Sohlen müßten wieder angenagelt werden. Aber woher sollte man solch kleine Nägel bekommen? Vielleicht sollte man die Sohlen anbinden, überlegte ich, einfach mit einer Schnur über dem Spann festbinden. Das würde eine Weile halten, jedenfalls so lange, bis die Schnur durchgelaufen war.

Unten im Haus begann es zu rumoren. Bei Tage war alles etwas weniger beängstigend. Wir räumten die Stube auf und nahmen ein bescheidenes Frühstück ein, das uns die gute Frau Wagner bescherte. Wie mochte es Eckners in Kirchheim ergangen sein? Morgen war Sonntag, da wollten wir bei ihnen sein.

Jemand kam ruhigen Schrittes die Treppe herauf und klopfte an die Tür. Verwundert sahen wir uns an. Frau Wagner sagte etwas beklommen: „Herein!“ Ein junger russischer Soldat betrat das Zimmer und sagte mit freundlichem Lächeln: „Gutenn Morgenn!“, wobei er die Endungen überbetonte. Das erinnerte mich sofort an das Wort „Schlafenn“ vom gestrigen Abend. Nun fragte er auch schon: „Geschlafenn?" Da wußten wir, daß er unser Beschützer war, und faßten zu ihm Vertrauen. Er setzte sich zu uns an das kleine Tischchen, um das herum wir hockten und standen. Nun zeigte sich, daß er in der Schule Deutsch gelernt hatte. Wir versuchten, unsere Lage zu erklären. Frau Wagner brachte Papier und Bleistift. Wenn die Verständigung ins Stocken geriet, wurde gezeichnet. Ich versuchte, im Gesicht des jungen Mannes zu lesen. Er mochte in meinem Alter sein. Würde er am Ende nicht doch eine „Belohnung" für seine Freundlichkeit und Mühe erwarten? Wir fragten ihn nach Sätzen in russischer Sprache, wie wir sie sicher brauchen würden: „Keine Ausweise ..., Papiere verloren durch Krieg ..." u. a. m. Die entsprechenden Lautfolgen prägten wir uns ein. Das Gespräch mit dem jungen Menschen in der sonst so gefürchteten Uniform hatte für mich trotz der ungezwungenen Lebhaftigkeit etwas Außerordentliches, fast Unwirkliches. Inmitten all der Schrecken saß ein Mensch bei uns, der uns, so gut er konnte, behilflich sein wollte. Ich empfand es wieder mit großer Dankbarkeit, wenngleich ein leise nagender Zweifel im Innern blieb. Hoffentlich wurden wir nicht enttäuscht, etwa in der kommenden Nacht.

Mir fielen meine Schuhe ein. Vielleicht könnte mir unser Beschützer Hammer und kleine Nägel besorgen oder wenigstens feste Schnur oder gar einen Riemen, da doch niemand von uns die Stube verlassen würde. Ich zog meine Beine unter dem Tisch hervor, hob ein wenig die Füße und machte mit den Händen die Bewegung des Hämmerns. Er schaute nur einen Augenblick auf die klaffenden Sohlen, dann erhob er sich schnell, nickte mir zu und ging. Es dauerte nicht lange, bis er zurückkehrte. In der Hand trug er ein Paar braune Damenschuhe, sportliche Halbschuhe mit Schnürlöchern, nagelneu. Ich war fast erschrocken, hob abwehrend die Hand und schüttelte den Kopf. Er aber drängte mich, die Schuhe anzupassen. Während ich die Schnürsenkel meiner hohen Schuhe löste, überlegte ich: Woher stammten diese neuen Schuhe? Kriegsbeute? Und wer verschenkte in der Notzeit solche Schuhe? Oder sollte das nur ein Tausch werden für ein gewisses Entgegenkommen, eine etwas feinere Art der Vergewaltigung? Die Schuhe paßten, als hätte ich sie mir ausgesucht; der linke saß wegen des Zinkleimverbandes ein wenig fester als der rechte. Ich mußte hin- und hergehen, alle freuten sich, besonders auch der Spender. In diesem frohen Gesicht konnte mein prüfender Blick nichts Falsches finden. Ich fragte, woher er die Schuhe hätte, hier vom Haus oder aus der Siedlung. Er machte alle Gebärden der Verneinung und sagte nur: „Warschau!" Ich tauschte noch einen

Blick mit Frau Buchwald, sie nickte mir zu, und so begann ich, mich für dieses unverhoffte Geschenk, so gut ich es mit Worten und Gesten vermochte, zu bedanken und meine Freude darüber zu zeigen. Ich konnte es noch immer nicht recht fassen, daß ich mitten in der Zerstörung ein Paar neue Schuhe bekommen hatte, und das gerade zu dem Zeitpunkt, als ich sie am nötigsten brauchte.

Gegen Abend gab es einen großen Schreck. Es erschienen bei uns drei russische Soldaten, die offenbar nicht zu der Einquartierung unseres Hauses gehörten. Mit polizeilicher Strenge verlangten sie von uns „Dokumente". Unser Beschützer stand etwas abseits und sagte ab und zu etwas auf russisch zu den dreien, doch schien es, daß mindestens einer von ihnen ranghöher als er selbst war. Zum Schluß wandten sie sich unserer Else zu. Sie sollte mitkommen, zum Arbeiten. Unser Beschützer sagte etwas mit ruhiger, aber fester Stimme. Schließlich ließen die drei von ihrem Vorhaben ab, nicht ohne ihm grollende Worte und entsprechende Blicke zuzuwerfen. Wir blieben in großer Sorge allein zurück. Verdächtigte man uns wirklich, Spione zu sein oder ähnliches? Oder war das alles nur ein Vorwand für ganz andere Absichten? Elses sonst so rotwangiges Gesicht war noch immer blaß, und ihre Kinderaugen schienen schreckhaft geweitet zu sein.

In der Nacht schliefen wir ungestört. Am nächsten Morgen kam unser Beschützer frühzeitig die Treppe herauf. Er machte uns verständlich, daß wir weggehen müßten, es drohe uns Gefahr, er könne uns nicht mehr helfen. Man würde uns abholen. Äußerer Grund würde sein, daß wir alle drei keine Papiere hätten. Aber das sei nur zum Schein. Wir sagten, daß wir heute sowieso weitergehen wollten. Er drängte uns, sofort aufzubrechen. So verließen wir fast überstürzt das Haus, das uns zwei Nächte Zuflucht geboten hatte. Wir dankten Frau Wagner herzlich und ebenso unserem russischen Helfer, der unser Feind sein sollte und wie ein Freund handelte.

Nun waren wir wieder den Gefahren der Straße ausgeliefert. Aber zu der frühen Morgenstunde war sie fast noch leer. Mitten auf der Fahrstraße kam uns mit schnellen Schritten eine junge Frau entgegen. Frau Buchwald und Else nestelten gerade noch etwas an der Kleidung der Kinder und blieben deshalb zurück, während ich langsam voranging. Die Frau kam auf mich zu. Trotz der verhärmten Züge sah man, daß sie einmal eine hübsche Frau gewesen war. Das hellblonde Haar war sorgfältig gekämmt und im Nacken zu einem großen Knoten geschlungen. Über dem sauberen Kleid trug sie eine helle, gestickte Schürze. Als ich sie so sah, mußte ich daran denken, daß heute Sonntag sei. Die Frau reichte mir die Hand mit freundlichen Worten und fragte eilig nach unserem Woher und Wohin. Auf die Gegenfrage erfuhr ich, daß sie in dem Ort wohne, ihr Mann sei im Krieg, sie lebe hier mit ihren beiden kleinen Kindern. Der Kommandant beschütze sie vor der Zudringlichkeit der Russen und sorge für die Ernährung ihrer kleinen Familie. „Natürlich nicht umsonst", setzte sie etwas leiser hinzu, „aber wie sollte ich sonst mit den Kindern durchkommen?" Dann flüsterte sie erregt: „Das sind ganz unnatürliche Menschen. Er hat mich gestern über Tag zwölfmal zu sich holen lassen." In mir krampfte sich etwas zusammen. Und es war gut, daß uns in diesem Augenblick Frau Buchwald mit Else und den Kindern erreicht hatte. Wir verabschiedeten uns, ich drückte der jungen Frau teilnahmsvoll die Hand, sagen konnte ich nichts.

Langsam zogen wir weiter. Ich konnte nur schwer von dem eben Gehörten loskommen. Das jetzige Leben der jungen Frau fand ich so unerträglich, daß mir körperlich fast übel wurde. Ich atmete tief die frische Morgenluft ein. Frau Buchwald ging an meiner Seite. Sie sagte: „Ob Christoph Eckner den Gottesdienst halten wird?" Ach ja, wir waren auf dem Weg nach Kirchheim! Wie würden wir das Pfarrhaus vorfinden? Ob wir heute dort wohl bleiben dürften? Zurück zu Frau Wagner konnten wir jedenfalls nicht mehr. Ich war froh, daß meine Gedanken einen anderen Weg nahmen. In meinen neuen Schuhen hatte ich zum ersten Mal nach langer Zeit trockene Füße. Ich schaute immer wieder auf sie hinunter. Sie waren der sichtbare Beweis, daß die kleine Oase des Friedens und der Geborgenheit inmitten der bedrohlichen Welt kein Traum gewesen war. Gedämpfte Zuversicht und Hoffnung stiegen zaghaft in mir auf. Vielleicht wendete sich das Kriegsgeschehen bald zu unseren Gunsten, vielleicht könnten wir eines Tages doch wieder freie Menschen werden. – Mitten in diese Gedanken hinein ertönte auf einmal von ferne Glockengeläut. „Der Gottesdienst findet statt!" rief Frau Buchwald voller Freude. Wir blieben stehen und lauschten dem lange entbehrten Klang, der uns an unser früheres friedliches Dorfleben erinnerte. Mit neuem Mut setzten wir nun unseren Weg auf der leeren Landstraße fort, vom Glockenläuten noch eine Weile begleitet.

5.

Kirchheim fanden wir heute etwas ruhiger vor als vor zwei Tagen und erreichten unangefochten das Pfarrhaus. Der Gottesdienst war anscheinend schon zu Ende. Nachdem wir den Vorgarten durchschritten hatten und die Stufen zur Terrasse hinaufgestiegen waren, hörten wir durch die offene Haustür lebhaftes Treiben. Auf dem langen Flur, der durch das Haus hindurch bis zur Hintertür führte, eilten Erwachsene und Kinder hin und her, Türen wurden geöffnet und geschlossen, es wurde gerufen und sogar gelacht. Russen schienen nicht im Haus zu sein. Herzlich begrüßte uns Pastor Eckner, der uns mit schnellen Schritten entgegengekommen war. Ihm folgte seine Frau, groß und schlank wie er, mit einem jugendfrischen, freundlichen Gesicht. Sie ging sogleich auf Frau Buchwald zu, die ihr entgegenkam, und die beiden Frauen umarmten sich. Dann wurden Else und ich mit Frau Eckner bekannt gemacht. Sie hieß uns beide herzlich willkommen. Das also war die Frau, die neun Kindern das Leben geschenkt hatte, dem letzten erst vor acht Monaten! Ich bewunderte sie von ganzem Herzen und verehrte sie vom ersten Augenblick an. Trotz aller Kriegsnöte strahlte sie Zuversicht und Wärme aus. Es mußte gut sein, in der Nähe solcher Menschen zu leben.

Weiteren Betrachtungen nachzugehen blieb mir nur wenig Zeit. Frau Eckner ging in die Küche, um sich um das Essen zu kümmern, und ich folgte ihr dahin, während Frau Buchwald und Else die beiden Kinder aus der winterlichen Vermummung schälten. In der Küche machten sich zwei Frauen am Herd zu schaffen. Offenbar waren noch einige Erwachsene im Haus, die nicht zur Familie gehörten, sondern sich aus der Nachbarschaft ins Pfarrhaus geflüchtet hatten. In der großen Vorderstube wurde der Mittagstisch gedeckt. Ich versuchte, mich dabei nützlich zu machen. Ein Mädchen mit zwei langen blonden Zöpfen erschien in der Tür. Ich erkannte es sogleich wieder als das Kind, das vorgestern bei unserer Ankunft dem Vater entgegengelaufen war. Ohne uns zu beachten, schien das Mädchen jetzt zu zählen, wieviele Stühle an der langen Tafel noch benötigt wurden. In dem jungen blassen Gesicht fielen zwei senkrechte Stirnfalten zwischen den Augenbrauen auf. Es erhielt dadurch einen ernsten, fast gequälten Ausdruck. Wurde das Mädchen durch die Unruhe im Haus, die den geregelten Tagesablauf störte, übermäßig belastet? Allmählich nahmen alle Hausgenossen am Tisch Platz. Dabei lernte ich Pastor Eckners Mutter und eine Schwester der Hausfrau, Fräulein Weißenburg, kennen, die beide gerade zur Zeit des Russeneinfalls zu Besuch waren. Ich sah in die vielen Kindergesichter am Tisch, fünf Jungen und zwei Mädchen, von denen ich bereits eines kannte. Der jüngste acht Monate alte Junge lag noch in seinem Bettchen, der zweitjüngste war nicht zu Hause, sondern weilte –

wie ich erfuhr – seit einiger Zeit wegen einer ärztlichen Behandlung bei Verwandten in Thüringen. Dafür saßen nun die beiden Buchwald-Kinder mit am Tisch. Wir waren wohl über zwanzig Personen.

Pastor Eckner sprach das Tischgebet. Dann wurde die Suppe, die im wesentlichen aus Kartoffeln bestand, ausgeteilt. Dankbaren Herzens löffelte ich das warme Essen. Wie lange war es schon her, daß ich an einer großen Tafel in so gepflegter Weise eine Mahlzeit eingenommen hatte? Aus dem Gespräch, das bei Tisch geführt wurde, hörte ich, daß der Gottesdienst am Vormittag ohne besondere Störung verlaufen war. Frau Buchwald berichtete von unserer Wanderung nach Kirchheim. Nach dem Essen wurde das Dankgebet gesprochen und die Tafel aufgehoben.

Die Kinder sprangen munter von ihren Plätzen; während die größeren beim Abdecken halfen, liefen die kleinen zu ihren Spielen. In der Küche herrschte Hochbetrieb. Ein großer Abwasch mußte bewältigt werden. Eine Wasserleitung war nicht vorhanden, nur ein Ausguß. Der große bäuerliche Herd besaß nach alter Weise eine lange eingelassene Wanne mit heißem Wasser. Neben dem Herd an der Wand stand eine Bank mit zwei Eimern sauberen kalten Wassers. Es mußte mit einer Schultertrage von der Pumpe des Nachbarhofes geholt werden, denn die Pumpe auf dem Hof des Pfarrhauses war bereits zerstört. So konnte ich mich auf vielerlei Weise betätigen. Als der Abwasch von uns Frauen – die ältere Tochter, jene mit den blonden Zöpfen, half ebenfalls mit – bewältigt und die Wasserwanne sowie die beiden Eimer frisch gefüllt waren, leerte sich die Küche. Ich sah nun erst, wie schmutzig der ungestrichene Dielenfußboden geworden war, über den an diesem Tage schon so viele Füße gegangen waren. Darum machte ich mich daran, den Boden aufzuwischen. Einen Schrubber fand ich nicht, aber es ging auch mit dem Scheuertuch in der Hand. Ab und zu lief eins von den Kindern durch die Küche, von der aus man in weitere Zimmer gelangen konnte. Ich habe wohl – ungeübt in solcher Arbeit – lange dazu gebraucht, bis der Fußboden einigermaßen sauber war. Aber ich war froh, etwas Nützliches tun zu können. Die Sorge, einer so großen Familie zusätzlich zur Last zu fallen, trieb mich an, mir die freundliche Aufnahme gewissermaßen nachträglich zu verdienen.

Es fing früh an zu dämmern. Die Kinder fanden sich wieder im Hause ein, und man mußte an das Abendessen denken. Im Herd, dessen Kochstellen Ofenringe hatten, wurde das unter Asche gehütete glühende Kohlestück mit Papier und Holz zu hellem Feuer entfacht. Mit den noch vorhandenen Streichhölzern ging man sehr sparsam um. Waren sie einmal aufgebraucht, würde man keine mehr beschaffen können.

Die bescheidene Abendmahlzeit beim Licht einer Kerze verlief wie das Mittagessen, und nachdem alle Küchenarbeit getan war, sammelte sich die Familie eben in diesem Küchenraum, der durch das Feuer im Herd der wärmste des Hauses war. Wir standen an den großen Küchentisch gelehnt, saßen oder hockten auf dem Boden im Halbkreis um den Herd herum, bei dem wir von einer Kochstelle die Eisenringe herausgenommen hatten. Der große Raum wurde von dem flackernden Schein eines brennenden Holzstückes etwas erhellt. Nun sprachen Eltern und Kinder zusammen ein langes Abendgebet. Es war ein durch tägliche Übung eingeprägter freier Text, der den Dank für Hilfe und Brot ebenso einschloß wie die Fürbitte für alle durch den Krieg besonders gefährdeten Angehörigen und Freunde. All diese Menschen wurden mit Namen genannt, es war eine lange Reihe. Zum Schluß sprach jedes der Kinder noch sein besonderes Gebet, brachte sein Anliegen in kindlicher Einfalt vor. Ich hörte mit innerer Bewegung die einzelnen Kinderstimmen, die ohne Scheu mit großer Andacht und voller Gottvertrauen ihre Bitten um Schutz und Hilfe vorbrachten. Es wurde auch des in Thüringen weilenden kleinen Bruders gedacht. Dergleichen hatte ich noch nie miterlebt, und nach den Schrecken der vergangenen Wochen erschien mir dieser Küchenraum wie eine Insel des Friedens mitten im Weltuntergang.

Wir verteilten uns zur Nacht zum Schlafen auf die verschiedenen Räume des Hauses. Ich fand meinen Schlafplatz in der kleinen Stube neben der Küche und lag mit anderen Zugewanderten auf dem Fußboden, diesmal auf einer Decke, die mir das Gefühl von Geborgenheit gab. Viel mehr aber war es die tiefe innere Beruhigung, die ich an diesem Tage in der Pfarrersfamilie erfahren hatte. Mein Herz war voller Dankbarkeit, und wie die Kinder zuvor in der Küche dachte ich inbrünstig: „Lieber Gott, ich danke dir."

Die nächsten Tage waren für mich trotz Unruhe und Aufregung, die durch das Eindringen der fremden Soldaten unaufhörlich entstanden, Tage der inneren Sammlung. Die schlimmen Erlebnisse der vergangenen Wochen, das Umhergetriebensein, die große Verlorenheit – alles sank in meinem Innern wie auf einen tiefen Grund. Hatte mich schon einmal Frau Buchwalds Not mit den beiden kleinen Kindern aus der dumpfen Ergebenheit gerissen und zum Handeln aufgerüttelt, so traten angesichts der Kinderschar im Eeknerschen Hause meine eigenen Nöte ganz in den Hintergrund. Ich spürte sie kaum noch, wenn ich meinen Teil zur Bewältigung der Hausarbeit beitrug. Alle Arbeiten, so ungewohnt sie mir zunächst auch waren, verrichtete ich mit Freudigkeit und war – auf eine neue Art – eigentlich ganz zufrieden und beinahe glücklich. Schon nach wenigen Tagen wußte ich die Kinder bei ihren Namen zu nennen und hatte einen ersten Eindruck von der persönlichen Eigenart eines jeden bekommen. Ihre Zutraulichkeit erwärmte mich, ihre natürliche Munterkeit machte mich froh, ihre Aufgeschlossenheit erfüllte mich mit frischem Leben.

Meinen Arbeitsbereich fand ich hauptsächlich in der Küche und in der geräumigen Speisekammer. Dazu hatte ich mir das peinliche Sauberhalten der beiden Toiletten zur Pflicht gemacht, die sich auf dem Hof in einem niedrigen Scheunengebäude befanden. Die Sitze waren – wie auf dem Lande üblich – aus Holzbrettern, ebenso die dazugehörigen Deckel. Es war mein Bemühen, sie möglichst so zu scheuern, daß das Holz immer hell und frisch aussah.

Wir waren eine große Familie. Eckners zählten mit der Großmutter und Fräulein Weißenburg schon allein zwölf Personen, dazu kamen nun noch Frau Buchwald mit den beiden Kindern sowie Else und ich, so daß es immer siebzehn Menschen zu versorgen galt, nicht gezählt die Zufluchtsuchenden, die täglich ins Haus kamen. In der Speisekammer gab es wenigstens noch einige Trockenvorräte; denn in normaler Zeit waren die wichtigsten Lebensmittel gleich in größeren Mengen eingekauft worden. Die Kammer war zwar auch schon mehrfach geplündert worden, aber die Soldaten nahmen nur das mit, was ihnen besonders schmackhaft erschien. Im Keller lagerten zu jener Zeit noch reichlich Winterkartoffeln. Von den Bauern im Dorf, die von dem verbliebenen Vieh – meist Schweinen – schlachteten, erhielt die bedrängte Pfarrersfamilie gelegentlich etwas Frischfleisch. So brauchten wir in diesen ersten Tagen nicht zu hungern, wenn auch die Mahlzeiten einfach waren und die Zuteilung vorsorglich bemessen werden mußte.

Am Tage wurden wir von den Russen kaum handgreiflich belästigt, obwohl sie willkürlich zu jeder Zeit durch das Haus streiften. Die Nächte waren dafür um so schlimmer. Sie begannen mit dem Rütteln an der Haustür, die wir, weil die Verriegelung längst zerstört war, von innen verrammelt hatten. Waren die Russen dennoch mit Gewalt eingedrungen, begann eine wilde Jagd durch das Haus. Einmal sprang Frau Eckner in höchster Bedrängnis aus dem Fenster, um im benachbarten Bauernhaus Schutz zu suchen. Bald darauf hörten wir mehrere Schüsse aus der Richtung, in die sie gelaufen war. Schlimmstes mußte befürchtet werden, alle waren verstört. Aber Frau Eckner kam später, als es ruhiger geworden war, wieder unversehrt ins Haus zurück. Wahrscheinlich hatte man hinter ihr her geschossen, um ihr Angst zu machen; vielleicht war es auch nur ein glücklicher Zufall, daß sie nicht getroffen worden war.

Eines Morgens – es mochte etwa eine Woche vergangen sein – erfuhr ich zu meiner Überraschung, daß Frau Buchwald Geburtstag hatte. Sie und die Kinder hatten mit Else zusammen oben auf dem Boden ihr Nachtquartier bekommen. In Eile liefen die größeren Eckner-Kinder in den Garten und pflückten die ersten Schneeglöckchen, die an geschützter Stelle schon die weißen Spitzen ihrer noch eingewickelten Blütenknospen zeigten. Frau Buchwalds Platz am Frühstückstisch wurde damit geschmückt. Diese kleine Geburtstagsfreude war wie ein Aufleuchten vergangener glücklicher Zeit; alle hatten teil daran, sangen aus vollem Herzen den Choral „Lobe den Herren" mit und wünschten der jungen Mutter viel Gutes in dieser schrecklichen Zeit.

Am nächsten Tag erhielten wir nach der Mittagsmahlzeit völlig überraschend den Befehl, das Haus zu räumen, und zwar sofort. Die Aufregung war groß. Eine kleine Gruppe Soldaten, offenbar Quartiermacher, trieb uns zur Eile an. Aus den wenigen deutschen Sprachbrocken hörten wir heraus, daß im Haus so etwas wie eine Kommandostelle eingerichtet werden sollte. Wir müßten uns anderswo ein Unterkommen suchen. Hastig zogen wir uns so warm wie möglich an, denn draußen herrschte Winterkälte. Frau Eckner rief mir zu, wir müßten noch aus der Kommode im Zimmer neben der Küche Windeln und Wäsche für den kleinen Frieder mitnehmen. Ich lief durch den Flur zur Küche. Aber die Soldaten hatten das Zimmer schon mit Beschlag belegt und wollten mich nicht mehr hineinlassen. Ich schaute verzweifelt in ihre Gesichter und suchte vergeblich nach einem Funken Verständnis. Da kam – ebenfalls in Eile – ein anderer Soldat herbei und erteilte Befehle. Die Soldaten stürzten davon. Ich sah in ein gutes Gesicht, brachte mit Gebärden und einzelnen russischen Wörtern mein dringendes Anliegen vor. Der junge Mensch wandte flüchtig den Kopf hin und her, als wollte er sich vergewissern, daß ihn niemand beobachtete, und ließ mich ins Zimmer. In Hast raffte ich aus den Kommodenschubladen alles, was ich mit meinen Armen tragen konnte, bedankte mich mit einem Blick und lief den anderen nach, die das Haus schon verlassen hatten.

Frieder lag im Kinderwagen. Ich verstaute die Wäsche darin und packte den Rest obenauf. Frau Eckner überließ mir den Wagen und wandte sich hilfsbedürftigen Hausgenossen zu.

Es hatte zu schneien begonnen, große Flocken schwebten in leichtem Wirbel zur Erde. Was hatte man mit uns vor? Die Russen trieben uns mit lautem Rufen und nachdrücklichen Gesten auf die Dorfstraße. Hier merkten wir, daß nicht wir allein das Haus verlassen mußten. Offensichtlich wurde das ganze Dorf geräumt. Es hieß, der Ort werde vollständig mit russischem Militär belegt. Wir sollten bis zum nächsten Ort laufen, dort würden wir untergebracht. Später, nach Abzug der Soldaten, dürften wir wieder zurückkehren. Der nächste Ort war Moorbach, etwa 6–8 km von Kirchheim entfernt. Ich dachte sogleich daran, daß Frau Buchwalds Eltern dort wohnten. Auch sie mußte mit ihren Kindern und Else irgendwo in dem Vertriebenenzug sein.

Ich schob den Kinderwagen vor mir her. Der kleine Junge lag brav und still. Mit Dankbarkeit empfand ich, daß ich eine sinnvolle Aufgabe erfüllte. Nur langsam kam ich mit meinem kranken Fuß vorwärts. Aber andere schleppten sich wegen schlimmerer Gebrechen noch langsamer dahin. Von Zeit zu Zeit sah ich jemanden von der Eckner-Familie in meiner Nähe laufen. Dann überholte mich mit langen Schritten Pastor Eckner selbst. Er schob eine alte Frau im Rollstuhl. Wo mochte Frau Eckner Gutes tun? Der Flockenwirbel war inzwischen dichter geworden, so daß man kaum die Vorderen sehen konnte; manchmal wieder ließ das Schneetreiben etwas nach. Eine Weile hörte es ganz auf. Wir gingen, von russischen Soldaten angetrieben, auf der breiten Fahrstraße, sie ganz ausfüllend. Am Straßenrand war Schreckliches zu sehen. Menschen, die – wie wir jetzt – diese Straße gegangen sein mochten, hatten allem Anschein nach nicht mehr weitergehen können, waren im Graben liegengeblieben und dort umgekommen. Sie lagen ganz natürlich da, im Sitzen zur Seite gefallen, in ihren letzten Bewegungen erstarrt, mit offenen Augen. Ich faßte den Griff des Kinderwagens fester und dachte an das junge Leben darin, das gerade erst begonnen hatte und dem nichts von den Schrecken des Todes bewußt war. Auf dem Feld neben der Straße, kaum 20 Meter von uns entfernt, lag eine große Frauengestalt auf der Seite, um den Kopf ein Tuch gebunden, am Arm einen Deckelkorb haltend, mit warmer Jacke und langem Rock gekleidet, dazu hohe Schnürschuhe tragend. Wie kam sie auf das Feld? Hatte sie, die Straße meidend, versucht, zu Verwandten im nächsten Dorf zu gehen, vielleicht zur Tochter und den Enkelkindern? War sie auf diesem Wege von einer tödlichen Kugel getroffen worden? – Wir mußten an den Toten vorübereilen in ein ungewisses Schicksal hinein. Mir war es fast lieber, der dichte Flockenvorhang verhüllte das Grauen zu beiden Seiten der Straße und das Elend auf ihr.

Endlich erreichten wir Moorbach. Die Menschen wurden von den Soldaten in leerstehende Häuser an der Straße gewiesen. Die Eckner-Familie und Frau Buchwald mit den Kindern und Else hatten sich schon am Straßenrand zusammengefunden, als ich mit dem Kinderwagen ankam. Da das Haus, in das wir gedrängt wurden, im Erdgeschoß überfüllt war, gingen wir eine Treppe hinauf in das obere Stockwerk. Die Abenddämmerung hatte bereits begonnen, und so betraten wir einen halbdunklen Raum, der voller Gerümpel war. Zerschlagene Möbel und zerstörte Geräte lagen auf dem Fußboden verstreut umher, so daß man kaum treten konnte. Die Fensterscheiben waren eingeschlagen. Wir versuchten in Eile, allen Kindern und uns selbst einen Platz zu schaffen, auf dem wir die Nacht verbringen könnten. Zu meinem größten Erstaunen legte mir Frau Eckner in dem Halbdunkel ein ganzes Brot auf die Arme. „Woher?" „Tante Martha hat es uns geschenkt. Sie wohnt in dieser Straße, hat den Kirchheimer Menschenzug kommen sehen und sogleich ein Brot und ein Messer für uns gebracht", sagte Frau Eckner. Tante Martha war eine unverheiratet gebliebene Pastorentochter, die bei Eckners schon des öfteren im Haushalt ausgeholfen hatte. Trotz der vernünftigen Erklärung erschien mir das Brot wie eine Wundergabe. In der einen Ecke des dämmrigen Raumes entdeckte ich einen wackeligen Tisch. Dort schnitt ich von dem kostbaren Brot für jeden von uns eine Scheibe. Mir war dabei fast feierlich zumute. Wie wunderbar war das doch, daß wir in dem Durcheinander eines fremden, geplünderten Hauses ein richtiges Brot besaßen!

Der Mond war inzwischen aufgegangen und leuchtete durch die zerschlagenen Fenster in unsere Unterkunft hinein. Er schien uns dadurch näher als sonst zu sein. Eine kalte Winternacht stand uns bevor. Im Haus wurde es allmählich ruhiger, auch der Lärm auf der Straße war verklungen. Wir legten uns, so gut es ging, auf dem Fußboden nieder.

Die Kinder waren wohl gerade eingeschlafen, als draußen mit viel Motorgelärm ein Auto daherkam und vor unserem Haus anhielt. Bald hörten wir die lauten, rauhen Rufe in russischer Sprache schallen. Dann gab es Unruhe unten im Haus, schwere Stiefel kamen die Treppe herauf. Männer stolperten ins Zimmer, die gräßlich surrenden Taschenlampen in der Hand. Offenbar waren es mindestens zwei Russen. Die Lichtkegel glitten über uns hinweg, kehrten wieder zurück und blieben bei mir haften. „Aufstehen!" schrie der eine mit falscher Betonung der Silben und stieß mit seinem Stiefel gegen meine Füße. Ich rührte mich nicht. „Aufstehen!" wiederholte er noch lauter und nun drohender. Als ich mich noch immer nicht bewegte, legte sich der andere ins Mittel. „Nix Angst", sagte er überredend, „mitkommen, kochen für Offiziere, gutt essen!" Ich wußte, was „kochen für Offiziere" bedeutete. Die beiden Männer hatten wohl den Auftrag, Mädchen herbeizuschaffen. Ich stand nicht auf, obwohl ich die innere Spannung kaum noch aushalten konnte. In diesem Augenblick ertönte unten auf der Straße ein schriller Pfiff, dann ein lauter Zuruf, dazwischen hörte ich weibliche Stimmen. Die beiden Russen machten kehrt, polterten eilig die Treppe hinunter, der Motor sprang an, und das Auto entfernte sich. Unsere Spannung löste sich nur allmählich. Ich war wieder einmal davongekommen. Wir Erwachsenen besprachen den Vorfall noch kurz und hofften, es möge die einzige Störung in dieser Nacht bleiben. Ich lag danach noch eine Weile mit offenen Augen in dem vom Mondlicht gespenstisch beleuchteten Raum. Das Geschehen dieses Tages zog an mir vorüber. Welche Schrecken erwarteten uns morgen? Irgendwann bin ich dann eingeschlafen, und ich schlief trotz allem fest und traumlos.

Als wir am nächsten Morgen unser Nachtquartier bei Tageslicht sahen, mußten wir feststellen, daß wir hier auf Dauer nicht bleiben konnten. Es mußte ein besserer Platz erkundet werden. Er fand sich zum Glück im Nachbarhaus, das einem Moorbacher Ackerbürger gehörte. Zwar war das Haus voller Kirchheimer, aber man war bereit, zusammenzurücken und der großen Familie des Pastors ein kleines Zimmer zu überlassen. Das Fenster zum Hof war noch einigermaßen heil und würde die Winterkälte etwas abhalten. Der Raum hatte zwei Türen; die eine führte hinaus auf den Hausflur; Klinke und Riegel waren noch brauchbar. Wir verriegelten sofort diese Tür und hielten sie immer geschlossen. Durch die andere Tür an der gegenüberliegenden Wand gelangte man in eine Kammer, die zur Hofseite hin ein Fenster und eine Tür besaß. Der kleine Raum könnte einmal als Futterküche gedient haben. Wir hatten also vom Hof her einen eigenen Zugang zu unserer Unterkunft. Diese Außentür ließ sich leider nicht mehr verriegeln. Die Zimmertür besaß zwar noch ihren Riegel, aber das Schloß saß nicht mehr fest.

Zuerst suchten wir herbeizuschaffen, was wir unbedingt für unsere Versorgung brauchten. Ich fand unter dem Hausrat, der auf dem Hof herumlag, eine alte Schüssel; sie wurde meine Abwaschschüssel. Die Jungen brachten Trink- und Eßgeschirr für die Familie herbei. Ich hatte zunächst mit dem Abwaschen der gefundenen, meist übel verschmutzten Dinge und dem Zubereiten der Mahlzeiten zu tun, wobei mir die beiden Mädchen – die vierzehnjährige Helgard und die elfjährige Irmtrud – halfen. Im Keller des Bauernhauses gab es Kartoffeln. Vergeblich versuchte ich, auf dem großen bäuerlichen Herd in der Küche für uns Kartoffeln zu kochen. Ich hatte zwar einen noch brauchbaren großen Kochtopf ergattert, aber das Gedränge um den Herd herum war so groß und der Selbsterhaltungstrieb der Menschen so stark, daß es mir trotz geduldigen Wartens nicht gelang, an eine Feuerstelle heranzukommen. Wahrscheinlich hätte ich noch stundenlang ausharren müssen; mit den Ellbogen mich durchzusetzen, hatte ich in meinem Leben nicht gelernt, es war nicht meine Art.

So beschloß ich, mir draußen in unserer Hofecke eine eigene Feuerstelle zu schaffen. Die Jungen halfen beim Steinesuchen. Wir fanden zu unserer Freude ein paar alte Ziegelsteine. Im Viereck setzten wir sie aufeinander, so daß ein kleiner windgeschützter Raum entstand, der oben offen war. Dann wurde Papier und Brennholz gesucht. Egbert eroberte ein Stückchen Glut aus dem großen Herd in der Küche und brachte es in unseren „Germanenherd", wie wir ihn inzwischen getauft hatten. Wir hockten um unsere kleine Feuerstelle herum und pusteten abwechselnd in die glimmende Kohle. Beißender Qualm brachte unsere Augen zum Tränen und unsere Kehlen zum Husten. Das feuchte Papier und das schneenasse Holz wollten nur schwer anbrennen. Aber wir gaben nicht auf, und nach längerer Zeit schafften wir es, daß ein qualmendes Feuerchen in unserer Herdstelle entstand. Nun konnten wir unsere Kartoffeln kochen und bekamen etwas Warmes in den Magen. Von anderen Leuten lernten wir, geschabte rohe Kartoffeln in kochendes Wasser zu rühren. Dadurch entstand eine warme Suppe, die durch die Kartoffelstärke gebunden war. Mit etwas Salz aus dem noch vorhandenen Küchenvorrat konnte man sie ein wenig schmackhaft machen. Diese „Reibselsuppe" vor allem hat uns in den nächsten Tagen über die Hungersnöte hinweggeholfen. Die gute Tante Martha brachte uns ab und zu etwas Eßbares; aber die Familie war zu groß, als daß wir jemals hätten satt werden können.

Schlimm und fast aussichtslos stand es um die sanitären Verhältnisse. Der Abort auf dem Hof, den ich mir vorsichtig ansah, war nicht mehr benutzbar, der Unrat häufte sich einen halben Meter hoch über dem Sitzbrett. Die letzten Benutzer mußten auf diesem Brett gestanden haben. Der Hof lag voller Gerümpel, das eine dünne Schneeschicht bedeckte. Überall aber war er schon verschmutzt, und mit Mühe fand ich im offenen Wagenschuppen eine noch einigermaßen zugängliche Ecke. Wie sollte es bei Nacht werden, vor allem für die kleineren Kinder? Die großen Jungen, mit denen ich darüber sprach, suchten überall nach einem noch brauchbaren Eimer, leider vergeblich. Schließlich fanden sie einen alten eingebeulten und außen verrußten Waschkessel. Wir stellten ihn mit seiner gewölbten Bodenfläche in eine Ecke unserer Kammer und sicherten seinen festen Stand mit ein paar Steinen. Er wurde mit etwas Wasser gefüllt und oben mit Brettern notdürftig abgedeckt. So hatten wir auch zur Nacht eine „Toilette".

Pastor Eckner war am ersten Tag meist unterwegs. Er trug seinen schwarzen Talar, der ihn als „Pope" auswies und ihm einen gewissen Schutz verlieh. Als Seelsorger eilte er zu den Schwerkranken und Sterbenden im Ort, um ihnen mit Zuspruch und geistlichem Trost beizustehen. Frau Eckner versorgte ihr jüngstes Kind und kümmerte sich um die „Kleinen". Die „Großen" bemühten sich mit mir zusammen um die Ernährung der Familie.

Frau Buchwald hatte sich sogleich aufgemacht, ihre Eltern in der kleinen Stadt aufzusuchen, während Else die beiden Kinder betreute. Mittags kehrte Frau Buchwald erschöpft und niedergeschlagen zurück. Sie hatte Schlimmes erfahren. Die elterliche Wohnung – ihr Vater war Superintendent – fand sie verlassen und geplündert vor. Sie war unbewohnbar. Nach vielem Herumfragen und vergeblichen Wegen hatte sie endlich ihre Mutter gefunden, die mit anderen zusammen in einem fremden Haus eine Stube bewohnte. Von der Mutter erfuhr sie, daß man den Vater schon in den ersten Tagen des Russeneinfalls verschleppt hatte. Von ihm fehlte jede Nachricht und jede Spur. Natürlich wollte Frau Buchwald bei ihrer hilfsbedürftigen Mutter bleiben. Aber die Mitbewohner der Stube wollten es nicht zulassen, daß in ihre drangvolle Enge noch eine Frau mit zwei Kindern und einem Pflichtjahrmädchen dazukommen sollte; der Schlafplatz auf dem Fußboden und die kargen Nahrungsvorräte würden dann noch knapper werden. Das waren traurige Nachrichten. Frau Buchwald wollte nun alles versuchen, um vielleicht doch noch mit ihrer alten Mutter zusammenwohnen zu können.

Als es dunkelte, richteten wir uns zum Schlafen ein. In unserer Stube standen außer einem Tisch eine Liege und zwei Stühle. Frau Eckner saß neben der Tür zur Kammer auf dem einen Stuhl und hatte ihr jüngstes Kind auf dem Schoß. Auf der Liege lag ihre Schwester, Fräulein Weißenburg, die wegen eines Nervenleidens den besten Schlafplatz haben sollte. Auf dem anderen Stuhl saß die alte Frau Eckner. Wir anderen lagen dicht nebeneinander auf dem Fußboden. Die beiden großen Jungen, die keinen Platz mehr fanden, suchten sich im Hausflur eine Stelle zum Schlafen.

Wir waren gerade etwas zur Ruhe gekommen, als mit lautem Getöse Russen ins Haus eindrangen. Zunächst wurde im Hausflur an unserer Tür gerüttelt. Als sie sich nicht öffnen ließ, schlugen die Männer mit Fäusten und Stiefeln dagegen. „Macht auf!" brüllten sie mit hartem Fremdklang. Niemand rührte sich in unserem Zimmer. Dann hörten wir plötzlich von draußen die Stimme unseres ältesten Jungen, den die Russen offenbar aufgegriffen hatten. Wir entnahmen aus dem Gerangel vor der Tür, daß sie ihn bedrängten. Ihren Stimmen war das Bedrohliche anzumerken. Schließlich sagte der Junge mit lauter Stimme wie ein Automat: „Ihr sollt unbedingt aufmachen." Da wir es aber nicht taten, steigerte sich die Wut der Eindringlinge. Plötzlich hämmerte es gegen die andere Zimmertür. Wieder ertönten wüste Laute. Pastor Eckner, der neben mir halb unter dem Tisch lag, erhob sich und zündete eine kleine Kerze an. Dann ging er zur Tür und begann leise zu beten. Er hob die gefalteten Hände hoch bis zum oberen Türrahmen, und ich hörte, wie er flüsterte „Jesus Christus . . ." Mit seinem ganzen Körper stand er vor der Tür, als wolle er damit den Eindringlingen den Zugang verwehren. Aber die Klinke wurde schließlich herausgerissen, die Tür gab nach, und herein stürmte ein Russe. Er stieß blindwütig den Pastor vor die Brust, daß er rückwärts taumelte. Unser kleines Licht erlosch. Da surrte aber auch schon wieder eine der mir so unleidlichen Taschenlampen.

Der Russe stolperte über die am Boden Liegenden hinweg zu der Liege. Die Taschenlampe verstummte, es war stockdunkel. Und in dieser Dunkelheit erlebten wir alle mit, wie der Wüstling sich über die kranke Frau hermachte und sich an ihr verging. So verkrampft am Boden zu liegen und alle Laute und Geräusche eines Verbrechens ohnmächtig anhören zu müssen, war ein tief demütigendes Gefühl. Verzweiflung, Ekel, Scham und Zorn wollten mich fast ersticken. Noch lange, nachdem der Verbrecher das Zimmer verlassen hatte, lag ich wach und versuchte, mich zu fassen. Was mochte in den anderen, die mit im Zimmer waren, vorgehen? Alle schwiegen, auch das Opfer dieser schrecklichen Nacht. Wie sollte es in den nächsten Nächten, wie sollte überhaupt das Leben weitergehen?

Der Morgen fand uns alle unausgeschlafen. Mit Beklommenheit schaute ich mich um, vermied aber, den anderen ins Gesicht zu sehen. Verstohlen streifte mein Blick die junge Helgard. Wie sollte dieses zartfühlende Mädchen mit dem nächtlichen Erlebnis fertigwerden? Das Opfer selbst schien gefaßt. Frau Eckner sprach später zu mir über den schlimmen Vorfall. „Wir können froh sein, daß sich der Russe mit dem einen Mal begnügt hat und danach wieder gegangen ist", sagte sie und hatte damit wohl recht. Doch spürte ich keine Erleichterung. Ich blickte auf die Tür, die nun nicht mehr verriegelt werden konnte, und dachte mit Grauen an die kommende Nacht.

Tagsüber ging jeder seinen Aufgaben nach. Am Abend fanden wir uns alle zum Schlafen zusammen. Auf der Liege schliefen diesmal zwei von den kleineren Jungen. Ich lag wie am Abend vorher halb unter dem Tisch, nur die Beine guckten hervor, neben mir an der einen Seite Pastor Eckner, an der anderen Else. Es dauerte nicht lange, da wurde wieder an der Flurtür gerüttelt. Wir rührten uns nicht. Bald darauf hörten wir den schweren Stiefelschritt in der Kammer nebenan. Ein Russe trat durch die angelehnte Tür in unser dunkles Zimmer. Die surrende Taschenlampe verhieß nichts Gutes. Obwohl wir mit den Köpfen weit unter dem Tisch lagen, hatte der Mann zu meinem Entsetzen mich mit dem hin- und hergleitenden Lichtkegel erspäht. Er packte mich an einem Fußgelenk und versuchte, mich unter dem Tisch hervorzuzerren, dabei drohende Laute ausstoßend. In meiner Angst umklammerte ich das hintere Tischbein mit beiden Händen. Es war ein aussichtsloser Kampf, aber die Furcht vor dem Entsetzlichen verlieh mir Kräfte. Ich flüsterte immer wieder verzweifelt: „Lieber Gott, hilf mir doch!" Gerade, als meine Kraft erlahmen wollte, schleuderte der Russe mit einem wütenden Laut mein Bein auf den Fußboden zurück und stampfte beim Schein seiner Lampe aus der Tür. Es war wieder stockdunkel um uns. Ich lag erschöpft auf dem Boden, meine schmerzenden Hände lösten sich nur langsam aus der Verkrampfung. Wie ein Wunder erschien es mir, daß der Russe nach diesem ersten für ihn mißlungenen Versuch unsere Stube wieder verlassen hatte. „Wie ist es möglich, daß ich verschont geblieben bin?" sagte ich leise zu Else. Statt ihrer antwortete Pastor Eckner ebenso leise: „Vielleicht, weil du Gott am tiefsten angerufen hast", und schien es nicht zu merken, daß er mich einfach mit „Du" angeredet hatte. Ob er wußte, daß ich ein ungläubiger Thomas war? Ich dachte noch lange über seine Worte nach. Warum entgingen so viele Frauen nicht der Schändung durch diese Unmenschen? War es vielleicht doch nur eine Frage der Zeit, wann es mich traf? Ich faßte nach dem Riemen, der meine Trainingshose hielt. Diesmal war ich noch einmal davongekommen. Und wie in Kindertagen dachte ich wieder inbrünstig: „Lieber Gott, ich danke dir."

Der nächste Abend nahm unverhofft einen anderen Verlauf. Als wieder Russen ins Haus eingedrungen waren und der Tumult den Flur erfüllte, vernahmen wir auf einmal dazwischen eine weibliche Stimme. Die Stimme war ohne Angst und voll ruhiger Bestimmtheit. Die Frau erklärte ihre Bereitwilligkeit mit „ja, ja!" und sagte: „Aber nicht hier, hier ist es zu kalt." Daraufhin zogen die Russen ab, es wurde still im Haus. Ich lag wie erstarrt. Frau Eckner sagte: „Ich habe sie an der Stimme erkannt, das ist eine aus unserem Dorf, der das – leider – nichts ausmacht." Wir waren alle erleichtert, aber nicht froh. Empfand ich so etwas wie Dankbarkeit gegen die mir fremde Frau? Das war wohl nicht die rechte Einstellung in diesem Fall. Ich konnte mich einfach nicht in sie hineindenken. Was mochte in den beiden fast gleichaltrigen Mädchen Else und Helgard vorgehen?

Am nächsten Vormittag ließ ich mir bei Gelegenheit die fremde Frau von Frau Eckner zeigen. Sie trug seltsamerweise einen langen, farbenfrohen Morgenrock und grüßte uns freundlich von weitem. Von den Erlebnissen der Nacht war ihr nichts anzumerken. – Noch lange habe ich mich danach mit diesem Wesen beschäftigt. Was mir als das Ende meines Daseins erschien, das schien für diese Frau ohne größere Bedeutung zu sein. Ich kann nicht leugnen, daß ich mich nun abends etwas ruhiger niederlegte in dem Bewußtsein, daß die Frau im Haus war. War das zuviel Selbstsucht? Ich hatte kein gutes Gewissen.

An einem anderen Morgen erschien in unserem Zimmer ein Russe mit umgehängtem Gewehr, ergriff mich am Oberarm und zerrte mich auf den Hof. „Komm!" stieß er dabei wiederholt aus und „raboti, raboti" (arbeiten). Auf dem Hof stand ein zweiter Soldat, und bei ihm warteten schon drei junge Frauen, die mir verängstigt und ratlos entgegensahen. „Dawai!" brüllten die beiden Soldaten, als seien wir schwerhörig. Ich deutete auf meinen umwickelten dicken Knöchel und die weit auseinanderstehenden Schnürlöcher des Schuhs und schüttelte den Kopf. Sie aber ließen das nicht gelten. Wir mußten wie eine Gruppe Strafgefangener nebeneinander gehen; sie selbst gingen hinter uns her, uns dauernd zur Eile antreibend. Ich hinkte neben meinen drei Leidensgenossinnen vorwärts, konnte aber auf Dauer nicht Schritt halten. Wir verließen bald die Straße, und es ging nun quer übers freie Feld. Der unebene, gefrorene Boden erschwerte zusätzlich das Vorwärtskommen. Mein Knöchel schmerzte. Ich verhielt einen Augenblick den Schritt. Da bekam ich einen Stoß mit dem

Gewehrkolben in den Rücken. Ich stolperte nach vorn und wäre beinahe zu Boden gefallen. Als ich wieder einigermaßen sicher auf den Füßen stand, wandte ich mich um und schaute in die beiden wütenden Gesichter. Merkwürdig – ich empfand keine Furcht. Die Soldaten hatten sich ins Unrecht gesetzt. Trotz des Stoßes richtete sich mein Rückgrat wie von selbst auf. Ich hob den kranken Fuß und zuckte mit den Achseln. Da gingen die beiden, ungefüge Laute ausstoßend, rechts und links an mir vorbei und ließen mich stehen, während sie die drei anderen Frauen weiter vor sich hertrieben. Der kleine Trupp entfernte sich schnell. Ich atmete mehrere Male tief durch und machte mich dann mühsam, aber erleichtert auf den Rückweg. Die Eckner-Familie empfing mich mit Freude. Trotz der allzu dürftigen Verhältnisse, die uns umgaben, war es mir, als wäre ich wieder nach Hause gekommen.

Tagsüber hielt ich mich in der Hofecke und in der kleinen Kammer auf. Freiwillig ging niemand aus dem Haus und dem Hofgelände hinaus, außer Frau Buchwald, die täglich ihre Mutter aufsuchte, und unsere großen Jungen, die, wenn sie nicht gebraucht wurden, in der Nähe unserer Unterkunft umherstreiften. Einmal kam Frau Eckner mit verhaltener Erregung zu mir in die Kammer gelaufen. „Sie haben Egbert aufgegriffen. Mit anderen Jungen zusammen ist er in einem Lastauto weggefahren worden. ‚Drei Tage raboti' wurde gesagt." Ich war so erschrocken, daß ich gar nichts sagen konnte. Egbert war erst zwölf Jahre alt und ein schmächtiger Junge, zwar zäh und tatkräftig wie seine Mutter, aber wahrscheinlich körperlich nicht widerstandsfähig genug gegenüber dem, was hier den Menschen zugemutet wurde. Ich bewunderte Frau Eckner, die im Vertrauen auf Gottes Führung und Hilfe kein Wort der Klage äußerte. Als später ihr Mann von Egberts Verschleppung erfuhr, zeigte auch er die gleiche Haltung. Egbert kehrte tatsächlich nach einigen Tagen wieder zu uns zurück. Ein großes Aufatmen ging durch die Familie. Der Junge schien gesund geblieben zu sein, hatte aber einen ganz veränderten Gesichtsausdruck, der ihn viel älter erscheinen ließ, als er war. Ich hörte mit an, wie er wortkarg auf die Fragen nach seinem Ergehen während der Verschleppung antwortete. Er habe sich nur zwischen Moorbach und Kirchheim aufgehalten. Dort hätte er mit anderen Jungen zusammen unter Bewachung von russischen Soldaten aus den Straßengräben und von den angrenzenden Feldern die Toten – alles Zivilisten – in große Gruben tragen oder fahren und vergraben müssen. Auch das herumliegende tote Vieh hätten sie wegräumen müssen.

6.

Eines Tages – es war wohl mehr als eine Woche vergangen – hieß es, wir könnten wieder nach Kirchheim zurückkehren. Gerade zu diesem Zeitpunkt hatte Frau Buchwald nach mancherlei Bittgängen erreicht, daß sie zu ihrer Mutter ziehen durfte. Ich hörte, in der Nähe mit der Küchenarbeit beschäftigt, wie Frau Buchwald Frau Eckner darüber berichtete und daß sie nun nicht mit zurück nach Kirchheim gehe, sondern bei ihrer Mutter bliebe. Frau Eckner konnte diesen Entschluß gut verstehen. Dann sagte sie mit etwas eiliger Stimme: „Aber Tante Leni bleibt bei uns!" Mich durchfuhr ein freudiger Schreck. Anscheinend wurde ich gebraucht, ich fiel nicht zur Last! Die Entscheidung war auch vernünftig, denn Frau Buchwald hatte noch Else zur Hilfe, für die sie sich auch verantwortlich fühlte. Frau Eckner dagegen war mit der großen Familie allein. Frau Buchwald war auch sogleich einverstanden, obwohl es ihr leid täte, wie sie sagte. Ich lächelte in mich hinein, denn mich selbst hatte man nicht gefragt. Aber ich wollte gern mit Eckners gehen, wenn Frau Buchwald mich nicht mehr brauchte. Und Else war bei ihr gut aufgehoben. So nahmen wir voneinander herzlich Abschied mit der Hoffnung, uns bald einmal wiederzusehen.

Auf unserer Rückwanderung, die – ohne Begleitung von russischen Soldaten – am Nachmittag begann, waren wir eine kleinere Menge Menschen als bei unserer Vertreibung. Die meisten der Flüchtlinge, die damals in Kirchheim Unterschlupf gefunden hatten, waren in Moorbach geblieben. Für sie war es ohnehin gleich, an welchem Ort sie ihr Vertriebenenleben weiterführten. Nach unserem Abzug hatten sie mehr Platz und etwas bessere Möglichkeiten. Vielleicht dachten sie auch daran, daß sie der Oder einige Kilometer näher blieben und so eine Flucht aus dieser Hölle leichter sei. Denn über die Oder zu kommen bedeutete für jeden von uns, die Pforten der Hölle zu überwinden.

Das Wetter war diesmal günstiger. Die Spuren des vergangenen grausigen Geschehens, die mich auf dem Hinweg so sehr erschreckt hatten, waren beseitigt worden. Der Blick konnte unverletzt über die Felder schweifen, die noch vom Schnee bedeckt waren. Nach der niederdrückenden Enge unserer letzten Behausung tat die Weite den Augen gut, und ich atmete freier.

Wir erreichten Kirchheim ohne Gefährdung. Das Dorf war völlig leer, die Russen hatten es offenbar vollständig verlassen. Die Kirchheimer strebten ihren Häusern zu, die nun alle ohne Ausnahme die verheerenden Zeichen der Besetzung trugen. Wir fanden das Pfarrhaus äußerlich ziemlich unversehrt vor. Innen allerdings war fast alles verändert. Doch merkte man, daß sich hier offenbar tatsächlich russische Offiziere mit ihrem Stab aufgehalten hatten. Die meisten Möbel und Gerätschaften waren aus den Zimmern entfernt worden. Wir fanden sie ohne mutwillige Zerstörung in heillosem Durcheinander auf dem Boden wieder. Ein Zimmer, das abseits vom Flur lag und das die Kinder immer „Mutters Salon“ nannten, war offensichtlich gar nicht benutzt worden; die stilvolle Einrichtung war unversehrt an ihrem Platz geblieben.

Fast unverändert, aber sehr verschmutzt, war auch die Küche. Dort sammelte sich die Familie, und Pastor Eckner wollte sogleich nach seiner Art ein Danklied anstimmen, weil wir gesund nach Hause gekommen waren. Frau Eckner aber bat, daß wir es noch etwas verschieben sollten, denn es begann schon zu dämmern, und wir mußten vor Eintritt der Dunkelheit Schlafplätze für uns alle richten. Sogleich begann ein geschäftiges Treiben im Haus, und wohl alle genossen wie ich nach der Enge des Elendsquartiers nun die Großräumigkeit des Hauses. Ehe wir uns dann nach schmaler Kost niederlegten, versperrten wir die beiden nicht mehr verschließbaren Haustüren durch Möbelstücke, die vordere vor allem durch die schwere Wäscherolle, die sich im Hause an ihrem alten Platz befand. In dieser Nacht schliefen wir ungestört.

In den nächsten Tagen gab es viel zu tun mit Saubermachen und Umräumen. Wir arbeiteten ungeachtet der vergangenen Schrekken mit großer Freudigkeit. Alle Kinder halfen mit, das Haus wieder wohnlich zu machen. Pastor Eckner nannte mich scherzhaft „Muhme Lene“ mit Anspielung auf die hilfreiche Tante im Hause Luthers, während Frau Eckner mich wie die Kinder „Tante Leni“ nannte, beide freilich ohne das vertrauliche Du. Alles war so, als sei ich immer da gewesen, ich gehörte zur Familie und fühlte mich wohl.

Wenige Tage nach unserer Ankunft zogen wieder Russen in das Dorf. Zunächst erschienen sie bei Tag im Haus und befahlen uns zur Arbeit. Alle Frauen zwischen 14 und 40 Jahren mußten sich melden. Das betraf Helgard und mich. Frau Eckner durfte als Mutter der Kinder zu Hause bleiben. Beklommenen Herzens zogen wir das erste Mal mit einem Trupp anderer Kirchheimer Frauen auf die Felder, wo wir Mieten abdecken und die Feldfrüchte auf Wagen laden mußten. Wir wurden immer von mindestens einem bewaffneten Russen beaufsichtigt. Einen von ihnen habe ich nicht vergessen. Er hieß Waska, wie er sagte, und war uns freundlich gesonnen. Die Aufsicht führte er recht großzügig durch, so daß wir uns nicht allzusehr abplagen mußten. Wir haben mehrere Tage bei ihm gearbeitet. Damals fuhren über Tag olivgrüne geschlossene Autos umher, die junge Mädchen und Frauen aufgriffen und verschleppten. So manche Kirchheimerin war von der Straße weg in solch ein Auto verladen worden und nicht wieder aufgetaucht. Als wir nun bei Waska auf dem Felde arbeiteten, kam den holperigen Weg herauf das gefürchtete Auto gefahren. Waska blickte über seine Frauengruppe hin, winkte Helgard und mir zu, da wir ihm als die jüngsten wohl am meisten gefährdet erschienen, und bedeutete uns mit hastigen Gebärden, uns hinter der Miete im abgedeckten Stroh zu verbergen. Klopfenden Herzens hörten wir bald darauf in unserem Versteck, wie das Auto bei unserem Felde hielt. Waska mußte den ankommenden Russen entgegengegangen sein. Es gab einen kurzen Wortwechsel. Nach einer Weile, die uns sehr lang erschien, fuhr der Wagen endlich wieder ab. Wir lugten aus unserem Versteck hervor, aber Waska, der zu seiner Gruppe zurückkam, winkte ab. Erst als der Wagen außer Sicht war, krochen wir aus dem erdigen Stroh. Von den älteren Frauen unserer Gruppe war niemand mitgenommen worden. Waska warnte uns nun mit seinen wenigen deutschen Sprachbrocken und vielen nachdrücklichen Gesten vor diesen Wagen, er sagte „Moskau“ und „Sibirien“ und machte uns verständlich, daß wir uns immer vor ihnen verstecken sollten. Dieser einfache Soldat hatte Helgard und mich vor einem schrecklichen Schicksal bewahrt. Dafür waren wir ihm sehr dankbar.

Eines Tages – es war Mitte März – wurde befohlen, alle Männer zwischen 14 und 60 Jahren sollten sich melden, und zwar am nächsten Vormittag bis 10 Uhr bei der Kommandantur in Moorbach. Dieser Befehl betraf nun Pastor Eckner und den ältesten Sohn Gerhard, der 15 Jahre alt war. Gleich früh nach der Morgensuppe wollten die beiden aufbrechen. Frau Eckner hatte ein ernstes, besorgtes Gesicht. Ich war bedrückt. Warum mußten die Männer sich nicht hier im Dorf, sondern im entfernten Moorbach melden? Ganz unbesorgt dagegen schien Pastor Eckner zu sein. „Wir müssen registriert werden, das ist doch zu verstehen“, sagte er auf unsere Bedenken hin. Mit einer Art Pflichtgefühl drängte er zum Aufbruch. „Müßt ihr denn wirklich dorthin gehen?“ fragte seine Mutter. „Selbstverständlich“, antwortete ihr Sohn unbekümmert. Er schaute uns mit seinen frohen, zuversichtlichen Augen an, als wollte er sagen: „Ihr habt doch nicht Angst? Bin ich nicht immer und überall in Gottes Hand?" Frau Eckner lief zum Brotkasten. „Hier", sagte sie, „für unterwegs!" Aber er wehrte ab: „Wir sind doch bald wieder zurück, ich denke, daß wir zur Mittagszeit hier sein könnten." Dann aber nahm er doch das kleine Päckchen mit dem Brot, und ohne besonderen Abschied verließ er mit Gerhard das Haus, durchquerte eilig und federnden Schrittes den Vorgarten, winkte am Gartentor noch einmal zurück und entschwand mit dem Jungen unseren Blicken. Still und mit seinen eigenen Gedanken beschäftigt, ging jeder von uns Erwachsenen an seine Hausarbeit, während die Kinder bald in gewohnter Lebhaftigkeit das Haus mit ihrem Lärm erfüllten. Der Tag erschien mir länger als sonst. Die Mittagsmahlzeit zögerten wir etwas hinaus, aber unsere beiden Morgenwanderer trafen auch nicht verspätet ein. So mußten wir ohne sie unsere Suppe essen. Auch zum Abendbrot waren sie nicht zurück. Erst am übernächsten Tag – es war schon Spätnachmittag – erschien dann Gerhard. Er war gesund, aber recht niedergeschlagen, weil die Russen seinen Vater nicht hatten nach Hause gehen lassen. Er berichtete, daß sie beide mit anderen zusammen in Moorbach die Straßen hätten fegen müssen; nachts hätten sie alle in einem Saal auf dem Fußboden geschlafen. Er erzählte nach Jungenart noch mehr von seinen Erlebnissen, und seine Geschwister lauschten gespannt. Ich hörte aber schon lange nicht mehr zu, düstere Ahnungen stiegen in mir auf, und ich schaute von der Seite verstohlen in Frau Eckners ernstes, in sich gekehrtes Gesicht.

Am nächsten Morgen sagte Frau Eckner zu mir: „Ich will nach dem Frühstück nach Moorbach gehen und bei der Kommandantur nach meinem Mann fragen. Ich weiß die Kinder ja in guten Händen." Sie nickte mir herzlich mit einem schwachen Lächeln zu. Ich sagte nichts. Etwas schnürte mir die Kehle zu, ich nickte nur, weil ich ihren Auftrag verstanden hatte. Frau Eckner machte sich dann ohne viel Aufhebens auf den Weg, und ich war zum ersten Mal mit den acht Kindern, der gebrechlichen Großmutter und der kranken Tante allein. Es lief aber alles wie sonst. Helgard hatte gelernt, ihr jüngstes Brüderchen selbständig zu versorgen. Sie tat es mit viel Liebe und Geschick. Egbert und Gotthelf schlugen im Stall Holz; die Kleinen brachten es in die Küche und füllten es zum Trocknen in die Herdröhre. Ich holte mit der Schultertrage das Wasser von der Pumpe, wobei Gerhard mir half, und kochte dann die Mittagssuppe. Irmtrud, die Elfjährige, ging mir in der Küche zur Hand. Wer von den Kindern seine täglichen Aufträge und die neu hinzukommenden erfüllt hatte, durfte seinen eigenen Beschäftigungen nachgehen. Das Mittagessen verlief in der gewohnten Weise. Gerhard sprach an Mutters Stelle das Tischgebet, und wir aßen dankbar unsere Suppe.

Frau Eckner kam erst am späten Nachmittag zurück. Bei ihrem Anblick fiel mir ein Stein vom Herzen; aber ein anderer blieb schwer darauf liegen: sie kam allein. Beharrlich hatte sie sich bis zum Kommandanten durchgefragt, hatte überall sehr lange warten müssen, konnte dann endlich ihr Anliegen vorbringen. Die Antwort: Man habe zwar für sie als Mutter von neun unmündigen Kindern Verständnis, aber sie könnten trotzdem ihren Mann nicht freigeben. All ihr Bitten hatte nichts genützt, der lange, mühselige Weg auf der winterlichen Straße war umsonst gewesen; ihren Mann hatte sie nicht einmal sehen können. Ich hörte ihr stumm, aber mit größter Anteilnahme zu. Sollte ich sie mit Worten trösten, mit unbestimmten Hoffnungen über ihre schmerzende Sorge hinwegtäuschen? Sie hatte gewiß besseren Zuspruch. Ihre Glaubensüberzeugung spendete ihr geistlichen Trost, darin bedurfte sie meiner nicht. Beistehen konnte ich ihr nur als Gehilfin mit der Bewältigung der täglichen Pflichten, die die Kinderschar uns auferlegte.

In jenen Tagen war es, daß Frau Eckner mir mit warmer Herzlichkeit das Du anbot. Ich empfand das als eine große Auszeichnung und freute mich sehr. Meine Hochachtung und Verehrung für diese Frau waren jedoch so groß, daß mir das Du-sagen zuerst gar nicht so leicht über die Lippen ging.

Wenige Tage später suchte uns eine Frau aus dem Dorf auf. Sie war in Moorbach gewesen und hatte miterlebt, wie deutsche Männer auf Lastwagen verladen wurden. Unter ihnen war Pastor Eckner gewesen. Er habe sie, die an dem Wagen vorbeiging, als Kirchheimerin erkannt und ihr zugerufen: „Grüßen Sie meine Frau!“ So wußten wir nun, daß er Moorbach verlassen hatte. Elisabeth – wie ich nun zu Frau Eckner sagte – ging noch einmal nach Moorbach, um zu erfahren, wohin die Männer gebracht worden seien. Aber sie traf keinen mehr von den russischen Soldaten an, mit denen sie beim ersten Mal gesprochen hatte. Man gab ihr nur die Auskunft, daß das Lager an einen Ort verlegt worden sei, der über dreißig Kilometer von Moorbach entfernt lag.

Der Tag danach verlief äußerlich wie gewohnt. Die meisten Kinder ahnten wohl kaum, welch schwere Sorge auf ihrer Mutter lastete. Pastor Eckners Mutter verschloß ihren Kummer; ihr feines, zartes Gesicht hatte einen ergebenen Ausdruck angenommen. Elisabeth sprach mit mir, als wir allein in der Küche waren: „Ich möchte das Lager aufsuchen, in dem mein Mann sich jetzt befindet. Die Entfernung kann ich zu Fuß schaffen. Vielleicht läßt sich der Kommandant doch dazu bewegen, meinen Mann zu entlassen.“ Ich war betroffen. Sie wollte ganz allein über 30 km durch das unsichere Land gehen und dieselbe Strecke wieder zurück? Was konnte ihr nach unseren Erfahrungen gerade auch als Frau alles zustoßen! Auch sie könnte wie so viele andere von der Straße weg verschleppt werden. Und die Kinder hier? Wußten wir denn, was morgen sein würde, wohin man uns treiben würde? „Elisabeth“, sagte ich zaghaft, „der Weg ist so weit, die Gefahren sind groß und die Aussichten, deinen Mann wirklich zu finden, unsicher. Selbst wenn du heil zurückkämst – wirst du uns dann mit Sicherheit hier wiederfinden?“ Elisabeth schwieg. Mit Beklommenheit wartete ich auf die entscheidende Antwort. Wenn sie beschloß, trotz aller Bedenken zu gehen, so würde ich mit der vollen Verantwortung für die Familie an ihre Stelle rücken. War ich einer solchen Aufgabe überhaupt gewachsen? – Wir nahmen wieder unsere Arbeit auf, ohne daß die Entscheidung gefallen war. Tage vergingen. Elisabeth blieb bei uns.

Zum Grübeln blieb über Tag keine Zeit. Neue Flüchtlinge drängten ins Haus. Oft kamen sie atemlos angelaufen, Frauen aus dem Dorf, die Schrecklichstes erlebt hatten. Andere aus den umliegenden Dörfern betraten erschöpft mit letzter Kraft das Haus, um Schutz zu suchen. Manche waren nach der Verschleppung auf dem Weg zu ihrem Heimatort und kehrten bei uns ein, weil die Füße sie nicht mehr tragen wollten und der Hunger ihnen zusetzte. Es kamen Menschen, die unterwegs krank geworden waren und sich noch bis zu unserem Haus geschleppt hatten. Andere stürzten aufgeregt und wortreich ins Haus, manche in höchster Verzweiflung schreiend, die Hände mit gespreizten Fingern im gelösten Haar. Alle fanden sie einen Platz im Pfarrhaus, wurden von Elisabeth beruhigt und getröstet, alle bekamen wenigstens einen Teller warme Suppe. Die Kranken wurden, so gut es ging, gepflegt. Einmal strömten ungewöhnlich viele Menschen herein. Sie kamen zum großen Teil aus Königsberg i. Nm. und aus anderen entfernter liegenden Orten, waren über Land geflüchtet und schon mehrere Tage unterwegs. Sie befanden sich in einem jämmerlichen Zustand. Das Haus füllte sich schnell bis zum letzten Winkel unterm Dach. Elisabeth zählte einmal abends, als alle zum Schlafen auf dem Fußboden lagen, wieviele Menschen das Haus beherbergte. Es waren 196.

In der Küche herrschte Hochbetrieb. Kartoffeln waren z. Z. noch ausreichend im Keller vorrätig. Sobald unser großer Suppentopf vom Feuer genommen war, begannen kleine Gruppen von Flüchtlingen, von den geringen mitgeschleppten Eßvorräten und unseren Kartoffeln für sich eine Mahlzeit zu kochen. Eine Gruppe löste die andere ab, und es ging einigermaßen friedlich dabei zu. Wer nichts zu essen hatte, bekam aus unserem Topf eine Kelle voll warmer Suppe. So ernährten wir uns notdürftig, ohne je gesättigt zu sein.

Elisabeths jüngere Schwester, die sich wegen ihrer Nervenschwäche nur wenig im Haus betätigen konnte, litt wohl besonders unter dem Durcheinander, das durch das Massenquartier entstand. „Ach“, klagte sie mir einmal in der Küche, „wenn ich doch nach Berlin zu meiner Mutter zurückfahren könnte! Was meinen Sie, ob nicht bald wieder Züge nach Berlin fahren werden?“ Ich hatte wenig Hoffnung, sagte es aber nicht, sondern versuchte, sie mit meiner Erwiderung zu trösten: „So wie jetzt kann es nicht mehr lange bleiben, hoffentlich kehren bald wieder Ruhe und Ordnung ein. Dann wird man auch wieder reisen können.“ Fräulein Weißenburg seufzte tief auf und ging dann still ihrer Wege. Streiften tagsüber die Soldaten durchs Haus, so ließ sie sich manchmal auf eine Unterhaltung mit ihnen ein, sofern sie sich den Anschein freundlich-harmloser Besucher gaben. Elisabeth beobachtete es mit Sorge. „Marga“, sagte sie einmal etwas ungehalten zu der Schwester, als ich zugegen war, „sprich nicht so viel mit diesen Menschen! Sie fassen das bei den Verständigungsschwierigkeiten unter Umständen ganz anders auf, als du es meinst, und kommen dann bei Nacht zu uns ins Haus.“ „Das waren aber sehr anständige Menschen, mit denen ich gesprochen habe“, erwiderte die Schwester leicht gekränkt. „Das mag schon sein“, meinte Elisabeth einlenkend, „aber sei bitte vorsichtig!“

Zunächst glaubten wir, daß in dem von Russen besetzten Dorf eine Art Wache nachts eine gewisse Ordnung aufrechterhalten müsse. Wenn daher des Abends die ersten Gewehrkolbenschläge gegen die verrammelte Haustür donnerten, riefen wir oben vom Giebelfenster aus um Hilfe, in dem wir aus voller Kehle „Patrouille! Hilfe! Patrouille!“ schrien. Aber das hatte keine oder nur wenig Wirkung. Die Russen drangen doch mit Gewalt ein, und es begann dann eine wilde Jagd in der Dunkelheit. Hilfeschreie gellten durchs Haus, auf dem langen Hausflur und der Bodentreppe herrschte Hasten und Jagen, es ging durch die Zimmer über die am Boden liegenden Menschen hinweg. Oft lief dann der älteste Junge der Eckner-Familie zur Kommandantur. Wenn daraufhin einige von dort beorderte Soldaten herbeikamen, um Ruhe zu schaffen, so gab es zwischen ihnen und den bei uns eingedrungenen heftige Auseinandersetzungen, die sogar in Schießereien ausarteten. Einmal kamen die gefürchteten nächtlichen Eindringlinge zu recht später Stunde ins Haus. In die kleine Stube neben der Küche, wo ich mit anderen zusammen schlief – Helgard lag neben mir – stampfte ein einzelner Russe, ließ seine Taschenlampe surren und suchte in ihrem Schein den Fußboden ab. In mir schien er sein Opfer gefunden zu haben. Er versuchte, zwischen den dicht am Boden liegenden Menschen zu mir zu gelangen, und ergriff mit der einen Hand meinen Fuß. Seine Lampe verstummte, wahrscheinlich steckte er sie ein, um beide Hände frei zu haben. Aber hier in der Stube war kein Raum für seine Absichten, er hätte mich denn über die Leiber hinweg aus der Stube schleifen müssen. Blitzschnell riß ich meinen Fuß aus seiner Hand, sprang auf, holte tief Luft und schrie – mit der Absicht, ihn zu erschrekken und damit zu verjagen – wie sonst oben aus dem Giebelfenster „Hilfe!! Hilfe!! Hilfe!!" Schon bei meinem ersten Hilferuf war Helgard auf den Füßen, umschlang mich mit beiden Armen, als wollte sie mich mit ihrem ganzen Leibe vor der drohenden Gefahr beschützen, und rief ganz außer sich immerzu meinen Namen: „Tante Leni! Tante Leni!" Der Soldat verließ augenblicklich die Stube, polterte durch die Küche. Die Stiefelschritte entfernten sich schnell, und es wurde still im Haus. Ich beruhigte Helgard und versicherte ihr, daß mir nichts geschehen war und daß wir nun ruhig schlafen könnten.

So oder ähnlich ging es fast jede Nacht zu. Von allen Bitten, die beim täglichen Abendgebet in der Küche von den Eckner-Kindern vorgebracht wurden, rührten mich immer am tiefsten die zum Schluß fast nur flüsternd gesprochenen Worte Helgards an: „. . . und behüte uns diese Nacht vor den Russen!"

Manchmal aber wurden die Russen auch am hellen Tage gewalttätig. Als sie uns wieder einmal in dieser Weise heimsuchten und die großen Jungen nicht im Haus waren, warf Elisabeth ihren grünen Lodenmantel über und rief mir hastig zu, daß sie zur Kommandantur laufe, um Hilfe zu holen. Mich ergriff sogleich die Sorge um sie selbst, und ich drängte mich durch die aufgescheuchten Menschen zur Tür, um ihr zu folgen. Als ich das Haus verlassen konnte, war sie schon beim Gartentor und betrat die Straße. So konnte ich hinter ihr hergehen, ohne daß sie es bemerkte. Das Dorf war wieder einmal voll mit Russen belegt; die Straße aber war heute leer, die Soldaten füllten die Häuser zu beiden Seiten. Dicht gedrängt standen sie an den scheibenlosen Fenstern; sie riefen hinter uns her und lachten johlend. Elisabeth, nur einige Schritte vor mir, schaute nicht nach rechts und nicht nach links, sondern lief eilig vorwärts. Plötzlich fielen kurz hintereinander zwei Schüsse. Elisabeth ging unbeirrt weiter. Waren das nur Schreckschüsse gewesen? Jetzt knallte es wieder und gleichzeitig pfiff etwas an meinem Ohr vorbei, gleich darauf noch einmal. Ich lief mit eingezogenem Kopf weiter, den Blick auf den grünen Lodenmantel vor mir gerichtet. Kurz nacheinander erreichten Elisabeth und ich das Haus, in dem der Kommandant Quartier bezogen hatte. Elisabeth war ungehalten, als sie mich sah, ich hatte es nicht anders erwartet; sie mochte es nicht, daß man sich ungebeten um sie kümmerte. So nahm ich den Tadel hin, ich hatte nicht anders handeln können. Zwei Soldaten begleiteten uns zum Pfarrhaus zurück, das wir ungefährdet erreichten. Sie trieben nach manchem Hin und Her unsere Peiniger aus dem Haus. Für eine Weile hatten wir danach vor den gewalttätigen Eindringlingen Ruhe.

Ein andermal – es war auch am Tage – war Elisabeth, einem Hilferuf folgend, auf den Boden gelaufen. Ich war auf dem Flur, als sie gerade wieder die Treppe herunterkam. Ihre sonst so ausgeglichenen Gesichtszüge wirkten verstört, ihre Augen funkelten in heller Empörung. „Elisabeth, was ist geschehen?" fragte ich erschrocken. „Er hat mir eine Ohrfeige gegeben", sagte Elisabeth mit erregter Stimme. „Was??" stieß ich fassungslos hervor und sah nun auch die Spuren auf ihrer geröteten Wange. Welcher Unmensch hatte es gewagt, diese Frau zu ohrfeigen? „Und warum?" fragte ich zornbebend. „Ich hatte ihn wegen seines Verhaltens zurechtgewiesen", sagte Elisabeth nun schon etwas ruhiger, und, mir wohl meinen Zorn anmerkend, fügte sie tröstend hinzu: „Laß nur, ich hab es überstanden!" Sie senkte mit einem kleinen Seufzer den Kopf, strich mir flüchtig über die Schulter und eilte wieder zu ihrer Arbeit.

Schlimm stand es um die pflegebedürftigen Kranken. In dem Massenquartier brach eine offenbar ansteckende Krankheit aus. Sie begann mit einem ungewöhnlichen Durchfall. Der Stuhl wurde dünnflüssig wie Wasser und hatte eine bräunliche Färbung. Literweise ergoß sich diese Flüssigkeit bei der Darmentleerung. War es Ruhr oder Paratyphus? Da wir keinerlei Medikamente und keine Desinfektionsmittel besaßen, griff die Krankheit schnell um sich. Wir erkrankten schließlich alle daran. Die sanitären Anlagen der einfachen Landpfarrei – keine Wasserleitung, zwei Toiletten auf dem Hof – genügten für die Menge der Menschen bei weitem nicht. Nachts waren wir auf Eimer angewiesen, die auf die Räume im Haus verteilt wurden. Sie reichten für den Bedarf meist nicht aus. In unserer Not benutzten wir dann die leeren 2-l-Weckgläser in der Bodenkammer. Morgens standen wir auf dem Hof in zwei langen Schlangen vor den Aborten an.

Eines Tages hatten wir dann den ersten Todesfall im Hause. Eine der älteren Frauen, die, von ihrem Heimatort vertrieben, bei uns Zuflucht gefunden hatten, war von uns gegangen. Von der Friedhofskapelle wurde der Wagen herbeigeschafft, der sonst die Särge trug. Wir betteten die Tote darauf und deckten sie mit einem weißen Laken zu. Elisabeth legte auf das Laken einen kleinen Strauß blühender Schneeglöckchen. Sie und einige Vertriebene, dazu unsere großen Kinder und ich gaben der Toten das Geleit. Sie sollte ein christliches Begräbnis haben, und wir wollten zusammen am Grabe einen Choral singen. Wer im Dorf noch kräftig genug war, half beim Ausheben einer Grube und besorgte nach der kurzen Trauerfeier, die Elisabeth hielt, das Zuwerfen des Grabes. Bewegten Herzens kehrten wir still zum Pfarrhaus zurück. Dort erwarteten uns schon einige Flüchtlingsfrauen an der Tür. Ihre verängstigten Gesichter ließen uns nichts Gutes ahnen. „Frau Pastor", sagte die eine bedrückt, „Ihre Schwester ist abgeholt worden." Wir sahen uns erschrocken an. Die Frauen begannen nun aufgeregt und einander ergänzend zu berichten. Bald, nachdem wir zum Friedhof gegangen waren, sei eine offene Kutsche vorgefahren. Zwei russische Soldaten hätten Fräulein Weißenburg aus dem Hause geholt. „Ihre Schwester ist aber freiwillig mitgegangen", sagte die Frau, „und sie hat gesagt, wir sollen Sie grüßen, die Herren nähmen sie mit nach Berlin." Elisabeth senkte den Blick auf ihre zusammengelegten Hände und sagte leise und ergeben: „Ich habe es befürchtet." Unsere schwache Hoffnung, Elisabeths Schwester würde noch am selben Tage oder später wieder zurückkehren, erfüllte sich nicht. Sie blieb für uns verschollen.

Am Tag nach der Beerdigung ging Elisabeth zur Kommandantur und meldete, daß in unserem Haus eine lebensbedrohende Krankheit ausgebrochen sei. Daraufhin wurde an unsere Haustür mit Kreide das Wort „Quarantäne" in russischer Form geschrieben. Nun hatten wir endlich einmal vor den russischen Soldaten Ruhe, die, vor der Ansteckungsgefahr gewarnt, unser Haus nicht mehr betraten. Das war aber auch alles, was von der Kommandantur veranlaßt wurde, abgesehen von einer Flasche mit einer lilafarbenen Flüssigkeit, die Elisabeth auf ihre wiederholten Bitten um Medikamente ausgehändigt worden war. Wir wußten nicht, was für Arznei die Flasche enthielt. Mich erinnerte die lila Farbe an chemische Versuche in meiner Schulzeit, als wir uns mit übermangansaurem Kalium beschäftigten. Zögernd verabreichten wir die Flüssigkeit nach Verordnung löffelweise an die Schwerkranken; ihnen schmeckte die Medizin, sie sei sehr kräftig und tue ihnen gut, sagten sie. Eine Besserung des Krankheitszustandes war nicht zu erkennen. Nach zwei, drei Tagen war die Flasche leer, eine weitere bekamen wir nicht.

Mit alten Hausmitteln versuchten wir nun selber, die schlimme Krankheit zu bekämpfen. Gegen den Durchfall stellten wir im Herd Holzkohle her. Jemand wußte, daß rohe, geriebene Mohrrüben ebenfalls gegen das Übel helfen sollten. So ging ich jeden Morgen mit einem großen Tablett durchs ganze Haus. Darauf standen Untertassen, auf denen ich den roten Mohrrübenbrei portionsweise angerichtet hatte, daneben, ebenso dosiert, die Holzkohle. Jeder, der es wünschte, bekam davon zugeteilt. Manch einem mußte man gut zureden oder ihn gar drängen, davon zu essen. Hoffnungslosigkeit und körperliche Schwäche hatten bei ihm den Lebenswillen gebrochen. Wir hatten längst die Schwerkranken in die im Hause vorhandenen Betten gelegt. Mit allen anderen zusammen schliefen wir auf den bloßen Fußbodendielen.

Die älteren Menschen konnten schon bald nicht mehr ihr Lager verlassen. Wir bekamen allmählich einen Blick dafür, wann die Krankheit eine gewisse Grenze überschritten hatte. Elisabeth versuchte dann, den Betroffenen mit geistlichen Mitteln Trost zu spenden. Sie las ihnen aus der Bibel vor oder betete mit ihnen zusammen. Einmal berichtete sie mir – nicht ohne Betroffenheit –, daß eine der Frauen sie freundlich, aber bestimmt, gebeten habe, sie nicht in dieser Weise trösten zu wollen; es sei gewiß gut gemeint, ihr könne das jedoch nicht dienen. Sie habe aber eine letzte Bitte: Man solle sie nach ihrem Tode mit einer deutschen Fahne bedecken. Eine ungewöhnliche Frau – ich mußte viel über sie nachdenken. In ihren letzten Lebenstagen, als sie nicht mehr aufstehen konnte, hatte ich sie ein wenig näher kennengelernt. Sie klagte nicht und war für jede kleine Hilfeleistung dankbar. Offenbar hatte sie sich ihre Lebensauffassung mit großer innerer Stärke bis zum Ende ihres Lebens bewahren können. Ihren durch den unglücklichen Krieg verursachten Tod faßte sie wohl als selbstverständliches Opfer auf und wollte wie ein Soldat bestattet sein. Diese Haltung machte auf mich einen tiefen Eindruck.

Es starben noch viele in dem überfüllten Haus. Elisabeth schrieb gewissenhaft ihre Namen und den Todestag in ein kleines Büchlein. Wenn sie bei den letzten Gesprächen mit den Todkranken Namen und Anschrift der nächsten Angehörigen erfahren konnte, so schrieb sie auch dies auf, damit sie ihnen später, falls es einmal möglich sein sollte, Nachricht geben könnte. In dem Büchlein mehrten sich die Namen, bald waren es zehn, dann zwanzig. Schließlich zählten wir über sechzig Tote – in einem Zeitraum von wenigen Wochen.

Tagsüber hatte ich wenig Zeit, über unsere Lage nachzudenken. Abends sank ich erschöpft auf den Fußboden. Nachts erwachte ich von Schweißausbrüchen. Kalter, klebriger Schweiß bedeckte den ganzen Körper und näßte die Kleidung; sie mußte dann am Körper allmählich wieder trocknen. Der Durchfall zwang mich oft, mehrmals aufzustehen. Dennoch sank ich nach solchen Unterbrechungen wieder in den Schlaf. Wenn ich dann in der trostlosen Frühe des Tages fröstelnd auf dem Hof vor den Aborten anstand, vor mir in langer Schlange die hinfälligen, von der Krankheit gezeichneten Gestalten, da dämmerte mir immer mehr die Erkenntnis, daß wir in diesem Hause allmählich alle zugrunde gehen würden; es war nur eine Frage der Zeit, wann man selber an der Reihe war. Die Tatsache aber, daß ich trotz krankhafter Beschwerden und abnehmender Körperkräfte mich noch nützlich machen konnte, verdrängte vorübergehend solche düsteren Gedanken.

Inzwischen mochte es Anfang oder Mitte April gewesen sein, als an einem frühen Vormittag – Elisabeth, einige Kinder und ich waren gerade in der Küche beschäftigt – eine Frau etwa meines Alters durch die Küchentür trat und mit ausgebreiteten Armen auf Elisabeth zuging. „Endlich!" rief Elisabeth und schloß sie in die Arme. Es war das Kindermädchen der Familie, mir von Erzählungen der Kinder schon als „Tante Trudel" bekannt. Sie hatte seit Jahren die immer größer werdende Kinderschar betreuen und erziehen helfen. Besonders aber war sie Elisabeth in herzlicher Zuneigung und Treue ergeben. Gleich zu Anfang des Russeneinfalls wurde sie verschleppt und mußte – wie ich – Flugplätze planieren. Nun endlich war es ihr zusammen mit einer Kirchheimer Leidensgefährtin gelungen, dem Lager zu entkommen und in langen Fußmärschen auf Umwegen die Rückwanderung zu schaffen. Die beiden Frauen waren mehrere Tage unterwegs gewesen und hatten zuletzt in den Furchen eines Ackers übernachtet. Völlig entkräftet, aber in ihrer Zuversicht ungebrochen, war Trudel nun zurückgekehrt. Wir wurden miteinander bekannt gemacht, und schon beim ersten Händedruck wußte ich, daß wir uns gut verstehen würden. Das gegenseitige Du war uns von Anfang an selbstverständlich.

Trudel war doch einige Jahre älter als ich, aber das fiel nicht weiter ins Gewicht. In ihrem Beruf war sie geschickt und tüchtig. Ihr Frohsinn gewann ihr die Herzen der Kinder. Als Berlinerin hatte sie eine mir vertraute Redeweise, und es war ein Vergnügen, sich mit ihr im Berliner Tonfall zu unterhalten. So begann mit Trudel für mich ein neuer Zeitabschnitt; ich hatte wieder eine fast gleichaltrige Kameradin, deren humorvolle Schlagfertigkeit zusammen mit dem Sinn für Komik mir so manchen dunklen Tag wie ein paar verstohlene Sonnenstrahlen erhellte.

Nun mußte Trudel sich erst in das seit ihrer Verschleppung sehr veränderte Hauswesen mit all seinen ungewöhnlichen Belastungen hineinfinden. Aber nach der wochenlangen Trennung erschien ihr der Aufenthalt in dem wohlbekannten Haus und bei der ihr so nahestehenden Familie dennoch als die Erfüllung all ihrer Wünsche. Bei der Heimkehr hatte sie gleich gefragt, ob wir – wie sie selbst – auch so viele Kleiderläuse bekommen hätten. Ich wußte bis zu diesem Augenblick nicht einmal, daß es Kleiderläuse gab. In unangenehmer Erinnerung aus der frühen Grundschulzeit hatte ich nur Kopfläuse. Trudel machte ihr schalkhaftes Gesicht. „Guck lieber mal nach", riet sie mir. Wir waren seit Wochen nicht aus den Kleidern gekommen. Meine Sachen hatten schon sehr gelitten. Die Trainingshose war unten zerfetzt und verschmutzt. Wenn Elisabeth mir auch schon ab und zu ein Wäschestück aus dem verstreuten Vorrat zugesteckt hatte, so fehlte es mir doch an der äußeren Bekleidung. Vorsichtig zog ich in einer ruhigeren Stunde die Trainingshose aus, um sie nach dem neuen Ungeziefer abzusuchen. Überrascht und bestürzt sah ich im unteren Teil der Hosenbeine ein graues Gewimmel von großen Läusen. Trudel lachte und half mir sogleich beim Absammeln. Nun waren alle aufgeschreckt. Jeder untersuchte seine Kleidung. Es setzte eine wahre Jagd nach dem Getier ein, leider aber ohne bleibenden Erfolg. Elisabeth saß eines Abends auf ihrem Lager, hatte ihr Hemd ausgezogen und reinigte es sorgfältig von den Läusen. Dabei zählte sie gewissenhaft und kam auf 32 Tierchen. Am nächsten Morgen prüfte sie dasselbe Hemd und zählte über 60 Läuse. Es schien hoffnungslos zu sein, der Plage auf diese Weise Herr zu werden. Manche Leute rieten, die befallenen Kleider zu vergraben und sie nach längerer Zeit wieder auszugraben. Das sollte den vermehrungsfreudigen Tierchen den Garaus machen. Aber wer konnte das unter den gegenwärtigen Umständen ausprobieren? Trudel sagte: „Zieh diese alte Hose aus! Ich habe noch einen Trägerrock von mir gefunden. Den kannst du haben." Und so bekam ich einen hellblauen Trägerrock aus dünnem, seidensamtartigem Stoff, der zwar schon etwas abgetragen war, für mich aber in dieser Zeit die schönste Bekleidung bedeutete. Eine weiße Bluse fand sich noch dazu, und so erschien ich mir und auch den anderen wie ein neuer Mensch und für den Frühling gerüstet. Die Trainingshose wie die graue Flanellbluse reinigte ich, besserte sie aus, so gut es ging, und verwahrte beides zusammen mit dem schmalen Lederriemen, der die Hose so lange gehalten hatte, in einem Schrankfach.

Nach den Winterwochen löste milderes Wetter die bittere Kälte ab. Hinter dem Pfarrhaus war ein großer runder Rasenplatz angelegt, um den herum ein Gartenweg lief. Bei trockenem Wetter versuchten nun einzelne Flüchtlingsgruppen, sich auf diesem Gartenweg eigene Feuerstellen zu schaffen, um dort ihre Suppe zu kochen, wie ich selber das vordem in Moorbach getan hatte. Im großen Halbkreis hockten die Menschen bei ihren qualmenden Feuern. Der Anblick war ungewohnt und erinnerte an fahrendes Volk vergangener Zeiten. „Guck mal", sagte Trudel und zog mich ans Küchenfenster, „heute abend ist Rummel (berlinisch für Jahrmarkt)! Die bauen schon auf!" Aber mir war es nicht zum Scherzen zumute. Die Romantik des Bildes war zu sehr überschattet von der grausamen Wirklichkeit. Es ging täglich um das nackte Leben. Wer würde morgen tot aus dem Hause getragen werden?

7.

An einem der nächsten Tage hieß es plötzlich wieder, das Haus müsse sofort geräumt werden. Es sollte nur für eine kürzere Zeit mit Soldaten belegt werden, wir dürften diesmal im Ort bleiben. Nun mußten über 100 Menschen sich eine neue Bleibe suchen. Elisabeth und die Jungen fanden in Eile ein unbewohntes Siedlungshaus, bei dem Fenster und Türen noch einigermaßen in Ordnung waren. Es lag am Rande des Dorfes, doch nicht allzu weit vom Pfarrhaus entfernt. Dort hinein zogen wir mit unserer großen Familie. Einige, meist alte, alleinstehende Frauen schlossen sich uns an. Das kleine Haus hatte drei Räume, dazu eine schmale Küche. In den Zimmern standen außer drei Bettstellen keine Möbel mehr, die Einrichtung der kleinen Küche enthielt aber noch das Allernotwendigste. Wir waren etwa 20 Personen. In das kleinere Zimmer legten wir die Kranken, im Nebenraum schlief fast die ganze Eckner-Familie mit Trudel und mir. Nur die größeren Jungen hatten den Schlafplatz in dem vorderen Raum, zusammen mit einigen Flüchtlingen. In unserem Raum stand eine

Liege. Darauf bereiteten wir für die sehr gebrechlich gewordene alte Frau Eckner ein Lager. Wir anderen schliefen auf dem Fußboden.

Trotz aller Enge empfanden wir bald, daß wir uns allmählich wohler fühlten. Unsere Krankheitsmerkmale begannen abzuklingen, wir wurden gesünder. Die Räumung des großen, überfüllten Pfarrhauses, das ein Sterbehaus geworden war, hatte uns vor dem drohenden Untergang bewahrt. Ob die Russen vor dem Einzug der neuen Soldaten das Haus desinfiziert hatten? Nötig wäre es sicher gewesen.

Unsere neue Unterkunft lag abseits der Hauptstraße. Obwohl das Dorf wieder voller Soldaten war, hatten wir meist ruhige Nächte. Bei Tage wurde die Bevölkerung zur Arbeit kommandiert. Zu zweit erschienen bewaffnete Soldaten in den Häusern und holten sich Arbeitskräfte. Bei uns in der Familie durfte Elisabeth bei den Kindern bleiben. Die anderen Frauen im Hause waren zum Arbeiten zu alt oder krank oder beides. So wurden nur Trudel und ich wiederholt mitgenommen. Unsere größte Angst dabei war stets, von der Straße weg verschleppt zu werden. Denn die grünen Wagen waren wieder unterwegs. Oft mußten wir die Straßen fegen. Da sich nicht genug Besen dazu fanden, hatten wir die Straße mit den Händen abzusammeln, d.h., wir mußten nicht nur Unrat, sondern auch kleinste Steinchen und Hölzchen auflesen, in Körbe sammeln, zu kleinen Haufen zusammentragen und diese dann beseitigen. Die Arbeit schien oft ganz sinnlos, weil die Straße mitunter schon gesäubert war; dennoch wurden wir damit pausenlos unter Aufsicht beschäftigt. Meistens aber bestand die Zwangsarbeit darin, die Zimmer in den Häusern von den vielfältigen Gerätschaften, die sich nach den wechselnden Belegschaften angesammelt hatten, leerzuräumen. Wir mußten all diese Gegenstände in Nebengebäude bringen und sie dort bis an die Decke hineinstopfen. Wurden zu anderer Zeit gerade diese Räume wieder in Anspruch genommen, mußte alles wieder ausgeräumt und woanders verstaut werden. Bei solchen Arbeiten fand ich eines Tages mitten im Unrat eine lederne Aktentasche. Trotz der Verschmutzung erkannte ich sofort, daß es eine gute Tasche war, wie ich sie früher als Schultasche besessen hatte. Ich schob sie unauffällig zur Seite. Sie erinnerte mich an meinen geliebten Beruf, dessen Ausübung unwiederbringlich verloren schien. Aber wenn es möglich wäre, daß wir eines Tages von den deutschen Truppen befreit würden und dabei überlebten, dann hätte ich doch gleich eine Schultasche für meine Unterrichtsarbeit. Dieser Gedanke belebte mich innerlich den ganzen

Tag. Am Abend brachte ich die Tasche – unter den Kleidern verborgen – in unser Siedlerhaus. Sorgfältig reinigte ich sie, und alle bestaunten das gute Stück und freuten sich mit mir. Dann haben wir sie sorgsam versteckt. Der Gedanke an meine „Schultasche" ließ seitdem bei mir beständig ein winziges Hoffnungsfünkchen glimmen.

Eines Tages wurden Trudel und ich zum Wäschewaschen geholt. Man hatte in einem Garten ein großes Zelt aufgeschlagen. Drinnen lagen Berge von schmutziger Soldatenwäsche. Zwei Holzwannen mit je einem Waschbrett standen auf Böcken davor. Das Kommando führte ein weiblicher Soldat. Mit barscher Stimme – ohne ein Wort Deutsch – trieb die Uniformierte uns zur Arbeit an. Ihre Rede schien ein fortwährendes Schimpfen zu sein. Wir schleppten das Wasser heran. Unsere guten deutschen Waschmittel standen in reichlicher Menge auf dem Boden herum. Trudel und ich verhielten uns wie Marionetten, die nach einer von einem Fremden bedienten Mechanik die anbefohlenen Tätigkeiten ausübten. Wir bekamen nun mit Gesten und lautem Gezeter Anweisung, wie wir zu waschen hätten: Die Wäschestücke ins kalte Wasser tauchen, aufs Waschbrett legen, Waschmittel darauf streuen und rubbeln, danach auswringen – fertig! Trudel sah mich aus den Augenwinkeln an. Ich konnte trotz ihres ernsten Gesichtsausdrucks an den winzigen Augenfältchen sehen, daß sie innerlich lachte, daß sie sich über das tolle Mannweib lustig machte. Im Waschkorb trugen wir die ausgewrungene Wäsche hinaus ins Freie. Dort mußten wir sie über die angrenzenden Zäune zum Trocknen aufhängen. „Lustig ist das Zigeunerleben", sang Trudel leise vor sich hin. Die Wäschestücke waren sehr verschmutzt, besonders die Männerunterhosen. Trudel breitete sie über dem Waschbrett aus und sagte dann mit entsprechender Handbewegung über die großen braunen Flecken: „Guck mal, Asien!" Man hatte uns verständlich gemacht, daß wir nach Hause gehen dürften, wenn jede von uns den meterhohen Wäscheberg neben dem Waschfaß geschafft hätte. So beeilten wir uns, und der Hunger trieb uns noch dazu an. Als wir endlich am frühen Nachmittag fertig waren, wurde uns ein neuer Berg Wäsche mit Gezeter hingeworfen. Da war's dann aus mit unserem Eifer. „Na, warte!" sagte Trudel. Als wir nach Hause gingen, hatte sie sich Persil- und Sil-Pakete unter die Kleider gestopft. „Für unsere erste große Wäsche zu Hause!" flüsterte sie mir zu. Ich zitterte bei dem Gedanken, man könnte den Diebstahl bemerken. „Diebstahl?" zischte sie wütend. „Sie selber haben das doch gestohlen! Ich trage nur unser Eigentum nach Hause!" Dann lachte sie über ihren so groß gewordenen Busen und die breiten Hüften, die sie bekommen hatte. Wir gelangten ungehindert nach Hause, und Trudel zeigte stolz ihre Schätze vor. Alle freuten sich. Ob wir wohl einmal richtig „große Wäsche“ haben würden? – Wir mußten noch einige Tage russische Soldatenwäsche waschen. Unsere Bewacherin ging etwas gelinder mit uns um, wohl, weil die Schmutzwäsche abnahm. Trudel hatte aber einen schönen Vorrat an Waschmitteln zusammengebracht.

Wenn wir nicht zur Arbeit abgeholt wurden, gab es genug im Haus zu tun. Es mußte für das Essen gesorgt werden. Morgens gab es nach wie vor die Reibselsuppe nach dem Rezept aus Moorbach. Der Herd in der kleinen Siedlerküche war benutzbar. Das nötigste Küchengerät hatten wir uns zusammengesucht. Zu Mittag mußten Kartoffeln für zwanzig Personen geschält und gekocht, vor allem aber herbeigeschafft werden. Noch gab es Vorräte in den Kellern leerstehender Häuser. In den Gärten begann der Rhabarber zu wachsen, eine willkommene Abwechslung in unserer vitaminarmen Ernährung. Bäume und Sträucher begrünten sich allmählich. Ich sah es mit Verwunderung. Wir waren so aus der Lebensbahn geworfen, daß ich meinte, auch die Natur müßte in ihrer jahreszeitlichen Entwicklung stocken. Aber nein – es begann Frühling zu werden, ein anderer zwar, als ich ihn bisher gekannt hatte. Welch Frohgefühl verband sich bislang schon allein mit dem Wort „Frühling“! Mit vielen Liedern wurde er in der Schule herbeigewünscht, begrüßt und gefeiert. Unter unseren jetzigen Verhältnissen war alles natürlich ganz anders.

Elisabeths Schwiegermutter, die feine, zierliche alte Dame, wurde zusehends schwächer und matter. Die Organe versagten immer öfter den Dienst, sie bedurfte der Pflege. Doch kam nie ein Wort der Klage über ihre Lippen. Wenn die Sonne schien, betteten wir sie in einen alten Armstuhl vor dem Haus. Dann bat sie vielleicht einmal um ein Zweiglein mit jungem Grün vom Strauch am Zaun, betrachtete es versonnen und hielt wohl Zwiesprache mit den zarten Blättern, bis sie einschlummerte oder aber ihre Mahlzeit gereicht bekam.

Eines Tages – Elisabeth war mit Trudel zusammen im Dorf, um Kranke zu besuchen, und ich war gerade mit dem Kochen der Mittagssuppe beschäftigt – erschien an unserer Haustür ein bärtiger Mann in Zivilkleidung. Die Kinder hatten ihm auf sein Klopfen hin geöffnet. Er hatte meinen Namen genannt und nach mir gefragt. Nun riefen sie mich herbei. Ich näherte mich mit beklommener Verwunderung der Tür – dann durchfuhr mich ungläubiges Erstaunen. Draußen stand der Musiklehrer meiner alten Berliner Schule, bei dem ich von der Sexta bis zum Abitur Unterricht gehabt hatte. Ich erkannte ihn sofort, trotz des Bartes; Stirn und Augen waren unverkennbar. Ich reichte ihm die Hand und zog ihn herein in unser Notquartier. Das unverhoffte Wiedersehen hatte mir die Sprache verschlagen. In die Freude, dem verehrten Lehrer gegenüberzustehen, mischte sich Sorge. Wie kam er hierher? Woher wußte er, daß ich in diesem Ort, in diesem fremden Haus zu finden war? Als ich ihm vor mehr als drei Jahren meine Verlobungsanzeige geschickt hatte, war er schon Soldat, und sein Glückwunsch kam mit der Feldpost. Ich führte ihn in die kleine Küche, und während ich meine Arbeit fortsetzte, saß er auf dem wackligen Küchenstuhl und erzählte seine Geschichte. Er gehörte zu einem Truppenteil, den man zuletzt an die Ostfront geschickt hatte, zu spät und zu schwach, um die russischen Panzer noch aufzuhalten. Die Feinde fielen über sie her, wie sie über uns hergefallen waren. Es gelang ihm unter den widrigsten Umständen, sich in einem Keller zu verbergen, in dem leere Fässer standen. Bei einer Durchsuchung hatte man ihn nicht gefunden, er hatte unter einem solchen Faß gehockt. Qualvolle Stunden hatte er dort ausgehalten. Wunderbar war seine Rettung dadurch, daß er des Nachts deutsche Menschen fand, die ihm Zivilkleider gaben. Der Bart, der sein Gesicht bedeckte, ließ ihn älter erscheinen, als er war. Eine ausgeheilte frühere Verwundung am Bein, die ihn ab und zu schmerzte, brachte ihn auf den Gedanken, das Bein auffällig nachzuziehen, so daß er noch älter und gebrechlicher erschien. Kilometer um Kilometer war er nun gewandert. Wohin? Er hatte sich in der Neumark befunden. Von meiner Verlobungsanzeige her wußte er, daß ich in Wallburg Lehrerin war. Und so hatte er sich durchgefragt, in der Hoffnung, mich dort anzutreffen oder sich wenigstens auf mich berufen zu können. Wurde er unterwegs kontrolliert, so gab er seinen wahren Namen an, als Beruf aber nicht Lehrer, sondern Organist, was nicht einmal die Unwahrheit war, weil er tatsächlich nebenberuflich eine Organistenstelle innehatte; er sei von seiner Familie getrennt worden und nun unterwegs, sie zu suchen. So war er bis Wallburg gekommen und schließlich bei See-Groths gelandet. Dort hatte man ihn als meinen ehemaligen Lehrer gut aufgenommen. „Sogar ein Klavier gab es dort!“ erzählte er, und über sein Gesicht ging ein strahlendes Lächeln. Von See-Groths erfuhr er, daß ich mit Pastor Eckner über Seedorf wahrscheinlich nach Kirchheim gegangen sei. Daraufhin hatte er sich – etwas erholt und gestärkt – auf die Wanderung nach Kirchheim gemacht, wo er nach Eckners gefragt hatte. Und nun war er auch richtig bei uns angekommen. Obwohl das Wiedersehen vernünftig zu erklären war, erschien es mir doch wie ein Wunder. Herr Feldhaus, erfüllt von tiefer christlicher Frömmigkeit, sah in all unserem Elend eine göttliche Führung, die ihn auch fest hoffen ließ, daß er eines Tages nach Berlin zu seiner Frau und den beiden Kindern zurückkehren würde.

Die Mittagssuppe war bei all dem Erzählen fertig geworden. Elisabeth kam mit Trudel von ihren Krankenbesuchen heim, und so konnte ich die beiden mit meinem Besuch bekannt machen. Die Kinder wurden zum Essen gerufen. Jeder bekam seinen Teller Suppe, auch mein Lehrer. Nach der Mahlzeit verabschiedeten sich Elisabeth und Trudel und gingen wieder ins Dorf, während ich in der Küche das Geschirr spülte. Herr Feldhaus saß auf dem Küchenstuhl, Helgard trocknete in ihrer stillen Art das Geschirr ab, und dabei erzählte ich nun meine Geschichte. Wir sprachen anschließend über alles, was uns bewegte, und das Gespräch mündete zuletzt in religiöse Bahnen. Herr Feldhaus versuchte, mir auf meine grüblerischen Fragen eine Antwort zu geben. Warum z. B. waren wir beide – er und ich – bis jetzt in allen Gefahren behütet worden, während so viele andere, nicht weniger unschuldige Menschen ein oft grausiges Ende gefunden hatten? Wir stritten nicht. Er bekannte sich zu seinem festen Gottvertrauen, ich blieb der ungläubige Thomas, der sich mit seinen Zweifeln plagte. Helgard sagte mir hinterher, daß ich manche Schüsseln und Teller, die sie nach dem Abtrocknen auf den Tisch gestellt hatte, zwei- oder sogar dreimal abgewaschen hätte, so vertieft war ich in das Gespräch.

Herr Feldhaus wollte nicht bei uns übernachten. Er hatte nur eine Ruhepause eingelegt und sich als Tagesziel einen Ort gesetzt, der von uns aus in erreichbarer Nähe lag und in dem er Freunde und Bekannte zu treffen hoffte. So erhob er sich, als ich die Küchenarbeit beendet hatte, und nahm Abschied. Ich war traurig, daß ich ihm für unterwegs nichts zu essen mitgeben konnte. „Ich bin hier nur zusätzlich", sagte ich beklommen, „es sind so viele Kinder." Aber dann kam mir ein Gedanke. Ich ging zum Brotkasten, in dem ein angeschnittenes Brot lag, gute Menschen aus dem Dorf hatten es uns geschenkt. Ich schnitt ein Stück ab. „Nehmen Sie dieses, es ist mein Anteil vom Abendbrot." Er wollte nicht, aber ich drängte es ihm auf. „Es ist das einzige, was ich Ihnen schenken kann." Meine Stimme begann zu versagen. Da nahm er's, drückte mir die Hand und verließ das Haus. Ich trat an das Fenster und schaute ihm nach, wie er, die Straße meidend, quer übers Feld ging, leicht vornübergeneigt, den einen Fuß nachziehend, in Kleidern, die ihm nicht paßten, ein müder, alter Mann ... Vor mir stieg die Erinnerung an so manchen festlichen Konzertabend in unserer Schulaula auf, wo er, ein schlanker junger Mann im Frack, unseren Schulchor mit Schwung und Hingabe dirigierte ... Dort zog sie dahin, unsere glückliche Schulzeit ... Vorbei alles wie ein schöner Traum ... – Als die dunkle Gestalt allmählich meinem Blick entschwand, schloß ich für einen Augenblick die Augen, und ein trockenes Schluchzen kam aus meiner Brust. Da fühlte ich, wie ein Arm sich sanft um meine Schultern legte. Helgard stand hinter mir.

In jene Tage fiel Trudels Geburtstag. Er unterschied sich nur wenig von allen anderen Tagen. Morgens sangen wir zusammen „Lobe den Herren ...“ Dann empfing das Geburtstagskind unsere Glückwünsche. Anschließend ging jeder seiner Arbeit nach. Während Elisabeth fast immer unterwegs war, um Kranke aufzusuchen, sie zu versorgen und zu trösten, und Trudel sie dabei treu begleitete, wenn unsere Zwangsarbeit es zuließ, kümmerte ich mich um unseren notdürftigen Hausstand und die Kinder. Dazu mußten die bei uns untergebrachten Kranken betreut werden. Dem alten Fräulein Neumann ging es damals besonders schlecht. Die Kranke konnte schon seit Tagen nicht mehr ihr Lager verlassen, und so wusch ich sie immer auf ihrer kargen Bettstatt. In jämmerlicher körperlicher Verfassung, furchtbar abgemagert und ganz kraftlos, lag sie dann vor mir. Sie schämte sich ihrer Gebrechlichkeit, war dankbar für die geringe Hilfe, die uns unter den gegebenen Umständen möglich war, und bedauerte mich meiner Arbeit wegen. Wie jeden Tag sprach ich ihr auch heute gut zu, während ich den alten, ausgemergelten Körper wusch, dessen Haut unendlich viele winzige Fältchen hatte und wie zerknittertes graues Seidenpapier aussah. Ein wenig Mut und Frohsinn versuchte ich ihr zu vermitteln und hatte die Freude, daß sie sich allmählich aus ihrer Verkrampfung löste und sogar ein bißchen lächelte. Als ich zuletzt das Zimmer verließ und an der Tür noch einmal zurückschaute, schien sie – sauber gekämmt und mit der Decke ordentlich zugedeckt – entspannt zu schlafen.

Draußen war mildes Wetter. Die kleineren Kinder tummelten sich im Hof, die größeren waren irgendwo unterwegs, Helgard betreute ihr jüngstes Brüderchen, und Großmutter saß im Armstuhl vor dem Haus in der Sonne. Ich machte die kleine Wohnung so sauber wie möglich – die Pumpe auf dem Hof gab Wasser genug – und bereitete die Mittagssuppe. Daß heute Geburtstag war, hatte ich nicht vergessen. Vom ersten Rhabarber hatte ich ein

Schüsselchen Kompott gekocht und mit dem in der Küche noch vorgefundenen Zuckerrest sparsam gesüßt. Als wir uns dann abends zum Schlafen auf dem Fußboden zusammenfanden, gab es für jeden eine Untertasse voll Rhabarberkompott. Wir genossen es wie eine köstliche Speise und waren fast heiteren Gemüts. Als wir zuletzt das leere Geschirr wieder einsammelten, kam jemand aus dem Krankenzimmer und sagte, Fräulein Neumann habe zu atmen aufgehört, ob wir einmal nach ihr sehen würden. Elisabeth begab sich sofort an das Bett, und wir warteten bedrückt. Sie kam bald zurück und nickte uns ernst zu. „Fräulein Neumann ist tot", sagte sie und dann: „Wir müssen sie hinausschaffen." Ich erhob mich, aber ebenso schnell war Trudel auf den Beinen. „Wir beide machen das", bestimmte das Geburtstagskind und ergriff mich beim Arm. Wir legten die Tote auf die Decke, mit der ich die Kranke am Morgen zugedeckt hatte, faßten jeder an zwei Zipfeln an und trugen sie so durch die beiden Zimmer über die am Boden liegenden Gestalten hinweg zur Haustür hinaus. Vom klaren Himmel tauchte der Vollmond unsere Hofstelle in sein seltsames, kaltes Licht. Mühsam brachten wir unsere Last die kleine Außentreppe hinunter, sorgsam darauf bedacht, nirgendwo anzustoßen, als ob die Tote es spüren könnte. „Merkwürdiger Geburtstag", sagte Trudel tiefsinnig, als wir unsere Last, die mit jedem Schritt etwas hin- und herschwankte, über den kleinen Hof zum Schuppen trugen. „Was soll das wohl für mein neues Lebensjahr bedeuten?" Ich merkte, wie ihr – trotz allem – der Schalk im Nacken saß, und dachte: Wenn man so viele Schrecken wie wir in den vergangenen Wochen hinter sich gebracht hat, schaltet das Gemüt wie eine schützende Sicherung das natürliche Empfinden ab; so wird auch das Grausige für den Augenblick bewältigt. Fräulein Neumann hatte ihren Frieden. Was aber stand uns noch bevor? Als wir ins Haus zurückkamen, hatten die anderen sich schon zum Schlafen auf ihrem Lager ausgestreckt. Nur Helgard saß noch im Dämmerlicht aufrecht auf ihrem Schlafplatz. Seit langem schon schlief sie neben mir. „Du hast so schöne weiche Arme", sagte sie einmal, „ich schlafe gern neben dir." Jetzt flüsterte sie mir zu, als ich mich niederließ: „Schlaf gut, Tante Leni", und streichelte leicht meinen Arm. Das gute Mädchen!

Endlich kam der Tag, an dem wir in das Pfarrhaus zurückkehren durften. Die Zahl der Mitbewohner hatte sich etwas verkleinert. Nach Fräulein Neumann starb noch eine zweite ältere Frau. Von den anderen Flüchtlingen blieb eine alleinstehende alte Frau, die nicht mehr sicher auf den Beinen war, bei uns, ebenfalls eine Frau mit ihrer erwachsenen Tochter und deren beiden kleinen Kindern, einem zarten Kerlchen von vier Jahren und einem Säugling, der unterwegs auf der Flucht geboren worden war.

In den Stuben des Pfarrhauses standen nur noch die größeren Möbelstücke an ihrem Platz. Alles andere hatte man oben auf dem Boden verstaut oder in die Scheune gebracht. Wir waren froh, daß nicht alles – wie meist üblich – aus den Fenstern geworfen worden war. Es schien, daß in dem Haus wieder einmal nicht einfache Soldaten, sondern Offiziere mit ihrem Stab gewohnt hatten. Zunächst gingen wir wie immer daran, uns Schlafplätze zu schaffen. Die Flüchtlingsfamilie bekam die geräumige Giebelstube auf dem Boden; sie konnte auch noch den Bodenraum nutzen. In einer kleinen auf dem Boden ausgebauten Schlafkammer mit schrägem Dachfenster fand die alte, bettlägerige Frau Hartwig ihr Unterkommen. Trudel und mir wurde die kleine Stube gegenüber der Küche zugeteilt. In dem noch immer ziemlich unberührten „Salon“, der neben unserem Zimmer lag, stellten wir ein Bett für die alte Frau Eckner auf. Der kleine Wilfried hatte, wie vorher schon, sein Stübchen nahe der Küche, daneben, im vorherigen Elternschlafzimmer, schlief Elisabeth mit den beiden Mädchen. Die Jungen waren im „blauen Schlitz“ – einem schmalen Zimmer neben dem großen Eßzimmer – dessen Wände blaßblau getüncht waren, untergebracht. Sie schliefen in doppelstöckigen Betten. Es stellte sich bei der Aufteilung heraus, daß für jeden eine Bettstatt vorhanden war. Decken und Kissen mußten mühsam zusammengesucht werden. Tage und Wochen dauerte es, ehe alles noch Brauchbare der Einrichtung wieder an Ort und Stelle stand. Vieles fehlte und wurde erst später in anderen Häusern entdeckt oder blieb für immer verschwunden. Elisabeth hatte es sich zur Aufgabe gemacht, den völlig durchwühlten Schreibtisch ihres Mannes wieder ordentlich einzuräumen. Manche wichtig erscheinenden Papiere fanden sich, wenn überhaupt, auf dem Boden oder im Holzstall. Nach dem Abendbrot saß Elisabeth Tag für Tag in dem Vorderzimmer, las trotz allmählich zunehmender Dämmerung jeden Zettel, jedes Blatt und ordnete alles ein. Hatten wir hellen Mondschein, so setzte sie ihre mühevolle Arbeit bis in die Nacht hinein fort.

Wir wohnten nun wieder nahe der Hauptstraße, und es begannen von neuem die unruhigen Nächte. Die Besatzung des Dorfes wechselte in kurzen Abständen. Eines Abends – Elisabeth saß gerade wieder im mondhellen Vorderzimmer, wir anderen beschäftigten uns in der Küche beim Feuerschein des Herdes – waren russische Soldaten fast unbemerkt durch die noch nicht für die Nacht versperrte Haustür geschlichen. Ein lautes Klappen ließ uns aufhorchen und die Gefahr erkennen. Trudel, die beiden Mädchen und ich ergriffen die Flucht über den hinteren Flur durch die dunklen Zimmer nach vorn zur Bodentreppe. Elisabeth aber war gleich zu Anfang von einem Russen im Vorderzimmer überrascht worden. In unserem Bodenversteck dachten wir mit großer Sorge an sie, aber zu unserer Erleichterung kam sie bald die Treppe heraufgeeilt. „Ein Russe trat plötzlich zu meinem Schreck durch die Tür", berichtete sie noch etwas atemlos, „aber gleich darauf stürzte Egbert herein." Der Zwölfjährige sprang den Russen, der seine Mutter handgreiflich bedrängte, von hinten an und umklammerte dessen Oberkörper samt den Armen. Der Überraschte ließ vor Schreck sein Opfer fahren, um sich des Jungen zu erwehren. So konnte Elisabeth zu uns flüchten. „Aber was ist mit Egbert?" fragte ich besorgt. „Er ist unter das Sofa geflitzt", berichtete Elsisabeth, und es war, als ob sie leise lachte. „Ich sah es noch gerade von der Tür aus. Das Sofa ist so niedrig, daß er darunter vor Schlägen ziemlich sicher ist." Wir lauschten angespannt und hörten bald, wie die Eindringlinge das Haus verließen. Dem Jungen war in der Tat nichts geschehen. Uns allen erschien er als ein tapferer Held.

Unter den Dorfbewohnern gab es wieder zunehmend Schwerkranke, zu denen Elisabeth gerufen wurde. Bald mußte sie erkennen, daß die Menschen an Typhus erkrankt waren. Sie suchte deshalb den derzeitigen Kommandanten auf, meldete die ansteckende Krankheit und drängte ihn, uns ein Haus zur Verfügung zu stellen, in dem wir die Kranken des Dorfes isoliert versorgen könnten. Er ging schließlich mit ihr zusammen durch das Dorf. Es war nicht leicht, ein nur wenig zerstörtes und einigermaßen geeignetes leeres Haus zu finden. Gerade, als der Kommandant, wie Elisabeth berichtete, ungeduldig wurde, fand sich eines, das zudem nicht zu weit vom Pfarrhaus entfernt lag. Es gab darin drei Räume und eine Küche. Wo das Fensterglas fehlte, nagelten die Jungen Bretter davor. Die nicht mehr verschließbare Haustür machte uns wenig Sorge. Dieses Haus mit den Typhuskranken würde wohl kein Russe betreten. Nach der Säuberung der Räume wurden die Kranken aufgenommen. Bettstellen und Bettzeug schafften die Angehörigen herbei. Alles war nur aufs notdürftigste eingerichtet, und so begann Elisabeth ihre Arbeit in unserem „Krankenhaus", ohne jedes Medikament, ohne Desinfektionsmittel, ohne Arzt. Ihre ständige Helferin war Trudel. Meine Arbeit im Krankenhaus beschränkte sich darauf, früh am Morgen die Nachteimer zu leeren, die Kranken zu waschen und zu kämmen und die Betten zu machen. Dann lösten mich Elisabeth und Trudel ab und blieben den Tag über bei den Kranken, kochten für sie und versorgten sie bis zum Abend, während mir zu Hause die Kinder und der Hausstand anvertraut blieben.

Unsere Patienten, im allgemeinen acht bis zehn an der Zahl, hatten meist sehr hohes Fieber. Wurden Nachtwachen nötig, so blieben Verwandte bei den betreffenden Kranken. Ein zwölfjähriger Junge lag längere Zeit in dem Haus. Er war schwerkrank und ständig im Fieberwahn. Seine Haut hatte sich gelblich gefärbt, seine Lippen waren trocken und verkrustet, seine Augen standen weit offen. Er war nicht mehr ansprechbar. Sein abgemagerter Körper bewegte sich in großer Unruhe hin und her. Der Junge wühlte in seinem Bett herum, richtete sich jäh auf, wollte es verlassen, fiel dann wieder schwer auf das Lager zurück. Dabei stieß er allerlei wilde Laute aus, keuchte oder wimmerte. Jede Nacht wachte seine alte Großmutter bei ihm. Wenn ich morgens kam, saß sie noch am Bett und sprach ihm zu, hielt seine unruhigen Hände, nahm ihn in den Arm, streichelte sein heißes Gesicht. Ich kannte damals den Verlauf dieser Krankheit noch nicht, aber ich meinte, daß dieses Kind nicht mehr gesund werden könnte. Dennoch – eines Tages ließ das Fieber etwas nach; der Junge begann, ruhiger zu schlafen. Langsam, sehr langsam, gesundete dann das Kind. Ich glaube, daß am meisten die unermüdliche, liebende Fürsorge seiner Großmutter geholfen hat, den jungen Menschen am Leben zu erhalten.

Nicht alle unsere Kranken wurden gesund, viele starben, darunter auch ein achtjähriges Mädchen. Aber sie starben menschenwürdiger als jene, die irgendwo am Wege liegengeblieben waren. Denn früher, wie auch in späteren Tagen, kamen unsere Kinder mitunter atemlos nach Hause gelaufen und berichteten: „Mutter, im Graben an der Landstraße liegt ein alter Mann, er ist aber noch lebendig!" Dann machte sich Elisabeth sofort auf, ihn zu holen. Auf einer einrädrigen Karre, wie sie die Kleinbauern zum Grünfutterholen benutzten, brachte sie eigenhändig die Kranken nach Hause. Mit viel Geduld und großer Gewissenhaftigkeit wurde der körperlich völlig verwahrloste Mensch von allem Ungeziefer befreit, behutsam, aber gründlich, von Kopf bis Fuß gewaschen, in frische Wäsche gekleidet und, ordentlich gekämmt, ins saubere Bett gelegt. Natürlich wurde auch versucht, ihm etwas Nahrung einzuflößen. Es dauerte meist nur einen Tag, bis der Kranke nun doch für immer einschlief. Elisabeth teilte es uns dann mit einem wehmütigen Lächeln mit: „Ich habe wieder einmal einen für den

Himmel sauber gemacht." Ich bewunderte ihr hingebungsvolles Tun. Zu jener Krankenhauszeit – es mochte Mitte April sein – hörten wir beim Erwachen aus weiter Ferne ein schweres Dröhnen und Grollen. Ich lief sogleich zur Hintertür des Hauses und schaute in die Richtung, woher das rollende Donnern in ununterbrochener, fast gleichmäßiger Stärke kam. Aber am nördlichen Horizont war nichts zu sehen. Schloß ich die Augen, so schien es mir, als zöge sich am Himmelsrand eine breite Mauer aus dumpfgrollenden Tönen dahin. Jemand sagte: „Das ist die Stalinorgel." Das Wort „Orgel" in diesem Zusammenhang erschien mir wie eine Lästerung. Ich dachte: Wenn dies alles Schüsse aus Kanonen sind, wie muß das Gebiet aussehen, wo die Geschosse ihr Ziel erreichen? Die „Stalinorgel" war stundenlang in Gang, und das auch in den folgenden Tagen. Und ich dachte noch: Wird nun von den Deutschen zurückgeschossen? Wird man die Russen aufhalten und trotz allem besiegen können? Und würde man uns zuletzt befreien? Mit wieviel Blut würde unsere Freiheit bezahlt werden müssen? Meine Gedanken ließen sich nicht ordnen, es war alles so schwer zu begreifen. Ich konnte darüber auch mit niemandem sprechen, weder mit Elisabeth noch mit Trudel. Vom Standpunkt eines gläubigen Christen sah sich alles anders an. Man brauchte nicht zu grübeln, alles stand in Gottes Hand: „Bist du doch nicht Regente, der alles führen soll, Gott sitzt im Regimente und führet alles wohl." (Paul Gerhardt in dem Lied: „Befiehl du deine Wege.") Wenn man das fest glauben könnte, hätte man einen sicheren Stand.

Wir sangen jeden Morgen und jeden Abend zusammen ein Kirchenlied. Elisabeth las morgens vor dem Frühstück die Losung des Tages aus einem Büchlein vor. So konnte ich mich täglich mit dem jeweiligen Bibelspruch beschäftigen, seine Weisheit und Tröstung auf mich wirken lassen oder aber ihn einer kritischen Prüfung unterziehen. Auf diese Weise befand ich mich in steter Auseinandersetzung, der ich aber keine Stimme verlieh. Wir hatten im Haus noch einige Gesangbücher, und die größeren Kinder waren immer eifrig bemüht, uns Erwachsenen das angesagte Lied aufzuschlagen. Viele Lieder kannte ich noch aus dem Religions- und Konfirmandenunterricht; aber hier sangen wir immer sämtliche Strophen eines Liedes, und die kannte ich doch nicht alle. Es war sehr schön, mit der Eckner-Familie zusammen zu singen. Elisabeth hatte eine wohlklingende Sopranstimme. Die Kinder waren alle musikalisch, einige in besonders hohem Maße. Sie erfanden beim Singen eine zweite und sogar eine dritte Stimme zur Melodie. Der Zusammenklang der hellen Jungen- und Mädchenstimmen brachte mir jedesmal einen musikalischen Genuß, der meinem Gemüt eine rechte Wohltat war. Die Liedertexte spielten dabei für mich zunächst nur eine untergeordnete Rolle. Aber zuweilen bewegte mich der Inhalt der Strophen doch sehr; sie schienen manchmal genau für unser jeweiliges Erleben geschrieben zu sein. Wenn das zutraf, dann stammte der Text meist von Paul Gerhardt (1607–1676). Ich wußte solche Liederverse bald auswendig, ohne sie gelernt zu haben, und sie kamen mir oft unwillkürlich in den Sinn; denn ich fand darin unsere Lebenslage genauso beschrieben, wie der Dichter sie schon vor 300 Jahren erlebt haben mochte. Der Vergleich drängte sich geradezu auf, z.B. in den Versen der folgenden Lieder:

Aus „Wach auf, mein Herz, und singe ..."

> ... Heut, als die dunklen Schatten
> mich ganz umfangen hatten,
> hast du, o Gott, gewehret,
> daß mich kein Leid versehret.
> ...
> Schlaf wohl, laß dir nicht grauen,
> du sollst die Sonne schauen,
> Dein Wort, das ist geschehen,
> ich kann das Licht noch sehen.

Aus „Die güldne Sonne ..."

> ... Mein Haupt und Glieder,
> die lagen danieder,
> aber nun steh ich,
> bin munter und fröhlich,
> schaue den Himmel mit meinem Gesicht.

Aus „Du meine Seele singe ..."

> ... Er weiß viel tausend Weisen
> zu retten aus dem Tod,
> er nährt und gibet Speisen
> zur Zeit der Hungersnot,
> macht schöne rote Wangen
> oft bei geringem Mahl,
> und die da sind gefangen,
> die reißt er aus der Qual.

Aus „Befiehl du deine Wege ..."

> ... Der Wolken, Luft und Winden

gibt Wege, Lauf und Bahn,
der wird auch Wege finden,
da dein Fuß gehen kann.
...
... Er wird dein Herze lösen
von der so schweren Last,
die du zu keinem Bösen
bisher getragen hast.

Solche Worte sagten mir, daß Menschen aus anderen Zeiten vor uns in den gleichen Nöten gelebt und um Furcht, Verzweiflung und Todesnot gewußt hatten. Ihre Erfahrungen, in schlichte Worte gefaßt, waren für mich tröstlich und ließen mich immer wieder hoffen, daß auch unsere Not einmal ein Ende haben werde.

8.

Der Monat Mai hatte schon begonnen. Es war am frühen Morgen. Ich hatte die Kranken bereits versorgt und begab mich auf den Heimweg. Ein schöner Tag mit klarblauem Himmel und strahlender Frühlingssonne zog herauf. In den Gärten blühten die ersten Sträucher und Bäume. Als mein gewohnter Weg mich zur Straße führte, sah ich schon von weitem Lastwagen um Lastwagen vorüberrollen. Sie waren von unruhigen, lärmenden Soldaten besetzt. Ich konnte die Straße nicht überqueren und blieb unschlüssig stehen. Die Soldaten winkten und riefen mir allerlei Unverständliches zu. Sie sind wohl – wie so oft – betrunken, dachte ich und kehrte mich nicht daran. Dann aber vernahm ich Worte, die mich aufhorchen ließen. „Krieg kaputt! Krieg kaputt!“ Sie lachten und winkten mit beiden Armen. Bald konnte ich keinen Zweifel mehr haben: Der Krieg war aus. – Aber ich fühlte keine Erleichterung. Wie ein großer, schwerer Stein legte es sich auf mein Herz, daß mein Atem stockte. Der Krieg war aus und also für uns verloren. Wir konnten nicht mehr auf Befreiung aus unserer Lage hoffen, Deutschland war besiegt, und wir befanden uns in der Gewalt seiner Feinde. Ich mußte mich niedersetzen, so schwach war mir zumute. Eine Weile saß ich so am Wegrand, lehnte den Kopf an den Stamm eines jungen Baumes und suchte mich zu fassen. Mit verschleiertem Blick sah ich über mir prangende Kirschblüten vor dem blauen Himmelsgrund. Wie sollte nun das Leben weitergehen, ohne einen Hoffnungsschimmer, für immer unfrei, unterdrückt, gejagt? Was sollte aus

Deutschland werden? Wehe den Besiegten! – Als die Straße wieder frei war, eilte ich nach Hause zu meinen Pflichten. Ich weiß nicht, ob die anderen die Nachricht, die ich mitbrachte, genauso niederschlug wie mich. Wir sprachen nur wenig darüber. Jeder mußte wohl auf seine Weise damit fertig werden. Es dauerte längere Zeit, bis ich das Dunkel, in dem bisher immer noch ein Funken Hoffnung auf Befreiung geschimmert hatte, ertragen lernte. „Die Forderung des Tages" ließ keine Zeit zu quälenden Grübeleien, der Gedanke an die Zukunft wurde verdrängt. Ich war dankbar, daß ich doch eine lebenswerte Aufgabe hatte, und die Zuneigung und Anhänglichkeit der Kinder war mir eine tägliche Tröstung.

Unser Leben ordnete sich in etwas ruhigere Bahnen. Endlich konnten wir den lange ersehnten Waschtag halten. Dank Trudels „Umsicht" hatten wir für dieses erste Mal noch richtige Waschmittel. Alles, was wir an brauchbarer Wäsche und Kleidung auffinden konnten, wurde zusammengeholt. Dazu gehörten auch übriggebliebene Kleidungsstücke der Verstorbenen. Es fanden sich Wäscheleinen und Klammern, sogar ein Wäschekorb und ein Bügeleisen mit zwei eisernen Bolzen. Die große, schwere Wäschemangel mit ihren Holzrollen, die bisher immer nur als Türsperre gegen gewalttätige Eindringlinge gedient hatte, konnte nun auch erstmalig wieder ihrem eigentlichen Zweck zugeführt werden. So gab es an einem sonnigen Frühlingstag ein großes Waschfest. Alle halfen bei der Arbeit. Der große Waschkessel in der Küche wurde angeheizt und mehrmals mit kräftiger Lauge und der vorher eingeweichten Wäsche gefüllt. An zwei Waschbrettern lösten wir drei Frauen uns beim Waschen ab. Viele Eimer Wasser mußten herbeigebracht werden, damit wir hinterher alles spülen konnten. Bald hingen die ersten Laken und Bezüge auf der Leine und flatterten im Wind – ein lange entbehrter Anblick. Und welch Wohlgefühl genossen wir später alle, als wir nach Monaten zum ersten Mal wieder saubere Wäsche anziehen und in frischbezogenen Betten schlafen konnten.

Das militärische Treiben im Dorf erschien uns zunächst etwas ruhiger. Da die Vorbereitungen der eigentlichen Kampfhandlungen aufgehört hatten, erlebten wir die wechselnden Besatzungen mehr als Durchreisende. Aber nach wie vor waren sie für uns Frauen nicht ungefährlich. Die beiden Haustüren mußten jeden Abend bei Dunkelwerden versperrt werden. Der nun dreizehnjährige Egbert hatte inzwischen ein ausgeklügeltes Hindernissystem dafür entwickelt. Vor die vordere, nicht mehr verschließbare Haustür wurde zunächst wieder die Wäscherolle geschoben.

Mit einem über zwei Meter langen Rundholz, wohl einer alten Deichsel, die Egbert herbeigeschafft hatte, stemmte der Junge die Tür gegen den Fuß der Bodentreppe ab. Der lange Baum lief somit schräg in geringer Höhe über den Fußboden hinweg durch den Vorderflur. Vor diese beiden Sicherungen stellten wir einen Tisch, auf dem wir Stühle kunstvoll aufeinanderstapelten. Wurde die Tür gewaltsam geöffnet, so stürzten als erstes die oberen Stühle mit großem Gepolter auf die Holzdielen herunter. Das war dann für uns das Alarmzeichen. Wir sprangen aus den Betten und liefen im schützenden Dunkel durch den Flur zur Bodentreppe. Durch die aufgebauten Hindernisse gewannen wir meist so viel Zeit, auf den Boden in unser Versteck zu gelangen. Aber manchmal schafften wir das nicht mehr, und es begann wieder die wilde Jagd durch das Haus. Inzwischen war dann einer der großen Jungen zur Kommandantur gelaufen, um Hilfe zu holen.

Einmal waren bei dem Alarm Trudel und ich, aus unserem Zimmer kommend, die Treppe hinaufgeeilt. Oben öffneten die Flüchtlinge die Tür, die gleich links neben der Treppe lag und daher im Vorbeilaufen von den Russen leicht übersehen werden konnte. Wir schlüpften hinein. Unmittelbar danach hörten wir hastige Schritte auf der Treppe. War das Elisabeth? Da gellte ein angstvoller Schrei durch das Haus: „Mutter!!" Das war Helgards Stimme. Sie mußte sich unten im Flur befinden. Und nun Elisabeths lauter Zuruf unmittelbar vor unserer Zimmertür: „Ich komme, mein Herzel!" Danach Gepolter auf der Treppe. Ich drängte mich zur Tür. „Ich muß raus!" stieß ich hervor und versuchte, Trudels Hand von meinem Arm zu lösen. Doch die Flüchtlingsfrau und ihre Tochter verstellten mir die Tür. „Sie gefährden uns alle!" flüsterten sie aufgeregt. „Sie müssen hierbleiben!" Ich drückte die Hände auf meinen Mund, denn ich wußte nicht mehr aus noch ein, und schreien durfte ich nicht. Sekunden vergingen. Die Angst um das Mädchen und seine Mutter war furchtbar. Dann hörten wir die Jungsstimmen, gleich darauf russische Kommandolaute. Es gab einen heftigen Wortwechsel, jemand schoß; dann entfernte sich allmählich der Lärm, und es wurde still. Wir holten tief Luft, ehe wir vorsichtig die Tür öffneten. Trudel und ich eilten in unseren Nachtkleidern nach unten. Aus der Küche drang Lichtschein. Dort trafen wir alle zusammen, nur Helgard fehlte; sie hatte sich bereits wieder zu Bett gelegt. Elisabeth berichtete uns das nächtliche Geschehen. Helgard hatte den Weg zur Treppe nicht mehr geschafft. Als Elisabeth die Stufen, die sie gerade noch erreicht hatte, wieder hinuntergelaufen war, sich gegen die andrängenden Russen wehrend, sah sie das

Mädchen in seinem fußlangen Nachthemd mitten auf dem langen Flur stehen, angeleuchtet von den Taschenlampen, kreidebleich und zitternd vor Schreck und Angst. Elisabeth war auf sie zugelaufen und hatte sie in ihre Arme genommen. Es mag sein, daß dieser Anblick die wilden Soldaten ein paar Sekunden zurückgehalten hat, gerade lange genug, bis die rettende Militärstreife erschien. – Nachdem wir die Haustür auf die gewohnte Weise versperrt hatten, legten wir uns wieder zu Bett. Obwohl wir nicht sicher waren, ob dies für heute die einzige Nachtstörung bleiben würde, schliefen wir schließlich doch wieder ein.

Ich trug noch immer den Zinkleimverband um mein linkes Fußgelenk. Meine Beschwerden waren geringer geworden, an das Nachziehen des Fußes hatte ich mich gewöhnt. Wie mochte es nach so vielen Wochen – weit über ein Vierteljahr war vergangen – unter dem Verband aussehen? Ob der Bruch ordentlich verheilt war? Würde ich ohne die Stütze des Verbandes überhaupt gehen, d.h. also auftreten können? Sollte ich lieber alles so lassen, wie es war, damit ich weiterhin alle Fluchtwege schaffen konnte? Ich besprach meine Bedenken mit Elisabeth, und mit ihr zusammen faßte ich dann eines Morgens den Entschluß, den Verband abzulösen. Unter viel Mühe gelang es uns, die steife Hülle aufzuschneiden. Vorsichtig nahmen wir sie von der Haut. Alles schien heil zu sein. Zwar sah die Haut weiß und wie aufgeweicht aus, aber sie zeigte keinerlei Verletzung oder Entzündung. Zuerst versuchte ich nun, den Fuß im Gelenk zu drehen. Als das ohne Schmerz möglich war, wollte ich den Fuß aufsetzen. Das aber machte große Mühe, der Fuß war ganz kraftlos, wenn auch ohne eigentlichen Schmerz. Elisabeth, die erfahrene Krankenschwester, sagte gleich: „Du mußt nun tüchtig üben, dann kräftigen sich die Muskeln wieder.“ Zunächst konnte ich nur hinken. Am schwersten war es, die Treppe hinaufzugehen. Ich mußte wie ein kleines Kind den gesunden Fuß auf die Stufe setzen und dann den schwachen nachholen. Doch froh und dankbar konnte ich feststellen, daß der Knochenbruch richtig verheilt war und die Haut unter dem Verband trotz aller Erschwernisse keinen ernstlichen Schaden genommen hatte. Das Laufen zu üben, hatte ich tagsüber genug Gelegenheit. Beim Treppensteigen überprüfte ich immer, wie weit ich Fortschritte gemacht hatte. Als ich dann nach längerer Zeit einmal bei Tag die Treppen hinaufeilte, um etwas vom Boden zu holen, merkte ich, daß ich unversehens die Stufen wie ein gesunder Mensch genommen hatte. Der Fuß war wieder funktionstüchtig. Zurück blieb nur noch eine gewisse Schwäche.

Draußen im Garten und auf den Feldern war es nun überall Frühling geworden. Mit wieviel Freude hatte ich früher diese schöne Jahreszeit erlebt! Jetzt bestand ein krasser Gegensatz zwischen der sich schmückenden Natur und dem verstörten, verdunkelten Gemüt. Alles erschien mir seltsam fremd und unbeseelt. Das wärmere Wetter brachte uns indessen eine ganze Reihe von Vorteilen. Wir litten nicht mehr so stark unter der unzureichenden Kleidung und konnten viele Arbeiten draußen in Luft und Sonne verrichten. Auch begann allerlei heranzuwachsen, wovon wir uns ernähren konnten. Die Kinder brachten verschiedene wildwachsende Kräuter herbei, mit denen wir das Essen – noch immer im Grunde nichts anderes als Kartoffeln – würzen konnten. So war z. B. der wilde Meerrettich für uns eine Kostbarkeit. Brennesseln, die ich in Massen pflückte, aßen wir als Spinat. Der zuerst noch vorhandene Salzvorrat war inzwischen zu Ende gegangen. Da fanden eines Tages unsere Jungen bei einem ihrer täglichen Streifzüge einen halb aufgerissenen Papiersack mit rotem Viehsalz im Chausseegraben. Sie brachten ihn auf der einrädrigen Holzkarre ins Haus. Wir waren zunächst etwas ratlos. Ich meinte, was dem Vieh nicht schadet, könne auch uns Menschen nicht ernsthaft gefährden. Aber die rote Farbe – stellte sie vielleicht ein Warnzeichen dar? Wir beschlossen, einen kleinen Teil des Salzes vorsichtig und schnell zu waschen, d. h. durchzuspülen. Tatsächlich verblaßte dabei die Farbe zusehends. Wir strichen das feuchte Salz dünn auf ein Blech und ließen es trocknen. Die groben Kristalle blichen zuletzt bis zu weißrosa und wirkten nun ganz appetitlich. Wir Erwachsenen kosteten davon, und da sich keine bösen Folgen einstellten, verwendeten wir fortan das Salz beim Kochen. Bei der großen Familie war der gewaschene Vorrat aber bald aufgebraucht. Wir haben dann noch einmal einen Teil des roten Salzes gewaschen. Danach gaben wir das Waschen auf – es ging dabei zuviel verloren. Würden wir jemals wieder Salz bekommen? Wir mußten auf jeden Fall mit dieser Kostbarkeit sparsam umgehen. – Aus den noch immer vorhandenen Kartoffeln ließen sich viele verschiedene Gerichte kochen, sozusagen ohne Zutaten. Man sagte sich im Dorf die „Rezepte“ zu; so lernte ich manche neue Mahlzeit kennen, andere erfand ich selbst. Kartoffelklöße aus rohen oder gekochten Kartoffeln, geriebene rohe Kartoffeln als Kartoffelpuffer in der Pfanne auf Salz gebacken (wir hatten keinerlei Fett), geriebene rohe Kartoffeln in der Form im Backofen gebacken und natürlich unsere allmorgendliche Reibselsuppe, Salzkartoffeln am Sonntag, Pellkartoffeln am Alltag. Von dem ausgedrückten rohen Kartoffelbrei ließen wir das Wasser stehen und gewannen dadurch ein wenig Kartoffelmehl. Es bedurfte vieler Phantasie, um immer wieder einmal eine anders schmeckende Soße oder Suppe herzustellen. Als die Himbeeren und Johannisbeeren im Pfarrgarten reiften, hatten wir sogar einen Nachtisch frisch vom Strauch, natürlich ohne Zucker, denn der war schon längst aufgebraucht.

Spürbar begannen wir, uns zu erholen. Luft und Sonne erfrischten unseren Körper. Elisabeth schlug vor, daß ich bei ruhiger Lage mit den Kindern morgens Frühsport machen sollte. Wir waren begeistert. Morgens wurde geweckt, und gleich ging's – wenn keine Russen in der Nähe waren – leicht bekleidet hinaus in den Vorgarten zum Laufen und zu fröhlicher Gymnastik mit vielen Atemübungen. Für eine Viertelstunde betätigte ich mich wieder als die von ihrem Beruf begeisterte Lehrerin.

Zu dieser Zeit bekamen wir unverhofften Besuch: Frau Buchwald stand eines Nachmittags vor unserer Tür. Sie war am frühen Morgen nach Wallburg aufgebrochen, um nach der Gemeinde ihres Mannes zu sehen, in der sie selbst jahrelang gewirkt und Freunde gewonnen hatte. Alle, die noch im Ort waren, habe sie wiedergesehen, nun sei sie auf dem Rückweg – wie sie sich vorgenommen – bei uns eingekehrt. Nach der frohen Begrüßung mußte sie erzählen. Sie wohnte noch immer mit ihrer Mutter zusammen in Moorbach. Die beiden Kinder waren wohlauf. Ich fragte nach Else. „Sie ist nicht mehr bei uns", sagte Frau Buchwald ein wenig bekümmert. Als sie und das Mädchen – getrennt an verschiedene Stellen – zur Arbeit befohlen waren, hatte Else zufällig Leute aus ihrem Heimatdorf getroffen, die sie gut kannte. Sie wußten, daß ihre Eltern lebten und noch in ihrem Dorf geblieben waren. Elses Bekannte, die offenbar nur für kürzere Zeit verschleppt worden waren, befanden sich auf dem Weg zurück in ihr Dorf. Da hatte Else – wahrscheinlich und verständlicherweise von großem Heimweh befallen – diese Gelegenheit wahrgenommen und sich ihnen ohne Zögern angeschlossen. Eine Moorbacherin, von Else darum gebeten, brachte am Abend Frau Buchwald die Nachricht. „Nicht einmal Zeit hatte sie, ihr kleines Bündel Sachen zu holen", sagte Frau Buchwald. Sie habe nun inzwischen die wenigen Kleidungs- und Wäschestücke weggegeben, wo sie nötig gebraucht wurden. Nur Elses Wintermantel sei noch übrig. Und zu mir gewandt, fuhr sie fort: „Sie haben doch ungefähr die gleiche Größe wie Else – darf ich Ihnen bei nächster Gelegenheit den Mantel überlassen?" Ich sollte einen Mantel bekommen, Elses Wintermantel! Dankbar nahm ich das Anerbieten an und dachte dabei an meine tapfere kleine Schlafkameradin.

Möge sie ihre Eltern wiedergefunden haben und wohlauf sein, wünschte ich mit einer warmen Aufwallung meines Herzens.

Frau Buchwald brachte auch eine traurige Nachricht mit. Auf Umwegen hatte sie erfahren, daß ihr verschleppter Vater in einem Lager, etwa zwanzig Kilometer von Moorbach entfernt, gestorben sei. Deutsche Mitbürger hatten den verehrten Geistlichen auf dem Kirchplatz des Ortes begraben. Frau Buchwald beabsichtigte, wenn irgend Gelegenheit wäre, das Grab des Vaters aufzusuchen. – Bei einem späteren Besuch in Kirchheim konnte sie uns berichten, daß sie in Moorbach von einem Mitglied der Gemeinde ein schlichtes Holzkreuz mit dem eingebrannten Namen des Vaters, seinen Lebensdaten und der Angabe einer Bibelstelle hätte anfertigen lassen. Im Einverständnis mit ihrer Mutter hat sie sich dann zu dem Ort aufgemacht und dort das Grab gefunden. Freundliche Dorfbewohner hatten es, so gut es unter den gegebenen Umständen möglich war, bisher betreut und halfen ihr nun auch, das Kreuz auf dem Grab zu errichten. So konnte sie zu ihrem Teil für ein wenig Schmuck an diesem Ort beitragen. Sie war zufrieden und dankbar zu wissen, wo ihr Vater ruht und daß sie an seinem Grabe seiner hatte gedenken können. –

Nun mußte sie mir von Wallburg und den Meinen erzählen. Sie lebten, waren gesund. Allerdings war auch mein Schwager Hans inzwischen verschleppt worden. Die ältere Schwester meines Verlobten, Lene, hatte im Frühjahr, als auch ihr Mann abgeholt worden war, ihren Neubauernhof in einem Dorf bei Pyritz verlassen und sich, mit einem Rucksack auf dem Rücken, auf dem über 25 km langen Fußmarsch bis nach Wallburg durchgeschlagen. Mutter Groth und ihre beiden Töchter waren mit anderen Dorfbewohnern zusammen in einem Arbeiterhaus untergekommen, wo die drei eine Stube für sich hatten. Frau Buchwald hatte ihnen von meinem Verbleib erzählt. Sie war noch ganz erfüllt von dem Wiedersehen mit den Wallburgern. Doch hatte sie auch manches Traurige erfahren, so wußte sie von neuen Todesfällen im Dorf zu berichten; es sei aber in Wallburg verhältnismäßig ruhig gewesen, etwa wie hier bei uns. Unsicherheit herrsche allerdings überall, und man müsse unterwegs vorsichtig sein und möglichst unauffällig bleiben. – Frau Buchwald blieb über Nacht bei uns. Am nächsten Tag trat sie mit frischer Kraft den Rückweg nach Moorbach an.

Die Nachrichten aus Wallburg erregten mich sehr, besonders auch noch hinterher, als Frau Buchwald längst gegangen war. Mich überfiel eine große Sehnsucht dorthin. Zwei, drei Tage überlegte ich, ob ich es wohl wagen sollte, mein Dorf aufzusuchen. Schließlich besprach ich mein Anliegen mit Elisabeth. Sie konnte mich gut verstehen. In Kirchheim sei jemand, der sich in der Umgebung gut auskenne. Von ihm erfuhr sie, daß es einen Weg nach Wallburg gab, der abseits der großen Straße durch Felder und Waldgelände verlief.

Mein Gedanke, nach Wallburg zu gehen, war aufregend und abenteuerlich für die ganze Familie. Unsere eigenen Beobachtungen in der näheren Dorfumgebung – die Jungen waren gute Kundschafter – bestätigten uns, daß gegenwärtig im freien Gelände kaum Russen anzutreffen seien. Nur auf der Hauptstraße fuhren ab und zu einzelne Lastwagen oder kleinere Kolonnen von Militärfahrzeugen. So hofften wir, daß ich meine Wanderung unbeschadet durchführen könnte. Da machte Elisabeth einen für mich völlig überraschenden Vorschlag: Eines der älteren Kinder sollte mich begleiten. Zuerst wehrte ich erschrocken ab, wenn mir auch vor Freude das Blut ins Gesicht stieg. Unter den „Großen" hob sogleich ein Wettstreit an, und die Mutter entschied zuletzt, was sie sicher schon lange vorher überlegt hatte, daß Helgard mit mir gehen sollte. Elisabeth war es wohl nicht entgangen, daß das große Mädchen sich in seiner stillen, zurückhaltenden Art etwas an mich angeschlossen hatte. Helgard war sicher schon der Gedanke, mich allein begleiten zu können, eine besondere Freude. „Ich möchte später nicht so viele Kinder wie Mutter haben", hatte sie einmal zu mir gesagt. Ich hatte daraufhin verwundert nach dem Grund gefragt. „Dann hat man nicht genug Zeit für jedes einzelne Kind", war ihre leise Antwort. Sie hätte wohl gern die geliebte Mutter öfter für sich allein gehabt.

Trotz mancher Beklemmungen war es nun Helgard und mir zumute, als wollten wir einen großen Ferienausflug unternehmen. In Wallburg sollten wir übernachten, um am nächsten Morgen die Rückwanderung ausgeruht beginnen zu können. Bei frühlingshaftem, sonnigem Wetter machten wir uns morgens auf den Weg, den uns der Mann aus dem Dorf beschrieben hatte. Es war herrlich, durch die frischgrünen Felder und Wiesen zu wandern und später durch den lichten, sonnendurchfluteten Mischwald, dessen grünendes Unterholz die Spuren des Kriegstreibens verdeckte. Wir umgingen die Siedlungen und hielten – mit kleineren Umwegen – die vorgegebene Richtung ein. Am späten Vormittag sahen wir, aus dem Walde tretend, den mir wohlbekannten Kirchturm von Wallburg. Das spornte uns trotz zunehmender Ermüdung zu schnelleren Schritten an. Und alsbald hatten wir unser Ziel erreicht, ohne auf dem langen Wanderweg einem Menschen begegnet zu sein. Durch Frau Buchwalds

Beschreibung fand ich sogleich die Unterkunft von Mutter Groth und ihren Töchtern. Überraschung, Freude und Rührung waren bei diesem ersten Wiedersehen nach meinem Abschied Anfang Februar groß. Helgard und ich genossen das Ausruhen und das Mittagessen, das sogleich auch für uns bereitet worden war. Die Bauersleute verstanden es noch besser als wir, sich die notwendigste Nahrung zu beschaffen; sie besaßen von ihrer Wirtschaftsweise her reichlichere Vorräte. Natürlich hatten auch sie kein Fleisch, kein Fett, keine Eier. Dennoch wurde uns eine schmackhafte Mahlzeit vorgesetzt, und wir durften uns richtig satt essen. Nachmittags gab es selbstgebackenes Brot, das uns wie Kuchen schmeckte. Wir hatten uns viel über unsere Erlebnisse zu erzählen. Abends fragte ich, ob hier nachts auch die Russen kämen. „Manchmal schon“, sagte Lore, „aber derzeit ist es verhältnismäßig ruhig.“ Helgard und ich erhielten unseren Schlafplatz in den nebeneinanderstehenden Ehebetten der einstigen Bewohner, in denen auch noch meine beiden Schwägerinnen schliefen. Es war eine ruhige Nacht, wir fielen in einen gesunden, tiefen Schlaf. Als wir uns am nächsten Morgen, gut ausgeruht und durch das Frühstück gestärkt, auf den Heimweg machten, schenkten uns meine Verwandten ein ganzes Brot für unsere Familie. Meine beiden Schwägerinnen begleiteten uns ein Stück die leere Dorfstraße entlang. Da kam uns ein Mann entgegen, der mich freudig-erstaunt mit meinem Namen begrüßte. An seinem freundlich-breiten Lächeln erkannte ich ihn wieder: Es war der Pole Antek, „unser“ Antek, der auf Groths Hof nach dem Polenfeldzug bis zum Einfall der Russen, also jahrelang, gearbeitet hatte und der seinem „Chef“, wie er meinen Verlobten stets nannte, treu ergeben war. Als mein Verlobter nach dem Polenfeldzug und zweijähriger Freistellung wieder zum Einsatz drängte und bald darauf zum zweiten Mal in den Krieg zog, hatte Antek mit besonderem Fleiß und großer Zuverlässigkeit Mutter Groth zur Seite gestanden. Ich hatte oft in den Erntezeiten oder im Winter, wenn das Korn gedroschen wurde, mit ihm zusammen gearbeitet. Antek schüttelte mir die Hand. Dann erzählte er in seinem gebrochenen Deutsch, wie es ihm seit Februar ergangen war. Die Russen hatten ihn zurück in seine polnische Heimat geschickt. Tagelang war er mit anderen Landsleuten zusammen unterwegs gewesen, um in seinen Heimatort zu gelangen. Als er ihn endlich erreicht hatte, mußte er feststellen, daß das Kriegsgeschehen dort alles zerstört hatte. „Alles kaputt“, sagte er mit trauriger Stimme, „dort nicht leben, nix Haus, nix Essen.“ So war er den weiten Weg wieder zurückgekommen, hierher nach Wallburg. „Hier auch nicht gutt, aber besser als in Polen." Dann fügte er, verzweifelt den Kopf schüttelnd, hinzu: „Wie das hier aussehen – oh, wenn unse Chef das sehen!" Ich drückte dem Treuen die Hand, und wir wünschten uns gegenseitig alles Gute.

Unsere Rückwanderung durch das menschenleere Gelände verlief gut. Mittags erreichten wir Kirchheim, freudig begrüßt von der Familie. Das Brot löste natürlich großen Jubel aus. Dann mußten wir über alles genau berichten. Als ich abends im Bett lag, noch immer mit meinen Gedanken bei den Erlebnissen des Besuchs, erschien es mir wie ein Wunder, daß wir auf dem langen Wege nicht zu Schaden gekommen waren. Mein Verlangen war nun gestillt, ich hatte meine Lieben wiedersehen dürfen. Dafür war ich sehr dankbar. –

Zu meinen Aufgaben im Haus gehörte es, die alte Frau Hartwig oben in der Mansarde zu betreuen. Sie war eine geduldige Patientin, anspruchslos und dankbar für jede kleine Hilfeleistung. Mit dem Leben hatte sie längst abgeschlossen; ihre körperlichen Kräfte nahmen mehr und mehr ab, aber ihr Geist war klar und rege. Sie erwartete fast mit Sehnsucht ihren Tod. Wenn ich ihr die täglichen Mahlzeiten brachte, so traf ich sie wohl auch manchmal schlafend an. Durch mein Eintreten geweckt, waren dann ihre ersten Worte: „Ach, ich lebe ja immer noch!" und tiefe Enttäuschung klang in ihrem Seufzen. Es berührte mich als jüngeren Menschen seltsam, daß jemand so gefaßt und bereit zum Sterben war. Einmal sagte sie: „Fräulein Leni, Sie haben mich so treu gepflegt, ich möchte Ihnen vor meinem Tod gern etwas schenken." Ich wehrte ab, aber sie fuhr unbeirrt fort: „Ich habe nur noch meine Ohrringe, die sind aus Gold. Bitte, nehmen Sie mir die Ringe ab, und behalten Sie den Schmuck als Andenken." Ich war gerührt, aber ich konnte ihr diese Bitte nicht erfüllen, es wäre mir wie eine Beraubung erschienen. Mit aller Behutsamkeit versuchte ich, sie davon abzubringen und zu überzeugen, daß es solcher Geschenke nicht bedürfe, denn was ich tat, wäre doch nur Menschenpflicht, und ich täte es gern. – Frau Hartwig verließ uns bald für immer, und Elisabeth schrieb einen weiteren Namen in ihr Buch.

Mitte Juni wurden wir jäh aufgeschreckt. Morgens erhielten wir den mündlichen Befehl, wir hätten in einer Stunde marschfertig das Haus zu verlassen. Es ginge zu Fuß nach Deutschland, „übber Odder". Bis zur Oder waren es mindestens 50 Kilometer. Wir hatten – außer der bettlägerigen Großmutter – gerade zwei kranke Kinder, die mit Fieber und typhusähnlichen Beschwerden das Bett hüteten. Die beiden älteren Jungen schafften in aller Eile einen kleinen Bauernwagen herbei. Wir anderen trugen das Nötigste schon zusammen und begannen dann, den Wagen zu beladen. Ich traute meinen Augen nicht, als Egbert plötzlich mit zwei Pferden auftauchte und sich anschickte, sie vor den Wagen zu spannen. Aber da hatte er die Rechnung ohne den Wirt gemacht. Zwei russische Soldaten waren ihm offenbar gefolgt. Mit wütendem Wortschwall und eindeutigen Drohgebärden gegen den Jungen ergriffen sie die Pferde beim Zaum und führten sie weg. Unser Gepäck füllte den Wagen und türmte sich allmählich auf. Zuoberst richteten wir das Bettzeug zu einem Lager und legten zum Schutz gegen die Witterung alte Decken darüber. Dann betteten wir vorsichtig Großmutter und die beiden kranken Jungen oben auf den Wagen und sicherten sie mit Stricken gegen das Herunterfallen. Aus der Wäscheleine knoteten die Jungen zwei lange Seilschlingen, mit denen wir Großen uns abwechselnd vor den Wagen spannen wollten. Die Übrigen sollten den Wagen schieben. Wir dachten in all der Aufregung nur immer an das Nächstliegende. Elisabeths Gesicht war verschreckt und traurig, Trudel war blaß vor angstvoller Erregung, mich selbst erfüllte tiefer Groll und Trotz. Aber keiner konnte seinen Gedanken nachhängen. Eilig liefen wir aneinander vorbei ins Haus hinein und wieder hinaus, uns hin und wieder durch Zuruf gegenseitig an dies und jenes noch Mitzunehmende erinnernd. Zuletzt – eine Stunde ist kurz, wenn man für elf Personen rüsten muß – wurde Friederlein in die Sportkarre gesetzt, und Gerhard und ich spannten uns als erste vor den Wagen. Als wir uns gerade ins Zeug legten, den Wagen von der Stelle zu bringen, bog in höchster Eile der Kommandant mit seinem Gefolge um die Hausecke. Er stürzte, wild gestikulierend, auf die erschrockene Elisabeth zu. „Hast du Vogel?" schrie er und tippte mehrmals mit dem Zeigefinger auf seine Stirn, „du hier bleiben bei kranke Menschen, Typhus!!" Wir standen alle einige Augenblicke ganz still. „Nicht weggehen, hierbleiben!" sagte er noch einmal laut mit befehlsgewohnter Stimme. Wir sahen einander stumm an, zuckten mit den Schultern und begannen langsam mit dem Abladen. Die Gedanken liefen umso schneller durch den Kopf. Mit unserer schweren Fuhre nicht der Landstraße und einem sehr ungewissen Schicksal ausgeliefert zu sein, das war zunächst eine große Erleichterung. Aber in unserem alltäglichen Leben würde sich nichts ändern, es blieb alles beim alten, und das war schlimm genug. Und wie würde es einmal mit uns weitergehen, wenn es keine Typhuskranken, kein „Krankenhaus" mehr gäbe? Während ich hin und her ging und die Dinge vom Wagen an ihren gewohnten Platz stellte, dachte ich daran, wie sehr ich mir in den ersten Tagen des Russeneinfalls gewünscht hatte, über die Oder zu gelangen. Ich dachte an viele meiner Verwandten und Freunde, für die ich nun schon seit einem halben Jahr als verschollen gelten mußte. Wenn dies heute nun die letzte Möglichkeit gewesen wäre, zu ihnen zurückzukehren? Mir wurde auch bewußt, daß ich bettelarm war. Ich malte mir das Wiedersehen aus und war überzeugt, daß mir jede meiner Kusinen und Freundinnen zumindest ein Stück von ihrer Wäsche und Kleidung abgeben würde, bis ich mir durch Arbeit alles wieder selbst beschaffen könnte. Solche träumerischen Gedanken wurden aber verjagt, als ich plötzlich daran dachte, daß der Krieg auch jenseits der Oder getobt hatte. Wie würde es jetzt wohl in Berlin aussehen, dessen Bombenschäden schon bei meinem letzten Aufenthalt einen grauenhaften Eindruck bei mir hinterlassen hatten? Gab es nun für mich nirgendwo mehr einen Platz, der Ruhe und Geborgenheit bot?

Der Elendszug der Austreibung verließ ohne uns das Dorf. Wir waren aber nicht die einzigen, die im Dorf zurückblieben, wie wir später feststellten. Die Angehörigen unserer Typhuskranken hatten bleiben dürfen. Auch wer anders krank und nicht gehfähig war, wurde zurückgelassen. Unsere Flüchtlingsfamilie dagegen befand sich nun auf dem Fußmarsch zur Oder. Wir bewohnten das Haus allein und lebten mit vier oder fünf anderen kleinen Wohngruppen in dem fast leeren Bauerndorf.

Nach wie vor wurden wir von Menschen aufgesucht, die irgendwohin zur Arbeit verschleppt waren und sich bei der ersten Gelegenheit auf den Rückweg gemacht hatten. Oder sie kamen aus den gefürchteten Lagern, aus denen ihnen die Flucht gelungen war. Abgerissen und elend, halb verhungert oder krank, suchten sie bei uns für einen oder mehrere Tage Unterschlupf, um sich, etwas erholt und mit neuem Mut, dann wieder auf die gefährliche Wanderschaft zu begeben. Alle hatten Furchtbares erlebt und hinter sich gebracht, und die Gesichter waren davon durch eine seltsame, maskenhafte Starrheit gezeichnet. Die Menschen kamen oft von weither; durch sie erhielten wir unbestimmte Nachrichten oder Gerüchte über die Vorgänge in der Außenwelt. Was wir erfuhren, war meist schlimm und erstickte manchmal für Tage jegliche Hoffnung und Zuversicht.

Einmal wurde uns zugetragen, daß sich in der Kirchheimer Mühle – etwa 3 km außerhalb des Dorfes gelegen – der Wallburger Förster aufhalte. Er war Soldat im Polenfeldzug gewesen und wegen seiner Verwundung am Fuß nicht wieder eingezogen worden. Mit dem Försterehepaar verband mich eine jahrelange Freundschaft. Heinz Woldt war zudem der beste Freund meines Verlobten. Ich hatte nach dem Russeneinfall nichts mehr von dem Ehepaar gehört. Das letzte war die Nachricht, die beiden Eheleute seien in der ersten Russennacht in den Wald geflüchtet. Nun war ich freudig erregt, den Förster lebend und in erreichbarer Nähe zu wissen. Ich mußte ihn aufsuchen. Elisabeth gab mir Gotthelf als Geleit mit. Er war mit seinen neun Jahren gerade in dem Alter, daß er mein Sohn hätte sein können, und dadurch ein gewisser Schutz für mich. Wir machten uns an einem hellen Nachmittag auf den Weg. Ich verließ zum ersten Mal seit der Vertreibung der Dorfbewohner, von der wir ausgeschlossen worden waren, unser Grundstück. Der Weg durch das mir nun schon bekannte Dorf war unheimlich. Nirgends zeigte sich irgendein lebendes Wesen, weder Mensch noch Tier. Die Bauernhäuser zu beiden Seiten der Dorfstraße waren leer, die Fenster zerschlagen, die Haustüren und Hoftore halb aus den Angeln gerissen. Jegliches Leben schien erstorben. Nur ab und zu klapperte der Wind mit einem losen Brett oder einer Tür. Der Titel eines Buches, das ich einst gelesen hatte, kam mir in den Sinn: „Das vergessene Dorf". Ich atmete freier, als wir ins offene Feld hinaus kamen.

In der verlassenen Mühle traf ich dann tatsächlich Heinz Woldt. Fast hätte ich ihn nicht wiedererkannt. Sein einst volles Gesicht war beängstigend schmal geworden, seine kräftige, massige Gestalt war dahin. Es sah aus, als hätte er die Hälfte seines Körpergewichts verloren. Das Wiedersehen unter so veränderten Verhältnissen erschütterte uns, und wir blieben einige Zeit stumm. Dann begann er langsam und oftmals stockend – selbst seine Stimme schien verändert – zu erzählen. Wie wir aus Gerüchten wußten, wollte er sich – wie damals viele Wallburger – mit seiner Frau im Wald verstecken, beide ausgerüstet mit einem Spaten, einem Rucksack mit Lebensmitteln und warmen Decken. In dem Wald, den der Förster genau kannte, hatte er in dieser Nacht trotz des damaligen Dauerregens an geeigneter Stelle einen richtigen Unterstand gegraben, wobei ihm seine Frau tatkräftig half. Das Erdloch hatten sie mit großen Zweigen zugedeckt. In diesem Unterstand verbrachten sie die ersten Tage des Russeneinfalls, ohne entdeckt zu werden. Dann aber wurde der Wald anscheinend systematisch durchgekämmt. Woldts waren gerade beim Abkochen einer warmen Mahlzeit; da hatten die Russen den Rauch des Feuers gesehen und damit das Versteck erkannt. Die Förstersleute wurden aufgefordert, aus dem Erdloch herauszukommen. Für diesen Fall hatte das Ehepaar verabredet, daß die Frau zuerst ihren Mann, dann sich selbst erschießen sollte. So ergriff die Frau die Pistole und setzte sie ihrem Mann an die Schläfe, aber der Schuß ging nicht los, die Waffe war in den Regennächten naß geworden. Sie konnten sich trotz nochmaliger Aufforderung nicht entschließen, den Unterstand freiwillig zu verlassen. Da zündeten die Russen das Strauchwerk über ihnen an. Nun hatten sie keine Wahl mehr, wollten sie nicht im schwelenden Rauch ersticken. Sie wurden in ein geschlossenes Auto verladen und nach Wallburg in einen Keller gebracht. Nach tagelangen Verhören verschleppte man die Försterfrau, den Förster ließ man schließlich als einen Gehbehinderten frei. Er hat sich dann in der weiteren Umgebung vorsichtshalber verborgen gehalten und war seit kurzem zusammen mit anderen Leidensgenossen in dem abgelegenen Mühlenhof untergekommen. Von seiner Frau wußte er nichts. Sie war vermutlich in einem der russischen Lager gelandet, von denen Geflohene uns schon so viel Schreckliches berichtet hatten. Arme Anni! Heinz und ich sprachen uns gegenseitig Mut und Hoffnung zu. Aber wir sahen kein Ende unserer Not und kein Ziel. Ob man uns Zurückgelassene eines Tages genauso verschwinden lassen würde wie viele andere? Erschüttert vom Schicksal meiner Freunde, die nur wenig älter waren als ich, und mit trüben Gedanken wanderte ich mit Gotthelf zurück nach Kirchheim. Das verlassene Dorf wirkte in der allmählich beginnenden Dämmerung noch gespenstischer auf uns als vorher. Erleichtert erreichten wir wieder unser Haus, das für uns mit seinem lebendigen Treiben eine rettende Insel bedeutete.

Unser jetziges Leben verlief tagsüber meist ohne große Störungen. Die Nächte aber blieben unruhig. Kleinere russische Soldatentrupps durchstreiften das Land und brachen des öfteren nachts in unser Haus ein. Als das Wintergetreide reif war, kam in das Dorf ein größeres Soldatenkommando. Das Korn wurde gemäht, gedroschen und dann in einigen leeren Häusern auf dem Fußboden aufgeschüttet. Die zerschlagenen Fenster wurden mit Brettern zugenagelt, die Haustüren verplombt. So blieben die Getreidelager für uns unzugänglich und die lebenswichtigen Vorräte unerreichbar. Zuletzt verbrannten die Erntesoldaten das zu einem riesigen Schober geschichtete Stroh. Wir sahen von weitem das gewaltige Feuer aufflammen. Am nächsten Morgen räumten sie das Dorf.

Die Großmutter Eckner wurde auf ihrem Krankenlager zusehends schwächer. Ohne Klage hatte sie bisher alle Mühsal ertragen. In stiller Ergebung schien sie ihrem Lebensende entgegenzusehen. An einem warmen, windstillen Sommertag betteten wir sie noch einmal im Garten auf eine Liege. Dankbar genoß sie den Anblick des Sommergrüns und den klarblauen Himmel im Licht des strahlenden Sonnenscheins. Bald nach diesem Tage schlief sie in einen sanften Tod hinüber. Wir deckten sie auf ihrem Lager, das in dem Zimmer neben dem unsrigen stand, mit einem weißen Laken zu. Als den Kindern der Tod ihrer Großmutter mitgeteilt worden war, verhielten sie sich im Haus noch stiller als in den Tagen zuvor. Ich gedachte der Toten mit Wehmut. Wir hatten nur wenige Gespräche miteinander geführt. Arbeit und Unruhe unseres Lebens ließen mir meist keine Zeit zu längerem Verweilen am Krankenbett. Irgendwann einmal hatte sie mich nach meiner Mutter gefragt, und ich hatte ihr erzählt, daß ich sie vor einem Jahr verloren hatte, daß es mir aber vergönnt war, sie sieben Wochen lang bis zu ihrem Tode selbst zu pflegen, und ich dafür sehr dankbar sei. Mehrere Wochen waren seit diesem kurzen Gespräch vergangen, als sie in ihren letzten Lebenstagen bei einer kleinen Hilfeleistung zu mir sagte: „Bei Ihnen spürt man, daß Sie Ihre Mutter gepflegt haben." Dies Wort rührte mich tief. Daran mußte ich nun denken, als ich einen Augenblick allein an der Tür verweilte und auf das weiße Totenlager blickte. Schrecken, Ängste und quälende Ungewißheit über das Schicksal des Sohnes und unserer aller Zukunft waren für die Tote nun vorüber, ihre Altersleiden beendet. Was stand uns Lebenden noch bevor? – Mit Unmut sah ich, wie sich einige Fliegen auf dem Laken sammelten, dort, wo sich Nase und Mund abzeichneten. Ich verscheuchte sie und verließ mit leisem Schauder das Zimmer.

Die Großmutter wurde nach den Bräuchen der Kirche beerdigt. Ihre Schwiegertochter Elisabeth versah wie bei den anderen Beerdigungen die Aufgabe des Pastors. Sie stand mit dem aufgeschlagenen schwarzen Kirchenbuch an der Grube. Wir sangen dann dreistimmig:

Hebe deine Augen auf zu den Bergen,
von denen uns Hilfe kommt.
Deine Hilfe kommt von dem Herrn,
der Himmel und Erde gemacht hat.
Er wird deinen Fuß nicht gleiten lassen.
Und der dich behütet, schläft nicht.

Ich sang mit beklommenem Herzen und wollte so gerne glauben, was ich sang.

Bei so vielen Kindern in der Familie war es nicht ungewöhnlich, daß ab und zu eines krank wurde. Ich merkte es meistens daran, daß das betroffene Kind sich mehr als sonst bei mir in der Küche aufhielt, viel erzählte und sich erzählen ließ oder auch nur still auf einem Küchenstuhl saß und meinen Arbeiten mit den Augen folgte. Wenn Elisabeth abends vom Krankenhaus kam, konnte ich ihr gleich den kleinen Patienten zuführen. Aber Helgards Krankheit begann ganz anders. Wenn wir bei Tisch saßen, so fiel es mehr und mehr auf, daß sie immer weniger zu sich nahm. Nun waren unsere Mahlzeiten kärglich, ohne Abwechslung und nicht besonders wohlschmeckend. Aber da wir immer hungrig waren, aß jeder das ihm Zugeteilte restlos auf. Helgard aber aß nur wenige Löffelvoll. Forderte die Mutter sie auf, den Teller leer zu essen, so schob sie ihn der Mutter hin und bat mit leiser Stimme: „Mutter, iß du!“ Ernste Ermahnungen halfen da nichts. Auch den Spott der jüngeren Geschwister, die sie bald „Suppenkasper“ nannten, ertrug sie mit Gleichmut. Sie behauptete, keinen Hunger zu haben, und aß von Tag zu Tag weniger. Das schlanke Mädchen wurde zusehends blasser und schmaler, tat aber nach wie vor die gewohnte Arbeit. Wir rätselten, was in der Vierzehnjährigen vorgehen mochte. Hatte sie einen kranken Magen? Oder war es Sorge um die Mutter, die sich oftmals den Bissen vom Munde absparte, um ihn den Kindern zu geben? Oder wollte sie gar diesem Vorbild nacheifern? Mädchen in ihrem Alter überspannen zuweilen ihre tatsächlichen Möglichkeiten.

An einem Waschtag im Spätsommer – die Wäsche war bereits gewaschen und gespült – trugen Helgard und ich den Wäschekorb hinaus auf die Wiese hinter dem Garten, wo wir eine Leine gespannt hatten. Nach einigen Schritten blieb das Mädchen stehen und setzte den Korb ab. Offensichtlich war er ihr zu schwer geworden. „Nur einen Augenblick“, sagte Helgard, leicht seufzend. Ich überlegte schnell, wie ich sie, ohne sie zu kränken – denn sie wollte keineswegs geschont werden – dazu bringen könnte, von dieser für sie zu anstrengend gewordenen Arbeit abzulassen. Aber sie sprach sogleich weiter, indem ein müdes, trauriges Lächeln über ihr Gesicht ging: „Der Suppenkasper war sicher sehr froh, als er endlich tot und begraben war.“ Ich erschrak. „Helgard“, rief ich mit vorwurfsvoller Strimme, „was sind das für Gedanken!“ Und nun versuchte ich, ihr mit viel Liebe und Geduld klarzumachen, daß sie das Hungern aufgeben müsse, wenn sie ihre Mutter lieb hätte und ihr helfen wolle. „Jeder Mensch muß essen, sonst kann er auf Dauer nicht arbeiten“, schloß ich meine Rede. Aber Helgard sah nur still vor sich hin, ergriff dann wieder den Henkel des Korbes und bemühte sich, ihre körperliche Schwäche nicht merken zu lassen. Das Mädchen, mit dem ich – wie es sich schon aus der Arbeitsverteilung ergab – mehr als mit den anderen Kindern zusammen war und das bisher spürbar Vertrauen zu mir hatte, blieb nun mir gegenüber zwar freundlich, aber verschlossen und unzugänglich. Ich erzählte Elisabeth von dem Gespräch. Wir waren in großer Sorge.

Die Mutter versuchte auf vielerlei Weise, das offenbar erkrankte Kind zur Nahrungsaufnahme zu bewegen, mit fürsorglicher Liebe und mit erziehlicher Strenge. Aber ihr Bemühen hatte keinen Erfolg. Helgard wurde bald so schwach, daß sie nicht mehr aufstehen konnte. Wir betteten sie tagsüber auf das Sofa. Die Mutter versuchte, die Kranke mit dem Löffel zu füttern. Aber Helgard biß die Zähne fest aufeinander, sobald die Mutter ihr den Löffel zum Munde führte. Nahm sie ihn zurück, so flüsterte die Tochter flehentlich: „Mutter, iß du!" Einmal machte Elisabeth einen verzweifelten Versuch. Sie steckte dem Mädchen ihren Finger zwischen die Zähne, um so den kleinen Löffel mit der Suppe in den Mund schieben zu können. In gewohnter Abwehr biß Helgard die Zähne aufeinander und dadurch der Mutter in den Finger. Wir wußten nun, daß das Mädchen in der Tat sehr krank sein mußte. Körperliche Schmerzen hatte es offensichtlich nicht. Uns schien, daß ihr Leiden tiefgründige seelische Ursachen haben mußte. Aber wir hatten keine Erfahrung damit und keine Möglichkeit, einen Arzt zu befragen. Die Geschwister wurden es gewohnt, ihre große Schwester auf dem Sofa liegen zu sehen, blaß, ausgezehrt und still. Die Kleinen streiften sie zuweilen mit einem scheuen Blick aus großen Augen; in ihren Gesichtern stand Furcht und Nichtbegreifenkönnen.

Der Sommer ging allmählich dahin. Eine Veränderung unserer Lebensverhältnisse war noch immer nicht in Sicht. Wir mußten uns darauf einrichten, den Winter in Kirchheim zu verbringen. Wovon aber sollten wir in der kargen Jahreszeit leben? So begannen wir, die wir bis dahin buchstäblich von der Hand in den Mund gelebt hatten, Vorräte für den Winter zu sammeln. Elisabeth schickte mich mit den Kindern in den nahegelegenen Wald zum Pilzesammeln. Sie selbst blieb mit Trudel bei Helgard und dem kleinen Frieder. Die großen Jungen kannten sich so ungefähr in dem Waldgelände aus. Russen hatten wir am hellen Tag zu jener Zeit nicht so sehr zu fürchten, obwohl man natürlich nie ganz sicher war. Gerhard hatte unter dem großen Bücherhaufen im Holzstall ein Pilzbüchlein entdeckt, das uns in farbigen Abbildungen die eßbaren Pilze und ihre giftigen Doppelgänger vor Augen führte. Mit kleineren Behältern und einem großen Weidenkorb ausgerüstet, machten wir uns eines Morgens auf den Weg. Als wir uns dem Wald näherten, sahen wir, daß zwischen den Bäumen allerlei Fahrzeuge herumstanden. Es war aber alles still und verlassen. Zögernd und etwas beklommen gingen wir auf unserem Weg in den Wald hinein. Ein seltsamer Anblick bot sich uns dar. Hier hatte offenbar ein ganzer Truppenteil eine Unterkunft eingerichtet. Überall waren richtige Wohngruben ausgehoben. Der hellgelbe Sandboden gab ihnen ein fast freundliches Aussehen. In den Wänden gab es Höhlungen, vor die man Stubentüren gestellt hatte; sie konnten als richtige Wandschränke benutzt werden. Mit allerlei kleineren Möbelstücken – Stühlen, Bänken und Tischen – waren die Gruben wohnlich eingerichtet. Wo sich zwischen diesen luftigen Wohnstuben irgend Platz bot, standen Lastwagen und Personenautos, merkwürdigerweise auch der feierlich schwarze Wagen eines Bestattungsunternehmens. Alles zeugte von vorangegangener großer Geschäftigkeit und schien eben erst von den Menschen verlassen worden zu sein. Im hellen Tageslicht nahm sich das Ganze sehr unwirklich aus. Nachdem die erste staunende Scheu überwunden war, erfüllte die Kinder Neugier und Abenteuerlust. Sie sprangen in die Gruben, untersuchten sie gründlich und kamen wieder herbei, um mir ihre Entdeckungen mitzuteilen. Zu unserer großen Freude fanden wir an den Rändern der alten Sandgruben eine Menge Pilze, die wir mit Hilfe unseres Buches als eßbar erkannten und in den großen Korb sammelten. Als wir das Ende dieses seltsamen Waldstückes erreicht hatten, freuten wir uns über den vollen Korb und zogen zufrieden nach Hause. Elisabeth lobte unseren Fleiß, und die Kinder berichteten aufgeregt von ihren Erlebnissen. Mir kamen dabei düstere Gedanken. Der so merkwürdig aufgewühlte Wald erschien mir jetzt hinterher unheimlich, und ich dachte mit Schaudern daran, was uns hätte begegnen können.

Am Nachmittag begann für Trudel und mich die Arbeit, die Pilze zu putzen. Es stellte sich leider heraus, daß viele voller Maden waren. Von unserem Korbvoll blieb schließlich nur ein bescheidener verwertbarer Rest übrig, den wir bei einer einzigen Mahlzeit verzehrten. Das Pilzgericht – die Pilze wurden mit wenig Wasser gegart und mit Salz abgeschmeckt – war für uns ein ganz besonderer Genuß, ein neuer würziger Geschmack in unserer eintönigen Speisenfolge. Schon an einem der nächsten Tage zogen wir wieder zum Pilzesuchen aus. Diesmal durchschritten wir einen anderen Teil des Waldes. Nach der Erfahrung vom ersten Mal sammelten wir nur noch solche Pilze in unseren Korb, bei denen nach dem Putzen noch genügend Pilzfleisch übrig bleiben würde. Wir fanden verschiedene neue Pilzarten und forschten in unserem Buch nach ihren Namen. Auch manchen giftigen Pilz lernten wir kennen. Es dauerte nun länger, bis unser Korb voll war, aber wir kehrten noch rechtzeitig zur Mittagszeit zurück. Nach dem Putzen behielten wir eine ansehnliche Menge Pilze zurück. Elisabeth meinte, wir sollten versuchen, sie einzuwecken. Oben in der Dachkammer standen noch eine Anzahl unbeschädigter großer Weckgläser, auch Weckringe fanden sich, ebenso gab es zum Glück noch den großen Wecktopf. Ich hatte in meinem Leben noch nie etwas eingeweckt, lernte es aber nun unter Elisabeths Anweisung. Da die Gläser tatsächlich fest geschlossen blieben, gingen wir noch des öfteren in den Wald, um recht viel Vorrat für den Winter zu beschaffen. Ein gutes Pilzjahr bescherte uns viele dieser Waldfrüchte. Allmählich reihten sich die gefüllten 2-l-Gläser auf dem Tisch im Eßzimmer, das wir aus praktischen Gründen zum Wintervorratsraum bestimmt hatten. Besonders erfreute uns eine Pilzart, die in unserem Büchlein als „Hallimasch" bezeichnet war. Sie trat immer gleich in ganzen Ansiedlungen auf, zwanzig bis dreißig Stück an einer Stelle, etwa über einen ganzen Baumstumpf hinweg verteilt. Bei solchen Pilzfunden füllte sich unser Korb schnell. Als Trudel und ich zu Hause die Pilze putzten, steckte ich ab und zu einmal ein kleines rohes Pilzstück in den Mund. Trudel schüttelte sich beim bloßen Zusehen und meinte, das könne doch nicht schmecken. Mir aber verhalf der würzige Pilzgeschmack auf angenehme Weise dazu, das stets vorhandene Hungergefühl zu überdecken. Bald danach aber wurde mir sehr übel, ich mußte mich erbrechen, übrigens erstmals in meinem Leben, deshalb war es für mich ein richtiges Naturereignis. Hinterher lag ich völlig entleert und erschöpft auf meinem Bett. Wir rätselten über die Ursache dieser furchtbaren Magenreinigung. Schließlich fanden wir sie in unserem Pilzbuch. Dort stand bei unserem so beliebten eßbaren Hallimasch in Klammern „Roh nicht genießbar". Drei Tage war ich noch sehr vorsichtig bei der Nahrungsaufnahme, erholte mich aber bald. Unbehaglich allein blieb der Gedanke, daß man sich bei unserer Ernährungsweise einmal ernsthaft vergiften könnte und in einem solchen Fall weder ein Arzt noch Arzneien für uns erreichbar seien.

Bei einer unserer Pilzwanderungen war es dem sechsjährigen Christoph beim Sammeln zu warm geworden. Er hatte – ohne mein Wissen – die Jacke ausgezogen und auf dem Waldboden abgelegt. Erst als wir zu Hause ankamen, entdeckten wir, daß ihm die Jacke fehlte. Er hatte sie im Walde liegen lassen. Da der Junge nur noch diese eine Jacke besaß, äußerte sich Elisabeth recht niedergeschlagen. Mir war dabei nicht wohl zumute, mußte ich mir doch den Vorwurf machen, nicht genügend achtgegeben zu haben. Beim Pilzeputzen überlegte ich bedrückt, wie ich den Fehler wiedergutmachen könnte. Vielleicht ließ sich aus Resten gefundener oder noch zu findender Kleidungsstücke eine wärmende Jacke für den Jungen zusammennähen. Elisabeth befragte alle Kinder, besonders natürlich Christoph, wann ungefähr und wo etwa er die Jacke ausgezogen hatte. Ich konnte mich über diese Fragen nur wundern. Wir hatten den Wald wohl drei Stunden lang – ohne Uhr – kreuz und quer durchstreift; wie sollte man da wissen, wo die Jacke lag. Zudem herrschte eine große Mäuseplage in diesem Jahr. Unser Haus war voll von diesen kleinen Tierchen, die einem nachts manchmal sogar über das Gesicht liefen. Auch die Feld- und Waldmäuse hatten sich auffällig vermehrt. Wahrscheinlich war die Jacke inzwischen schon ganz zerfressen. Dergleichen Überlegungen brachte ich dann am Abend vor. Es schien, daß damit die leidige Sache ein Ende gefunden hatte und neuer Rat geschaffen werden mußte. Am nächsten Tag war Waschtag. Nach dem Frühstück aber hielt Elisabeth mich von meinen gewohnten Aufgaben ab und verkündete zu aller Erstaunen, daß ich mit den Kindern sogleich aufbrechen und Christophs Jacke suchen sollte. In mir stieg Unmut auf. Ich fand das Vorhaben aussichtslos und damit ohne Sinn. Ein großer Arbeitstag lag vor uns, und ich sollte mit den Kindern spazierengehen und alle Arbeit Elisabeth und Trudel überlassen, die mit der kranken Helgard und dem einjährigen Frieder sowieso Arbeit genug hatten. Aber solche Vorhaltungen nützten nichts, und so zog ich denn mit den sechs Kindern los, die ihrerseits das Unternehmen als einen immer willkommenen Ausflug betrachteten. Ich hätte nicht gewußt, wohin ich mich in dem ausgedehnten Waldgebiet wenden sollte. Aber die beiden großen Jungen meinten, manchen Weg oder Baumbestand wiederzuerkennen. Nach längerem, willkürlichem Wandern und Umherspähen – der Weg machte gerade eine kleine Biegung – sahen wir fast alle zugleich hinter einem Strauch die verlorene Jacke liegen. Ich war fassungslos. Die Jacke war unversehrt, und Christoph drückte sie vor Freude an seine Brust, als wollte er sich nie mehr von ihr trennen. Mein ursprünglicher Unmut verflog. Ich schämte mich natürlich wegen meiner unwilligen Gedanken und Äußerungen am Morgen. Mit Freude und Erleichterung traten wir den Heimweg an. Als Elisabeth Christoph in seiner Jacke kommen sah, freute sie sich sehr, doch sie triumphierte nicht. Ich aber war sehr froh, nicht recht gehabt zu haben, und bekannte mich gern zu der für mich so erleichternden Niederlage. Elisabeth nannte von nun an das wiedergefundene Stück – immer mit einem schalkhaften Seitenblick zu mir hin – die „Mäusejacke".

Eines Tages – es war schon gegen Abend – wurde eine riesige Kuhherde an unserem Dorf vorbeigetrieben. Auf den Wiesen hinter dem Dorf schlugen die Treiber ihr Lager auf. Es hieß, daß sie am nächsten Tag weiterziehen würden. Da ich vom Arbeitsdienst her melken konnte und gelegentlich auf dem Hof meines Verlobten damit ausgeholfen hatte, beschloß ich, am nächsten Morgen ganz früh zu der Kuhherde zu gehen und zu versuchen, etwas Milch für uns zu beschaffen. Egbert, der die Kunst des Melkens ebenfalls beherrschte – er hatte sie einst bei seinem gleichaltrigen Freund, einem Bauernsohn aus der Nachbarschaft, erlernt – war sofort Feuer und Flamme für mein Vorhaben und wollte mich begleiten. Also standen wir beide bei Tagesgrauen auf. Jeder mit einem Eimer ausgerüstet, eilten wir zur Kuhweide. Der Morgentau im hohen Wiesengras, das in diesem Jahr niemand gemäht hatte, durchnäßte Schuhe und Strümpfe. Die Viehtreiber schienen noch in ihrem Zelt zu schlafen. Ungehindert näherten wir uns den ersten Kühen. Sie hatten übergroße, schwere Euter. Die Tiere wichen unseren vorsichtigen Annäherungsversuchen scheu und unruhig aus. Ich versuchte es deshalb mit ruhigem Zusprechen und konnte endlich an das Euter eines Tieres gelangen. Wie erschrak ich, als ich sah, daß das Euter voller Ausschlag war. Bei der Berührung zuckte das Tier zusammen. Die Kühe waren offensichtlich längere Zeit nicht gemolken worden. Ich begann behutsam, das Euter von oben nach unten zu massieren, und versuchte dann ebenso vorsichtig, Milch herauszustreifen. Dabei kniete ich mit einem Bein auf dem Gras, hielt mit einer Hand den Eimer gegen das Knie und melkte mit der anderen Hand, während ich noch immer beruhigende Worte sprach. Die Kuh schien Erleichterung zu verspüren und hielt eine Zeitlang einigermaßen still. Auch Egbert hatte auf ähnliche Weise Erfolg und kämpfte um jeden Tropfen Milch. Wenn eine Kuh zu unruhig wurde, versuchten wir es bei einer anderen, es waren genug da. Unsere Kleidung war inzwischen von den langen Grashalmen ganz naß geworden, aber das dämpfte unseren Eifer nicht. Unsere größte Sorge war, daß die unruhigen Tiere mit ihren Hufen unsere Eimer umstoßen könnten. Erschöpft, aber glücklich, beendeten wir später unsere Arbeit. Die Eimer hatten wir zwar nur halb füllen können; da wir aber merkten, daß die Treiber zum Aufbruch rüsteten, machten wir uns sicherheitshalber und unbemerkt mit unserer weißen Beute davon. Zu Hause herrschte großer Jubel. Bedenken, daß die Milch aus den kranken Eutern schaden könnte, zerstreuten wir. Wenn wir die Milch vor dem Verzehr abkochten, müßten wohl alle Krankheitskeime abgetötet sein. Wir seihten die Milch ordnungsgemäß durch ein Tuch, ließen sie dann zuerst in flachen Schüsseln stehen und sahnten sie später ab. Jemand von den alten Leuten wußte, wie man ohne Butterfaß aus der Sahne Butter machen konnte: Die Sahne wurde in eine Flasche gefüllt und die Flasche fest verschlossen. Nun mußte der Inhalt ohne Pause geschüttelt werden. Hände gab es bei uns genug, und so wanderte die Flasche von einem zum anderen. Mit Spannung verfolgten wir die allmähliche Veränderung des Inhalts; es dauerte ziemlich lange, bis sich tatsächlich ein kleiner Klumpen weicher Butter gebildet hatte. Für die große Familie reichte die kleine Menge nicht. Es gab daher nur die eine Meinung: diese Kostbarkeit mußten Friederlein und unsere kranke Helgard bekommen. Von der Buttermilch haben wir alle einmal einen Schluck gekostet. Die abgesahnte Milch wurde gekocht und wegen ihrer begrenzten Haltbarkeit in kleinen Mengen unserer Wassersuppe hinzugefügt. Den Hauptanteil bekamen natürlich auch davon Wilfried und Helgard. Leider erlebten wir keine weitere Kuhherde mehr in Kirchheim, und so blieb dieses Erlebnis, das uns die gute nahrhafte Milch bescherte, einmalig.

9.

Anfang September muß es gewesen sein, als unsere Jungen mit einer aufregenden Nachricht nach Hause kamen. Eine Reihe kleiner Bauernwagen, mit abgemagerten Ochsen oder Kühen bespannt, sei in das Dorf eingefahren. Menschen in dürftiger Kleidung wären müde neben den Fahrzeugen gegangen, auch einige Kinder seien dabei. Bald wußten wir, wer da eingezogen war: Polen, die aus ihrer östlichen Heimat am Bug vertrieben worden waren und die sich nun hier bei uns ansiedeln sollten. Unsere erste Regung war Mitleid. Welch langen, mühseligen Weg hatten diese Menschen zurücklegen müssen! Und nun, da sie sich am Ziele sahen, kamen sie in ein Dorf, dessen eigentliche Bewohner vertrieben worden waren und in dem es kein unbeschädigtes Haus mehr gab. Eine kleine Zahl von polnischen Familien verteilte sich im Dorf, eine davon zog in unser Nachbarhaus. Die Leute gaben sich bescheiden und freundlich. Die sprachliche Verständigung war schwierig. Aber allmählich brachten wir doch heraus, daß sie hier nicht auf Dauer bleiben, sondern lieber zurück in ihre Heimat gehen wollten. Sie glaubten auch nicht daran, daß sie überhaupt für immer hier bleiben dürften. Vor den Russen fürchteten sie sich genauso wie wir. Sie hatten ihnen auf ihrem langen Wege fast all ihre Habe weggenommen. Nun bekamen diese leidgeprüften Menschen endlich ein Dach über dem Kopf und konnten ihre Kuh in den verlassenen Stall stellen. Sie war ihr kostbarster Besitz. Auch wir knüpften bescheidene Hoffnungen an diese Tatsache. Und nach einiger Zeit konnten wir ab und zu ein wenig Milch für Frieder und Helgard bei unseren Nachbarn gegen irgend etwas Nützliches eintauschen.

Die Polen zeigten auch noch auf andere Weise Teilnahme an unserem Schicksal. Eines Tages erschien ein Mann bei uns und fragte, ob ihm jemand von uns im Garten helfen könne und wolle. Als Lohn bekäme er das Essen und etwas Milch für die Kinder. Mit Elisabeths Einverständnis erklärte ich mich bereit dazu. Die Leute kamen mir recht freundlich entgegen, und wenn wir uns auch nicht unterhalten konnten, so verständigten wir uns doch hinreichend durch Gesten. In den Arbeitspausen nahmen wir die einfachen Mahlzeiten gemeinsam ein. Zu Mittag hatte die Frau eine Menge „Piroggen“ gekocht, aus einem einfachen Nudelteig geformte runde Plätzchen, die, mit süßem Quark gefüllt, in der Mitte übereinandergeschlagen wurden. Mit fest zusammengedrückten Rändern legte die Frau sie in kochendes Wasser und ließ sie darin gar werden. Schon lange nicht mehr hatte mir etwas so gut geschmeckt. Ich bat, von der mir zugedachten Anzahl einen Teil nach Hause mitnehmen zu dürfen. Das wurde mir zugestanden. Die Frau fragte, wieviel Personen noch zu Hause wären. Ich schüttelte den Kopf und hob abwehrend die Hände. Aber dann mußte ich doch mit den Fingern die Zahl angeben und hob alle zehn Finger. Nach beendeter Mahlzeit legte mir die gute Frau die an dieser Zahl noch fehlenden Stücke zu den von mir zurückgelegten auf den Teller. Ich war glücklich und dankbar, und alle freuten sich am Abend, als ich meine Schätze verteilte.

Ich hätte nun auch gern das neue Gericht zu Hause gekocht, aber unser Mehlvorrat war seit längerer Zeit aufgezehrt. In den versiegelten Häusern des Dorfes lagerte das Getreide einer ganzen Gemarkung, aber wir bekamen nichts davon. In größeren Abständen wurden die Lagerräume von russischen Soldaten überprüft. Einmal mußten wir zum Umschütten des Getreides antreten. Die Körnerhaufen in den Stuben der Häuser mußten durch und durch gewendet werden. Trotz unserer dringlichen

Bitte konnten wir den aufsichtführenden Soldaten kein Körnchen Getreide abringen, das wir als geringen Arbeitslohn für ein ganzes Tagewerk redlich verdient hätten. Eines Tages waren wieder einmal die Prüfer da. Unsere Jungen berichteten, wie die „Speicher" nach dem Lösen der Versiegelung besichtigt und danach wieder sorgfältig verschlossen wurden. Es stellte sich heraus, daß in einen Kornlagerraum eingebrochen worden war. Nun durchsuchten die Soldaten alle von Polen bewohnten Häuser, um das fehlende Korn zu finden und damit die Diebe ausfindig zu machen. Wir hofften, daß die Sache glimpflich ausgehen möge, denn wir wußten, daß Hunger weh tut. Endlich meldeten die Kinder, die Kolonne der Aufseher habe das Dorf wieder verlassen, was uns alle aufatmen ließ. Wenig später stürmte Egbert ins Haus: „In unserem Holzstall liegen zwei Säcke Korn!" Wir meinten zuerst, es wäre ein dummer Scherz. Aber wir konnten uns sogleich überzeugen. Durch das hochgelegene zerschlagene Fenster hatte jemand die gefüllten Säcke von außen in unseren Holzstall geworfen. Langsam dämmerten uns die Zusammenhänge. Nicht auszudenken, was geschehen wäre, hätte man die Säcke bei uns gefunden! Vielleicht hatten unsere Nachbarn aus Furcht vor der bevorstehenden Durchsuchung diese Notlösung gewagt, wahrscheinlich, ohne recht zu überlegen, in welche Gefahr sie uns dadurch brachten. Aber wir wagten nun auch nicht, sie danach zu fragen. So warteten wir einige Tage ab, und als niemand sich meldete und Anspruch auf die beiden Säcke erhob, nahmen wir sie einfach in Besitz. Die Jungen hatten daraufhin nach sorgfältiger und unauffälliger Durchforschung der leeren Bauernhöfe bald eine Schrotmühle entdeckt, die man mit der Hand betreiben konnte. Ein großes Schwungrad aus Metall, Durchmesser etwa 1½ m, an dessen einer Speiche ein Holzgriff befestigt war, bewegte das Mahlwerk. Gerhard, Egbert und ich zogen zunächst mit einer kleineren Menge Korn in den verwahrlosten Scheunenraum, den die beiden Jungen vorher soweit aufgeräumt hatten, daß wir die Maschine betätigen konnten. Wir schütteten die Körner in den weiten Blechtrichter und setzten eine Schüssel unter die Mühle. Ich faßte das Holz mit beiden Händen im Kammgriff und versuchte, das für meine Größe riesige Rad in Gang zu bringen. Mit viel Anstrengung und unter Anwendung von früher erlernten gymnastischen Schwüngen setzte ich die Mühle langsam in Bewegung. Als sich das Rad endlich schneller drehte, konnte die Kraftanwendung verringert werden. Aber mehr als zehn Umdrehungen schaffte ich nicht und sprang deshalb beim letzten Mal weit nach hinten zurück. Das Rad drehte sich weiter, und eingedenk dessen, daß es bei Stillstand schwer in Schwung zu bringen war, versuchte Gerhard in geschicktem Ansprung den Griff zu fassen, was ihm auch bald gelang. Wir zählten wieder, und ich ließ es nicht zu, daß einer mehr als zehn Umdrehungen machte. Auf Gerhard folgte Egbert, dann kam ich wieder an die Reihe. So wechselten wir uns ab, und nach geraumer Zeit war das mitgebrachte Korn gemahlen. Nach und nach verwandelte sich all unser Korn auf diese Weise in Schrot. Wir besaßen Mehl, das wir je nach Verwendung aussieben konnten. Natürlich gingen wir sehr sparsam mit dem Vorrat um, denn es bestand keinerlei Aussicht auf eine weitere „Zuteilung" dieser Art.

Wenn man Mehl hat, so könnte man doch Brot backen! Ich wußte, wie man es machen müßte, Mutter Groth hatte es mir gezeigt und beigebracht. Im Hause meines Verlobten wurde nur selbstgebackenes Brot gegessen. Mutter Groth knetete den Teig in einem hölzernen Backtrog und buk mehrere Brote im eigenen großen Backofen. Elisabeth erzählte, daß es auch in Kirchheim Bauern gab, die nur selbstgebackenes Brot zu essen pflegten. „Aber wir brauchen dazu Sauerteig", erklärte ich etwas ratlos und beschrieb, wie man von jedem Brotteig ein Schüsselchen voll bis zum nächsten Backtag aufbewahren müßte, eben den „Sauerteig", der den neuen Brotteig wieder zum Aufgehen brächte. Egbert hatte wohl sehr aufmerksam zugehört und dann in den verlassenen Bauernhäusern nachgesucht. Am nächsten Vormittag kam er frohlockend mit einem kleinen Tontopf nach Hause. Darin befand sich, trocken und hart zwar, offensichtlich ein Sauerteig. Wenn auch in den Speisekammern und Kellern alles um und um gewühlt war – der kleine unscheinbare Henkeltopf mit seinem festen grauen Inhalt hatte alles überdauert. Von irgendwoher wurde auch ein Backtrog herbeigeschafft. Nun konnte ich am Abend den Brotteig ansetzen: In den Trog wurde die etwa erforderliche Menge Mehl geschüttet. Gespannt verfolgten alle, wie ich in einer Mehlmulde den am Tage schon etwas vorgeweichten Sauerteig mit weiterem Wasser und Mehl anrührte, so daß ein dicker Brei entstand; er wurde zum Schluß mit Mehl bestreut. Alle waren wir gespannt, ob der alte Sauerteig über Nacht aufgehen würde. Am nächsten Morgen liefen wir gleich zum Backtrog. Zu aller Erstaunen hatte sich der Sauerteig kuppelförmig ausgedehnt, die darauf gestreute dünne Mehlschicht zeigte überall Risse. Er war also noch brauchbar. Nun verknetete ich das übrige Mehl mit dem gegorenen Teig, gab noch etwas Wasser und Salz hinzu, bis daraus eine schöne glatte Masse geworden war. Vorsorglich nahm ich eine große Handvoll davon ab als Sauerteig für das nächste

Mal. Dann wurde ein längliches Brot geformt, das noch einige Zeit gehen mußte. Von älteren Leuten hatten wir erfahren, daß man ein einzelnes Brot unter den jetzigen Umständen am besten im Feuerloch des Kachelofens abbacken könnte. So stopften wir zunächst das Ofenloch voll Holz, zündeten es an und ließen es ausbrennen. Dann kehrten wir schnell die letzte Glut samt Asche sauber aus, schoben das Brot in das heiße Ofenloch und schraubten die Ofentür fest zu, ebenso den leeren Aschkasten darunter. Nach einer Stunde etwa war es durchgebacken, die Hitze hatte ausgereicht. Das Brot duftete köstlich und verführerisch, aber wir ließen es erst erkalten, ehe jeder ein kleines Stück probieren durfte. Es wurde unser kostbarstes Lebensmittel, und wir aßen nur sparsam davon. Bei so vielen hungrigen Mäulern hätte es sonst auch nicht lange gereicht. Als das erste Brot aufgegessen war, setzten wir einen neuen Teig an. Egbert bestand darauf, daß diesmal er – allerdings unter meiner „fachmännischen" Aufsicht – das zweite backen durfte. Es gelang ihm hervorragend. Unsere Ernährungsmöglichkeiten hatten sich durch das Brotbacken sehr erweitert.

Zu den wenigen polnischen Familien, die nun mit uns in Kirchheim lebten, gehörte auch ein Mann, der sich uns als Lehrer vorstellte. Er suchte uns ab und zu auf, um sich mit uns in seinem gebrochenen Deutsch zu unterhalten. Ihm gefiel wohl auch die Lebhaftigkeit der munteren Kinderschar, und die Kinder hatten ihren Spaß an der Redeweise des Mannes, der viele Tätigkeitswörter mit „gebben zu Fuß" oder „gebben zu Hand" usw. ersetzte. Diesem freundlichen Mann hatten wir es wohl zu danken, daß wir uns vom Bahnhof Moorbach Kartoffeln holen durften. Jedenfalls brachte er uns die Nachricht, daß dort in einem Güterwagen noch Kartoffeln lägen – wahrscheinlich nach der Austeilung an die Polen übrig gebliebene – und daß wir uns davon so viel, wie wir möchten, holen dürften. Die beiden ältesten schafften einen klapprigen Kastenwagen herbei, wie ihn die Bauern auf dem Felde gebrauchten, und drei Kartoffelkörbe. Damit zogen wir los. Zwei von uns gingen, mit einer Seilschlinge über der Schulter und der Deichsel zwischen sich, als Zugpferde vorn, der dritte schob hinten. Wir wechselten uns nach kürzeren Wegstrecken ab. Die Aussicht, frische Kartoffeln für den Winter zu bekommen, beflügelte unsere Schritte und ließ uns die etwa fünf Kilometer bis zum Bahnhof nicht lang werden. Auf dem verlassenen Gelände fanden wir den Güterwagen, in dem tatsächlich in der einen Ecke noch ein hoher Haufen Kartoffeln lag, sicherlich mehrere Zentner. Wir schafften sie alle auf unseren Wagen. Die Jungen empfanden die Arbeit in einem auf dem Gleis stehenden Güterwagen als etwas Abenteuerliches und studierten in den Verschnaufpausen Bau- und Wirkungsweise der Achsen, Räder, Bremsen und großen Schiebetüren. Der am Schluß unserer Kartoffelschlepperei leere Wagenraum brachte den Ältesten auf einen neuen Gedanken: Ob ich tanzen könnte und ihnen ein paar Tanzschritte beibringen würde. Ich fiel aus allen Wolken. Tanzen – das Wort hatte zu meinem jetzigen Leben überhaupt keine Beziehung mehr; es stammte aus einer längst versunkenen Welt, und so war ich für einen Augenblick sprachlos. Aber als ich in das erwartungsvolle Gesicht des Jungen sah, faßte ich mich und rief: „Warum nicht?“ Der dreizehnjährige Egbert trat herzu, tippte mit dem Zeigefinger an seine Stirn und sagte zu seinem älteren Bruder: „Du hast wohl 'nen Vogel! Tanzen ist das Albernste, was es gibt.“ Gerhard aber beharrte ungerührt auf seiner Bitte. So begannen wir beide, in dem geräumigen Wagen einige einfache Tanzschritte zu probieren, nachdem ich dem jungen Herrn vorgemacht hatte, wie man eine Dame zum Tanz auffordert. Egbert sah uns mißmutig zu und war aus einer Art Trotz heraus nicht zu bewegen, an dem Tanzunterricht teilzunehmen. „Nie, nie in meinem Leben werde ich tanzen“, schwor er mit zorniger Stimme und entsprechenden Gebärden. Nach der kleinen Erholungspause schirrten wir uns vor unseren beladenen Wagen. Das Ziehen war nun ein ganz ander Ding als auf dem Herweg. Wir mußten uns mit all unseren Kräften ins Zeug legen, und die Wegstrecken bis zum Ausruhen und Wechseln der Plätze wurden immer kürzer. Die fünf Kilometer erschienen uns endlos lang. Aber die Freude der Familie, als wir mit unserer Kartoffelfuhre zu Hause ankamen, ließ alle Mühe und Anstrengung vergessen. Ich hatte mir in der Kreuzgegend wohl ein bißchen die Muskeln verzogen und verspürte Schmerzen. „Wenn's nur kein Hexenschuß ist“, sagte Elisabeth besorgt, während die Kinder teilnahmsvoll um uns herumstanden. Abends versammelte sich die Familie wie gewohnt zum Beten in der Küche. Irmtrud gedachte dabei allabendlich des im fernen Thüringen weilenden Bruders und schloß ihr Gebet stets mit der rührenden Bitte: „. . . und hilf, daß wir uns nicht zanken!“ Es schien, daß diese Bitte im allgemeinen erfüllt wurde, sicher war sie nicht unangebracht. Gerhards persönliches Gebet betraf meist die Sorge um unsere Ernährung. Er dankte für den Kartoffelsegen und bat abschließend: „Lieber Gott, laß doch bitte nicht so viele Mäuse in unser Haus kommen . . .“ Sie waren in der Tat für uns zur Plage geworden. Egbert betete stets für das gesundheitliche Wohl der Familie. An diesem Abend bat er u. a.: „. . . und mach doch, daß Tante Lenis Hexenstich wieder gut wird.“ Mit diesem „Hexenstich“ wurde ich noch lange geneckt, länger als es dauerte, bis der Rücken nicht mehr weh tat.

Unser freundlicher „Lehrer“ war auf irgendeine Weise in den Besitz eines Pferdes gelangt, wohl das einzige, das es zu dieser Zeit in dem Dorf gab. Eines Tages aber hatte das Pferd ein Bein gebrochen. Der Lehrer berichtete es uns mit Wehmut, denn offensichtlich war ihm das treue Haustier lieb geworden. Nun hatte man es abstechen müssen, und die polnischen Familien hatten sich von dem notgeschlachteten Tier frisches Fleisch geholt. Unser Freund sagte, er selber könne von dem guten Pferd keinen Bissen essen, es gehe ihm zu nahe. Aber wenn wir wollten, so würde er uns ein Stück zuteilen. Die Kinder machten große Augen, und wir Erwachsenen sahen uns leicht erschrocken und fragend an. Ich faßte mich zuerst und sprach meine Meinung aus: „Pferdefleisch essen andere auch.“ In Berlin hatte ich einen Laden gesehen, an dem „Roßschlächterei“ stand. Ich hatte wiederholt gehört, daß Pferdefleisch sogar besonders schmackhaft sei. Elisabeth und Trudel war früher schon ähnliches zu Ohren gekommen. So nahmen wir das freundliche Anerbieten des Lehrers dankbar an. Wir bekamen ein mehrere Pfund schweres Stück Fleisch. Gleich überlegten wir, wie wir es für die Wintertage haltbar machen könnten. Einen Teil zerschnitten wir in kleine Gulaschstücke, kochten sie auf und weckten sie ein. Den anderen Teil drehten wir durch den Fleischwolf. Mir kam dabei zugute, daß ich einmal auf dem Hof meines Verlobten beim Schlachten hatte helfen dürfen. Dabei hatte ich gelernt, wie man einen Darm mit Wurstbrei füllt. Unter den im Dorf verbliebenen Deutschen war eine Kirchheimerin, die noch eine brauchbare Nähmaschine besaß. Sorgfältig fertigte ich damit aus derbem weißem Baumwollstoff einen künstlichen Darm, der an dem einen Ende zugenäht war. Mit der Öffnung stülpte ich ihn über den Austrittsstutzen des Fleischwolfs, schob ihn so eng wie möglich zusammen und hielt ihn dort fest. Mit der anderen Hand drehte ich die Kurbel, während die Kinder die kleinen gesalzenen Fleischstücke in die Öffnung legten. Indem ich entsprechend langsam nachgab, wurde der Schlauch allmählich prall und voll, und bald hatten wir eine schöne feste Wurst fertig, die am Ende abgebunden wurde. Die Jungen besorgten in einer noch unversehrten Räucherkammer im Dorf das Räuchern. Es war ein Freudentag, als sie nach einiger Zeit die herrlich duftende Wurst ins Haus brachten. Als haltbare Dauerware bereicherte sie unsere Wintervorräte.

Unser Krankenhaus hatte sich im Laufe der Herbstwochen geleert. Einige Kranke waren gesund geworden, andere waren gestorben. Der Typhusbazillus schien durch das kühler werdende Wetter besiegt. Es gab nun aber auch leichtere Krankheiten, die uns nicht bettlägerig machten und nur so nebenher ertragen und überwunden werden mußten. Wir nahmen an, daß sie durch die einseitige Ernährung hervorgerufen wurden. So litten wir eine Zeitlang unter dem Brennen der Zunge. Wir nannten das die „Zungenkrankheit", wußten sie nicht zu behandeln und mußten warten, bis sie irgendwann wieder abklingen würde. Lästig war ein Hautausschlag am ganzen Körper, der aus winzigen kleinen Pusteln bestand und sehr juckte, besonders wenn man abends in der Bettwärme lag. Obwohl wir uns stets bemühten, dem Juckreiz nicht zu erliegen, konnte das Reiben und Scheuern nicht immer unterlassen werden. Unser frischgewaschener Bettbezug war dann nach wenigen Nächten voller winziger Blutpünktchen. Es war eine echte Plage, die fast den ganzen Winter über anhielt. Verdauungsstörungen traten häufig auf, führten aber zum Glück zu keiner ernsthaften Krankheit.

Im Herbst kam es ab und zu vor, daß einzelne Männer durch unser Dorf kamen, die bei uns einkehrten. Sie waren meist auf der Suche nach ihrer Familie, hatten schon einen weiten, abenteuerlichen Weg hinter sich und einen vielleicht noch weiteren vor sich. So war eines Tages ein Arzt mittleren Alters bei uns angekommen. Erschöpft und halb verhungert, beschloß er, erst einmal wieder Kräfte zu sammeln, ehe er seine Wanderung fortsetzte. Er hatte sich in einem der leeren Siedlungshäuser in unserer Nähe eine Bleibe eingerichtet und war tagsüber häufig bei uns. Wir konnten ihn über unsere körperlichen Leiden befragen, und er gab uns manchen Rat, wie man mit Hausmitteln die eine oder andere Krankheit mildern könnte. Gegenüber Helgards schwerem Leiden aber war auch er ratlos. In jenen Tagen – die späten Äpfel reiften gerade – war es, als an einem Vormittag Egbert etwas außer Atem in die Küche stürzte und meldete: „Gerhard ist vom Baum gefallen und hat sich den Arm gebrochen!" Zuerst dachte ich an einen seiner Einfälle, mit denen er mich nach seiner Art manchmal aus Spaß erschrecken wollte. Aber die jüngeren Geschwister, die ihm nachgefolgt waren, und ihre betretenen Gesichter schienen die Nachricht zu bestätigen. Schließlich tauchte Gerhard mit schmerzverzogenem Gesicht auf, den rechten Arm in Schonhaltung. Wir schickten die Brüder zu unserem Arztfreund. Er kam herbei und stellte nach fachkundiger Untersuchung einen Bruch des Schlüsselbeins fest. Die Jungen mußten nun auf seine Anordnung hin schmale Latten aus dem Gartenzaun brechen. Aus diesen baute der Arzt ein kunstvolles Schienengerüst zusammen, das das Schlüsselbein mit dem Arm in die zur Heilung notwendige Lage brachte und beide ruhigstellte. Mit Binden und Stoffstreifen wurde das Gestell umwickelt. Der arme Junge mußte nun mehrere Wochen mit diesem sehr hinderlichen Aufbau herumlaufen, bis der Knochen endlich verheilt war. Einmal, als die Russen nachts ins Haus eindrangen, sprang er damit sogar aus dem Fenster, um Hilfe zu holen.

Der Herbst breitete seine Farbenpracht über Sträucher und Bäume. Sonntags schmückte ich am Nachmittag unseren langen Eßtisch mit buntem Laub. Auf diese Weise schufen wir uns eine festliche Tafel, und alle erfreuten sich an den schönen Farben und Formen der Blätter. Elisabeth neckte mich dann: „Wir sollen wohl über all dieser Schönheit das Essen vergessen!“ Denn zu beißen gab es nämlich an solchem Nachmittag nur wenig, ein Kostpröbchen für jeden von unseren geringen, sorgsam gehüteten Vorräten. Dafür aber wurde viel erzählt, vorgelesen oder gesungen.

Die Schönheit der herbstlichen Natur genossen wir umso mehr, als sie uns unausweichlich dem kargen Winter entgegenführen würde. Die Tage wurden schon merklich kürzer und kühler. Da überkam mich noch einmal die Sehnsucht nach Wallburg. Über Frau Buchwald, die einen weiteren Besuch dort gemacht hatte, erfuhren wir, daß die Wallburger bei der Austreibung im Sommer nicht betroffen waren. Die Ungewißheit unseres künftigen Schicksals brachte mich zu dem Entschluß, trotz der Gefährdungen noch einmal dorthin zu gehen. Elisabeth konnte mein Vorhaben gut verstehen. Doch wollte sie mich, wie beim ersten Mal, nicht allein gehen lassen. Helgard lag krank danieder; die beiden großen Jungen wären gefährdet gewesen, man konnte sie leicht aufgreifen und irgendwohin zur Arbeit verschleppen. So wurde von Elisabeth entschieden, daß der zehnjährige Gotthelf, der mit mir schon zur Kirchheimer Mühle gegangen war, mein Begleiter sein sollte. In der jetzigen, etwas ruhigeren Zeit würde man uns beide nicht ohne weiteres trennen. Kinder waren manchmal ein Schutz vor russischen Übergriffen.

An einem schönen Oktobermorgen begannen wir unsere Wanderung. Diesmal wählte ich nicht die Feld- und Waldwege, sondern hielt mich in der Nähe der großen Straße, benutzte sie auch, wenn weit und breit kein Fahrzeug zu sehen war. Wir verließen Kirchheim an seinem nördlichen Ende, von wo ein Fußweg ostwärts zur Bahnlinie führt. Eine Zeitlang gingen wir an den Geleisen entlang und wechselten dann auf die leere Straße, die nach Bahnfeld führt. Das Dorf bot ein Bild der Verwüstung. Wir hielten uns in der verödeten Dorfstraße nicht auf, liefen mit schnellen Schritten bis zur Kreuzung, an der die Straße nach Wallburg fast rechtwinklig abbiegt. Von hier aus, so wußte ich von früher, waren es für uns noch sieben Kilometer bis zu unserem Ziel. Als wir in die neue Richtung einbogen, sahen wir in einiger Entfernung drei Frauen vor uns gehen, die ersten Menschen in der ländlichen Öde. Unsere Beklommenheit löste sich etwas bei ihrem Anblick. Bald hatten wir sie eingeholt. Die drei waren zu einer Arbeit außerhalb des Dorfes befohlen worden. Ein kurzes Stück hatten wir den gleichen Weg. Wir erzählten uns gegenseitig, woher wir kamen und wohin wir gehen wollten. Die Frauen bewunderten unseren Mut, versicherten aber gleichzeitig, daß es in letzter Zeit auf der Straße ruhiger geworden sei. Sie selbst wohnten mit wenigen anderen zusammen in einem Haus in Bahnfeld; der Ort sei seit der Vertreibung im Sommer völlig verlassen. Am Ende des Dorfes trennten wir uns, und nach herzlichem Abschied, mit guten Wünschen bedacht, setzten Gotthelf und ich unsere Wanderung fort. Auf der rechten Seite erblickte ich in einiger Entfernung mit innerem Schauder das Speichergebäude der Bahnfelder Station, die etwa 200 m außerhalb des Dorfes liegt. Dort hatte ich vor einem halben Jahr die schreckensvolle Nacht im Keller verbracht. Der Junge wußte nichts davon, und ich hütete mich, darüber zu sprechen. Statt dessen erklärte ich ihm nach Lehrerart das Gelände und die Bahnhofsanlage. Beim Näherkommen sah ich, daß an der Verladerampe ein Lastwagen stand, der von einem Mann be- oder entladen wurde. Bei dem Haus angekommen, das etwas zurückliegend auf der anderen Straßenseite stand, hörten wir, daß der junge Mensch bei seiner Arbeit sang. Als ich die russische Uniform erkannte, griff ich unwillkürlich nach der Hand des Jungen. Aber das sonnenbeschienene Lagerhaus mit dem klarblauen Himmel darüber und der singende Soldat ließen keine Furcht aufkommen. Nun schaute der Russe zu uns herüber, und im selben Singsang, nur etwas lauter als vorher, rief er: „Komm, Paninka, einmal schlafen!" „Was will er von uns?" fragte Gotthelf. Ich faßte seine Hand fester und zog ihn eilig fort, worauf der Russe in ein kurzes Gelächter ausbrach. Wir marschierten tüchtig voran, ich wagte nicht, mich umzusehen. Als ich es nach einiger Zeit endlich tat, stellte ich fest, daß niemand uns folgte. So ging ich allmählich wieder langsamer, und unter allerlei Geplauder durchschritten wir den Wallburger Wald. Am Ende des Gehölzes sahen wir rechts das kleine Gut Goldau liegen und in der Ferne den Wallburger Kirchturm. Zur Mittagszeit erreichten wir das Dorf, wo wir mit freudiger Überraschung von den Meinen empfangen wurden. Wir konnten uns ausruhen, bekamen eine warme Mahlzeit und erzählten uns dann gegenseitig, wie es uns in den letzten Monaten ergangen war. Ich erfuhr, daß Gretchen, die Tochter meines Gastwirts, in einem russischen Lager umgekommen sei. Leute, die inzwischen dem Lager entkommen waren, hatten die traurige Nachricht mitgebracht. Mir stand das junge Mädchen noch einmal vor Augen, wie ich es das letzte Mal gesehen hatte, mit den klaffenden Schnitten an den Pulsadern, und ich meinte, ihre Worte zu hören: „. . . Ich werde mich nicht unterkriegen lassen." – Eine weitere Nachricht bewegte mich sehr: der Tod des anderen Gastwirts unseres Dorfes. Er hatte den Russeneinfall lebend überstanden – war sein Versteck so sicher gewesen? – und hatte seitdem still und zurückgezogen mit Frau und Tochter im Dorf gelebt. Da waren eines Tages Polen zurückgekommen – waren es solche, die früher in unserem Dorf als Kriegsgefangene lebten? – und hatten den Gastwirt ohne jede Erklärung erschossen. Ein später Racheakt? Und wofür? Niemand wußte etwas, das man dem Mann hätte zur Last legen können. Ich dachte an Antek und wie freudig er mich bei meinem vorigen Besuch in Wallburg begrüßt hatte.

Am nächsten Morgen bekamen Gotthelf und ich zum Frühstück ein Stück richtigen Streuselkuchen. Das war so wunderbar, daß wir es kaum glauben konnten. Lore legte gleich den Finger auf den Mund, damit ich nicht allzu laut meine Freude kundtat, denn es lebten noch einige Fremde in der Wohnung. Die beiden Schwägerinnen erzählten uns, daß sie, mit einem Paar geretteten Männerstiefeln in der Tasche, nach Soldin gegangen wären und sie dort gegen ein paar Slotys verkauft hätten. Für das Geld erstanden sie in einem kleinen polnischen Laden – derzeit der erste und einzige in der Stadt – etwas Butter, Zucker und Hefe. „Wir wollten nur einmal wieder den Geschmack im Munde spüren", sagte Lore zum Schluß, es klang fast wie eine Entschuldigung. Und wir durften von dem letzten Rest kosten! Gotthelfs Gesicht strahlte, als ob sich schon allein dafür die anstrengende Wanderung gelohnt hätte.

Bald machten wir uns auf den Heimweg. Ich bekam trotz der Knappheit der Lebensmittel wie beim ersten Mal wieder ein köstliches Brot für unsere Familie mit, und so zogen wir nach herzlichem Abschied los. Die bange Frage nach dem nächsten Wiedersehen blieb unausgesprochen, so sehr sie mich und sicher auch die

Meinen bewegte. Im Augenblick überwog das Gefühl tiefer Dankbarkeit dafür, daß wir uns überhaupt wiedergesehen hatten. Keiner von uns wußte, ob man uns auch bald vertreiben oder irgendwohin bringen würde.

Auf dem Rückweg bezog sich der anfangs noch klare Himmel, und das Wetter wurde trübe. Als wir diesmal, schon ziemlich ermüdet, am Bahnhof Bahnfeld ankamen – das Land schien menschenleer zu sein, wir waren niemandem begegnet – beschloß ich, nicht bis zum Dorf zu gehen; der Bahnhof lag still und verlassen da, und so wagten wir uns auf die Schienen und gingen zwischen den Geleisen über die Bohlen eine Abkürzung in Richtung Kirchheim, wohin es noch etwa drei Kilometer sein mochten. Bald würden wir zu Hause sein und alles Erlebte erzählen können. Plötzlich ertönte hinter uns ein überlautes „Stoi!" Wir fuhren zutiefst erschrocken herum. Hinter uns, einige Schritte entfernt, stand neben den Geleisen ein russischer Soldat, das Gewehr im Anschlag. Wir rührten uns nicht. Langsam kam er auf uns zu, die grimmigen Blicke auf uns gerichtet. Ich legte meinen Arm um Gotthelfs Schulter und zog ihn eng an mich heran. Unter dem anderen Arm trug ich das große Brot. Mit drohender Stimme befragte (oder beschimpfte?) mich der Russe in seiner Sprache, die ich nicht verstand. Dann stieß er einige deutsche Sprachbrokken aus: woher ich käme, was ich hier mache. Ich versuchte, ihm Auskunft zu geben. Ungeduldig unterbrach er mich dauernd. Schließlich zischte er: „Du – Spion!" Er ergriff mein Brot, wikkelte es aus und schrie mich erbost an: „Du deutsche Soldaten Essen bringen!" Ich sagte ruhig: „Hier nix deutsche Soldaten." Aber er schüttelte den Kopf, wollte es nicht glauben. Wir sollten mitkommen zur Wache. Dabei deutete er mit einer fahrigen Armbewegung ins unübersichtliche Gelände. Nun verlegte ich mich aufs Bitten. Ich zeigte auf den Jungen, versuchte ihm mit Gesten und den wenigen russischen Wörtern, die ich mir gemerkt hatte, klarzumachen, daß viele malinki (Kinder), große und kleine, auf mich warteten, daß sie Hunger hätten, und von dem chleba (Brot) essen wollten und daß ich im nächsten Dorf wohne. Es schien, daß er allmählich begriff, was ich ihm mitteilen wollte. „Warum nicht Straße, warum hier?" fragte er schließlich. Es war schwer, ihm als Grund die Wegverkürzung klarzumachen. Plötzlich zog er aus seinem Koppel das Seitengewehr und stieß damit kreuz und quer durch unser gutes Brot. Offenbar glaubte er, es könnte etwas darin versteckt sein. Als er aber nichts fand, ließ er uns endlich laufen, nicht ohne uns mit einem Schwall grollender Laute zu bedenken. Wir machten uns so schnell wie möglich davon. Das war noch einmal glimpflich verlaufen. Aber der Schreck saß uns in den Gliedern, und wir sprachen lange nichts. Erst als wir zu Hause ankamen, wich die Angst von uns. In unserer Familie fühlten wir uns geborgen. Mit Grauen dachte ich daran, wohin man uns hätte bringen können und daß wir vielleicht nie wieder hierher zurückgekehrt wären. Unser Ausflug erschien mir jetzt hinterher wie Leichtsinn, das Wiedersehen in Wallburg aber wie ein wunderbares Geschenk.

In jener Zeit wurden wir wieder einmal des Nachts von marodierenden Soldaten überfallen. Da sie unsere wohlverbarrikadierte Tür nicht auf Anhieb öffnen konnten, suchten sie sich einen anderen Weg. Wir Frauen und Mädchen waren beim ersten Rütteln an der Tür sofort auf den Boden geflüchtet. Dort in der linken Giebelstube hörten wir dann nur noch etwas krachen und splittern, danach wurde es unheimlich still. Nach einer längeren Weile größter Spannung erscholl Gerhards laute Stimme unten im Flur: „Ihr könnt herunterkommen, sie sind weg!“ Wir waren erstaunt, daß die sonst übliche Jagd nicht stattgefunden hatte. Unten sahen wir dann die Bescherung: Die Russen hatten das noch heile Fenster in Trudels und meinem Schlafzimmer eingeschlagen und waren dort eingestiegen. Die Türen des Schrankes standen weit offen, Kleider und Wäsche waren verschwunden. Trudel, die noch einen kleinen Bekleidungsvorrat besessen hatte, war niedergeschlagen. Ich selber besaß schon lange nichts Eigenes mehr bis auf die dunkle Flanellbluse, die ich am Tag des Russeneinfalls getragen hatte, und die geflickte Trainingshose. Die noch heile Bluse war nun auch gestohlen worden. Was wollten die Soldaten mit diesen Frauensachen? Wir sicherten notdürftig das zerschlagene Fenster und legten uns zur Ruhe. Am anderen Morgen nagelten die Jungen vor den beschädigten Fensterflügel ein Brett.

Im nächstbewohnten Haus lebte die uns schon bekannte polnische Familie, die eine Kuh besaß. Ich wollte an diesem Tage versuchen, dort etwas Milch für Helgard und Wilfried einzutauschen. Zu diesem Zweck hatten wir allerlei nützliche Dinge, die wir entbehren konnten, bereitgelegt. Als ich das Haus betrat, wurde ich freundlich empfangen. Eine Frau kam mir mit ausgestreckten Armen und einem Schwall unverständlicher, offensichtlich freundlicher Worte entgegen. Ich stutzte: die Frau trug meine dunkle Flanellbluse. Sie umarmte mich und nannte mich „siostra“ (Schwester). Ich mußte Platz nehmen. Natürlich bekam ich gegen einige Tauschgegenstände etwas Milch. Ich blickte immer wieder auf die Frau, die in meiner Bluse geschäftig hin und her eilte und völlig unbefangen schien. Etwas benommen verabschiedete ich mich bald. Den Zusammenhang bekamen wir bald heraus, da es anderen Deutschen ähnlich erging. Die Polen – auch unsere Nachbarn – brannten aus Kartoffeln Schnaps. Die russischen Marodeure erwarben sich das begehrte Getränk gegen gestohlene Kleidungsstücke. So konnte die polnische Nachbarsfrau nicht wissen, daß sie meine warme Bluse trug. Sie brauchte sie sicher genauso nötig für den Winter wie ich. Wir mußten es hingehen lassen. Der kleine Matthias sagte einmal zuversichtlich: „Wenn sie uns alle unsere Sachen weggenommen haben, wird uns der liebe Gott sicher ein Fell wachsen lassen.“

Nach mancherlei tiefgründigen Auseinandersetzungen hatten wir beschlossen, Sirup zu kochen. Die Jungen besorgten in der Dunkelheit Zuckerrüben vom Feld. Streng christlich erzogen, kamen sie dadurch in Widerspruch zum siebenten Gebot. War das nun Diebstahl? Man wurde sich nie ganz einig darüber. Aber am Schluß hatten wir doch genügend Rüben für unseren großen Waschkessel beisammen. Von einer alten Frau im Dorf ließen wir uns genau beschreiben, wie das Sirupkochen gemacht wurde. Die Jungen schleppten von einem verlassenen Bauernhof sogar eine Siruppresse herbei. Alle beteiligten sich an dem großen Vorhaben. Die mühsame Arbeit des Rübenputzens und -schneidens lohnte sich: Wir bekamen einen wunderbar sämigen, dunkelbraunen Sirup. Töpfe und Milchkannen wurden damit gefüllt und zu unserem Wintervorrat gestellt. Zum Süßen der Marmeladen und Speisen würde uns nun nichts fehlen. Mit Sirup konnte ich ganz neue Suppen und Soßen bereiten. Einmal hatten die Kinder im Chausseegraben altes Brot gefunden, Soldatenbrot, steinhart oder auch leicht verschimmelt. Wir reinigten die Stücke und schnitten uns das nach unserer Meinung noch Genießbare heraus. Davon kochte ich für uns alle eine süße Brotsuppe. Am Herd aber störten unentwegt die vielen Fliegen, die sich in unserer Küche eingefunden hatten. Die braunen Wandkacheln des Herdes waren schwarz von diesen lästigen Kostgängern. Sie waren eine rechte Plage. So manche Fliege beendete ihr Leben in dem großen Kochtopf, in dem ich die süße Suppe rührte. Während ich einige herausfischte, flog die doppelte Menge hinein. Beim Essen legten wir die toten Fliegen auf den Rand des Tellers, es waren nicht wenige. Egbert meinte, das seien die Rosinen, die doch eigentlich in eine solche Suppe gehörten. Sie hat trotzdem wunderbar geschmeckt. – Auch Holunderbeeren hatten wir geerntet. Elisabeth pflegte in jedem Jahr davon viele Flaschen Saft zu kochen. Sie standen bis zum Verbrauch auf einem Bord im sogenannten

„Blinddarm", der vom langen Flur rechtwinklig abzweigte, aber nirgendwohin führte und als Abstellraum genutzt wurde. Aus Sparsamkeit hatte Elisabeth auch im Vorjahr den Saft ohne Zukker eingekocht. Er sollte erst bei der Verwendung gesüßt werden, was nun den Russen zum Ärgernis geworden war. Bei einem ihrer Überfälle hatten sie nämlich die vielen gefüllten Flaschen entdeckt und wohl ein alkoholisches Getränk darin vermutet. Nach der ersten Kostprobe im wahren Sinne des Wortes bitter enttäuscht, gossen sie den Inhalt erbost über alle erreichbaren Gegenstände aus, auch über Decken und Wäsche. Bei etlichen Flaschen schlugen sie einfach den Hals ab, um an den Inhalt heranzukommen. Aber einige unbeschädigte Flaschen waren danach doch noch übriggeblieben. Wir füllten sie mit frischem Holundersaft. Mit Sirup gesüßt, war er ein wohlschmeckendes Getränk, das auch heiß gut mundete. Mit Holundersaft ließen sich wieder neue Suppen und Soßen herstellen. Natürlich hatten wir von den verschiedenen Beeren Marmelade gekocht, allerdings ohne Zukker, denn wir besaßen damals keinen mehr. Jetzt konnten wir das Mus mit Sirup mischen; die schwarzen Johannisbeeren schmeckten uns dadurch besonders gut.

Von den wenigen Leuten, die nach der Vertreibung noch im Dorf lebten, lernten wir mancherlei herzustellen, was wir nötig brauchten und nicht zu beschaffen war. So gewannen wir Waschlauge auf folgende Weise: Wir sammelten in einem großen Gefäß Holzasche, gossen heißes Wasser darauf und ließen diese Brühe längere Zeit stehen. Das Wasser wurde danach weich und leicht schäumend. Wir setzten diese Lauge dem Wasser im Waschkessel zu. Das erleichterte uns nach dem Kochen der Wäsche die Arbeit des Waschens und verbesserte das Ergebnis. – Einmal erfuhren wir – die Kunde sprach sich von Mund zu Mund aus den Nachbardörfern bis zu uns herum – daß man aus den Blüten des wilden Hopfens Hefe gewinnen könne. Die Kinder brachten sogleich die blaßgrünen Blüten ins Haus. Mit wenig Wasser kochten wir einen Sud daraus, den wir durchseihten und abkühlen ließen. Dann rührten wir damit einen möglichst festen Mehlteig an und kneteten ihn tüchtig. Zuletzt formte ich eine daumendicke Rolle daraus und schnitt sie in kleine Stücke. Diese trockneten, auf einem Brett ausgelegt, an der Luft, bis sie steinhart und dadurch haltbar waren. Mit zwei, drei Stücken, die wir später in Wasser auflösten und dem Mehlteig zusetzten, konnten wir auf dem Blech einen „Kuchen" backen, der tatsächlich etwas aufgegangen war. Damit schufen wir uns eine neue Köstlichkeit, die wir uns aber nur zu festlichen Anlässen leisteten.

Die Tage wurden allmählich kürzer und kälter, die Außenarbeiten hörten nach und nach auf. Die Jungen hatten für einen größeren Holzvorrat gesorgt. Wir besaßen auch noch ein paar Briketts. Sie wurden nur dazu benutzt, das Feuer im Herd bis zum nächsten Morgen zu erhalten, denn wir hatten schon lange keine Streichhölzer mehr. Es kam vor, daß das Brikettstückchen, sorgsam mit Asche bedeckt, am Morgen doch verglüht war. Dann mußte man in einem der wenigen bewohnten Häuser um ein bißchen Glut bitten und sie behutsam nach Hause tragen, damit man das Herdfeuer wieder in Gang setzen konnte. Mühsam war es ohnedies. Denn der Schornstein war nun schon lange nicht mehr gefegt worden und der Luftzug dadurch beeinträchtigt. Das Herdfeuer erleuchtete am Abend wieder wie im vorigen Winter unsere Küche. Manchmal entzündeten wir auch einen kienigen Holzspan und befestigten ihn an einem Küchengerät, das an der Wand hing. Doch hielt solch Holz nicht lange vor, und der Qualm erschwerte je nach Holzart das Atmen und brannte in den Augen. Zudem war die Sache nicht ungefährlich. Deshalb gingen wir meist bald nach Dunkelwerden zu Bett und standen morgens erst bei Tagesdämmerung auf. Trudel und ich lagen abends oft noch lange wach und unterhielten uns. Wir erzählten uns gegenseitig schöne Erlebnisse aus unserem früheren Leben. Unsere Gedanken gingen aber auch zu den Angehörigen und Freunden im Westen jenseits der Oder, für die wir nun schon seit Februar als vermißt gelten mußten und von denen auch wir nicht wußten, ob und wie sie das Ende des Krieges überstanden hatten und unter welchen Umständen sie jetzt lebten. Doch gaben wir traurigen Gedanken nie lange Raum. Trudel war darin ein Lebenskünstler. Sie war fest überzeugt, daß wir eines Tages wieder in Berlin sein würden, und wurde nicht müde auszumalen, wie wir zusammen auf dem Ku'damm bummeln gehen würden. Ich konnte das nicht so ohne weiteres glauben, überließ mich dennoch gern ihren heiteren Wunschträumen. Einmal sagte ich: „Wenn ich wirklich noch einmal in Freiheit leben darf, so werde ich alles, was ich in den vergangenen Monaten erlebt habe, aufschreiben, damit jedermann erfährt, was hier geschehen ist." Ohne sich zu besinnen, rief Trudel überzeugt: „Sie werden es dir nicht glauben!"

Da wir nun, soweit wir es bewerkstelligen konnten, für den Winter alle Vorbereitungen getroffen hatten, begann ein ruhigerer Tageslauf. Ich überlegte, daß die Kinder nun schon neun Monate lang keinen Schulunterricht gehabt hatten. Der sechsjährige Matthias war durch den Schulausfall besonders benachteiligt, denn er hätte zu Ostern eingeschult werden müssen. Und Christoph, nur ein Jahr älter, hatte sicher schon vieles, was er in seinem ersten Schuljahr gelernt hatte, vergessen. Ich sprach mit Elisabeth darüber. Auch sie hatte sich schon ähnliche Gedanken gemacht; ihre Sorge galt nicht nur den Kleinen, sondern auch den Großen. So beschlossen wir, jeden Vormittag drei Unterrichtsstunden einzurichten. Die Hausarbeit wurde neu aufgeteilt, ich wurde für die Unterrichtszeit davon befreit. Im Dorf gab es bei unseren Schicksalsgenossen noch vier schulpflichtige Kinder, davon zwei weitere Schulanfänger, die wir zum Unterricht einluden. In dem einen Vorderzimmer, das früher das Arbeitszimmer des Pastors war, versammelte ich meine Schüler um den großen Tisch herum. Für die drei Erstkläßler wurden passende Sitzgelegenheiten geschaffen, für jeden ein Stuhl als Tisch und eine Fußbank oder ein Holzklotz als Sitz. Den drei Kleinen dienten als Schreibmaterial Schieferplatten, mit denen einst der Kirchturm gedeckt war und die man nun in beliebiger Menge auf der Straße auflesen konnte; die kleineren Schiefersplitter ließen sich gut als Griffel gebrauchen. Meine Großen hatten sich Papier und Bleistifte zusammengesucht. Das Unterrichten verschiedener Jahrgänge nebeneinander machte mir als Dorfschullehrerin keine besondere Mühe. Es fehlte nur an Schulbüchern. Der Unterricht an meiner kleinen einklassigen „Schule“ lief dennoch gut an. Mit den Großen führte ich Unterrichtsgespräche, übte Grammatik und Rechtschreibung in Deutsch und Englisch und ließ auch die Mathematik nicht zu kurz kommen. Die Schulanfänger lernten Schreiben, Lesen und Rechnen, mit der Mittelstufe wiederholte ich zunächst das Grundschulwissen und führte sie langsam weiter. Meine Schüler folgten willig und aufgeschlossen dem Unterricht, und ich selber hatte viel Freude an dem kleinen lebhaften Schulbetrieb. Als es kälter wurde, mußte die Stube etwas geheizt werden. Die Dorfkinder brachten dafür jeder wenigstens ein Holzscheit mit, sozusagen als „Schulgeld“.

Es war wohl Anfang November, als Elisabeth, die des öfteren unterwegs war, um Kranke zu besuchen, uns die Nachricht von der Geburt eines Kindes mitbrachte. An sich waren wir auf dieses Ereignis schon etwas vorbereitet. Eine Kirchheimer Frau, Mutter von drei Kindern, war seit den Tagen des Russeneinfalls im Februar schwanger. Wie viele andere Frauen und Mädchen hatten die fremden Eindringlinge sie mehrfach vergewaltigt. In steter Sorge für ihre drei Kinder – das jüngste war noch ein Kleinkind – durchstand sie alle Not und Verzweiflung. Neun Monate hatte sie dann Zeit, sich auf das ungewünschte neue Leben einzustellen. Sie trug ihr Schicksal ohne große Klage. Sicher hatte es in der vergangenen Zeit tröstliche Gespräche zwischen ihr und Elisabeth gegeben. Nun war der kleine Erdenbürger geboren worden, und die Mutter hatte ihn mit Liebe zur Welt gebracht. Elisabeth besuchte, besonders in der ersten Zeit nach der Geburt, wiederholt die Mutter und ihre Kinder. Die einfache Frau hatte von ihrem Mann, der zuletzt als Soldat im Osten stand, lange keine Nachricht über seinen Verbleib erhalten. Von Elisabeth erfuhren wir, daß die drei Kinder sich über ihr Brüderchen sehr freuten und immer nur von ihrem „kleinen Rußki" sprachen.

Mich hat dieses Geschehen sehr bewegt. Ich konnte mir noch immer nicht vorstellen, daß ich nach einer Vergewaltigung hätte weiterleben können. Wieviel weniger hätte ich das Kind eines russischen Gewalttäters austragen können! Dennoch war dieses Ereignis in unserem Dorf ein Schicksal, das damals viele getroffen hat und auch mir hätte beschieden sein können. Andererseits hat offenbar selbst die Natur des Menschen sich oft gegen diese Widerwärtigkeit gewehrt. Es erschien uns – Elisabeth, Trudel und mir – schon immer merkwürdig, daß bei uns drei Frauen seit dem Einfall der Russen die monatliche Regel ausgeblieben war. Das ungeheuerliche Erleben hatte den natürlichen biologischen Ablauf gestört. Da wir keinerlei Beeinträchtigung spürten, machten wir uns auch keine ernsthaften Sorgen um unsere Gesundheit, sondern waren sogar erleichtert, von den damit verbundenen Beschwerden vorübergehend – so jedenfalls hofften wir – befreit zu sein.

Mitte November war es, als unsere kranke Helgard das Bewußtsein verlor. Das Mädchen lag eines Morgens mit geschlossenen Augen im Bett, atmete hastig und stöhnend, zwischen den Augen zwei scharfe senkrechte Falten; die oberen Zähne gruben sich in die Unterlippe, die Hände waren zu Fäusten geschlossen. Das Stöhnen klang wie ein heftiges, zorniges Murren gegen eine unsichtbare Gewalt. Unser Bemühen, sie aufzuwecken, blieb ohne Wirkung. Dieser Zustand dauerte den ganzen Tag. Einmal stand ich mit Elisabeth allein am Bett, sorgenvoll das bewußtlose, unruhige Mädchen betrachtend. „Es ist, als hätten sich die Dämonen ihrer bemächtigt", sagte Elisabeth mit banger Stimme. Ich wußte, daß in der Bibel von Dämonen die Rede ist, doch hatte ich sie nur als Sinnbilder des Bösen verstanden. Hier aber hätte man in der Tat den Eindruck von einer Besessenheit gewinnen können, denn das sonst so geduldig leidende Kind schien völlig verwandelt. Dennoch glaubte ich auch jetzt nicht an irgendwelche Art von Geistern, wußte aber auch keine andere Erklärung für den Zustand der Kranken und schwieg. „Ich will beten, daß Gott sie von diesem furchtbaren Dämon befreit", flüsterte Elisabeth. Ich nickte nur mit dem Kopf und wünschte von ganzem Herzen, daß Helgard einen ruhigen Schlaf haben möge.

Am nächsten Morgen lag Helgard, friedlich schlafend, in ihrem Bett. Ihr Gesicht mit den geschlossenen Augen wirkte entspannt, die scharfen senkrechten Stirnfalten hatten sich geglättet, sie atmete ruhig und regelmäßig. Aber sie war noch immer nicht ansprechbar; sie hörte uns nicht, wenn wir ihren Namen riefen, sie spürte offenbar auch nicht, wenn wir sie streichelten. Elisabeth nahm einen Tassenkopf voll von unserer Morgensuppe. „Ich will versuchen, ihr etwas davon einzuflößen", sagte sie und ging zu der Kranken. Nach kurzer Zeit kam sie mit schnellem Schritt zurück. „Denkt euch", rief sie, „Helgard hat die Suppe ganz aufgegessen." „Ist sie wach?" fragten Trudel und ich wie aus einem Munde. „Nein, wach ist sie nicht", sagte die Mutter mit etwas gedämpfter Stimme. „Aber sie öffnet nach jedem Schluck weit den Mund, um einen Löffelvoll entgegenzunehmen." Das war uns unerklärlich. Seit Wochen gelang es nur mit größter Geduld und Mühe, dem Kind etwas Nahrung zuzuführen, und nun, wo das Bewußtsein offenbar ausgeschaltet war, nahm die Hungernde die Suppe fast gierig an. Elisabeth hatte die Tasse inzwischen wieder gefüllt, und als sie wiederum geleert war, holte sie eine dritte. Das ging nun zu jeder Mahlzeit so. Anscheinend bekam dem Mädchen das Essen. Wir schwankten zwischen Hoffnung und Sorge. Wenn Helgard Nahrung zu sich nähme, würde sie wieder kräftiger, wieder gesund werden können, denn es schien ihr organisch nichts zu fehlen, sie hatte nie über Schmerzen geklagt. Aber nun dieser merkwürdige Schlaf, aus dem sie durch nichts aufzuwekken war!

Am Tage nach dieser Veränderung des Krankheitszustandes hatte ich Geburtstag. Helgard schlummerte noch immer friedlich. Trotz aller Sorge bereitete die Familie mir einen wunderschönen Festtag. Das begann schon am frühen Morgen mit dem Choral „Lobe den Herren". Dann mußte ich das Geburtstagsgeschenk suchen, es war irgendwo im Haus versteckt. Durch kleine beschriftete Zettel, die lustige Hinweise zum Finden trugen, meist in Versform („Pustekuchen – weitersuchen!") wurde ich durchs ganze Haus geleitet, der fröhliche Kinderschwarm zog hinter mir her, und ich suchte wie bei einer Schnitzeljagd den richtigen Weg zum Ziel. Schließlich mußte ich die Treppe zum Boden hinaufsteigen. Da ich Elisabeth einmal mit ihrem, wie mir schien, übertriebenen Sauberkeitsstreben geneckt hatte – es ging um Staub, der beim Fegen in der Küche aufgewirbelt würde – fand ich auf dem Boden neben Kehrblech und Handfeger ein langes Gedicht, in dem sich die Staubkörnchen herzlich bei mir bedankten, daß ich sie so rücksichtsvoll und duldsam behandelte. Zuletzt fand ich endlich den Geburtstagsteller mit seinen unserer Lage angemessenen bescheidenen Näschereien, von denen zunächst jeder einmal kosten durfte. Froh gestimmt gingen wir dann an unsere täglichen Verrichtungen, wobei alle sich bemühten, mir Arbeit abzunehmen und mich durch allerlei kleine Liebesbeweise zu erfreuen. Am späten Vormittag erlebte ich eine neue freudige Überraschung. Durch die Haustür traten meine beiden Schwägerinnen Lore und Lene aus Wallburg. Ich war tief gerührt. Sie hatten den weiten, nicht ungefährlichen Weg auf sich genommen, um mir eine Geburtstagsfreude zu bereiten. Als Geschenk brachten sie ein großes braunes Brot mit. Alle freuten sich mit mir über den unverhofften Besuch und das schöne Geschenk. Elisabeth, Trudel und meine Schwägerinnen konnten sich gegenseitig kennenlernen. Ich durfte dem Besuch das ganze Haus und meinen Schlafplatz zeigen und schilderte dabei mein Leben im kinderreichen Pfarrhaus. Die beiden Schwestern würden nun der Mutter berichten, daß ich hier gut aufgehoben war. Natürlich gingen wir auch an das Bett unseres kranken Kindes. Das entspannt ruhende Mädchen bot keinen besorgniserregenden Anblick. Wir alle waren an diesem frohen Tag zuversichtlich, daß Helgard bald aufwachen und dann ihre allmähliche Gesundung beginnen würde. – Meine Schwägerinnen wollten Mutters wegen nicht bei uns übernachten. Am frühen Nachmittag machten sie sich deshalb wieder auf den langen Heimweg. Zuvor aber nahm Lene, meine ältere Schwägerin, eine Gelegenheit wahr, mit mir allein zu sprechen. Wir gingen durch die hintere Haustür in den Garten. Lene sagte, es seien deutsche Gefangene, wahrscheinlich krankheitshalber entlassen, durch Wallburg gekommen. Sie hätten wiederum von anderen erfahren, daß mein Verlobter sich, um nicht in Gefangenschaft zu geraten, erschossen habe. Ich erschrak, sagte aber sofort: „Das glaube ich nicht!“ Lene sagte: „Wir können es ja auch nicht glauben, aber wir dachten, wir sollten dir von dem Gerücht erzählen, ehe du es von jemandem anderen hörst.“ Ich fragte sie noch, wann und wo das denn gewesen sein sollte, aber sie wußte nichts Genaueres. Damals gab es so viele Gerüchte über die Kriegs- und Nachkriegsereignisse. Ich war entschlossen, nichts darauf zu geben und mich in meiner Hoffnung nicht beirren zu lassen. Mit Herzklopfen und Beklemmung sagte ich das zu Lene. Sie nickte nur, sah mich aber nicht an. Ich dankte ihr für das offene Wort, das ihr sicher schwergefallen war.

Den anderen erzählte ich nichts von dieser Mitteilung, sondern widmete mich ganz den Gesellschaftsspielen, die wir zur Feier des Tages am Nachmittag machten. Erst abends im Bett, als Trudel schon schlief, bedachte ich die schlimme Nachricht. Daß mein Verlobter eher in den Tod ging als in die russische Gefangenschaft, wäre ihm zuzutrauen gewesen. Aber wir hatten nie über solch eine Entscheidung gesprochen. Ich begann nachzusinnen. Vor vier Jahren hatten wir uns an meinem 25. Geburtstag verlobt. Zwei Monate später zog er nach Rußland. Nach eineinhalb Jahren kam er auf Urlaub, mit knapper Not einer feindlichen Einkesselung wieder entronnen. Ein halbes Jahr später, im Januar vorigen Jahres, hatte er nach einer Erkrankung noch einmal Heimaturlaub bekommen. Ein paar Wochen lang danach erhielt ich noch seine Feldpostgrüße, dann blieb die Post aus, und ich bekam nicht das geringste Lebenszeichen. Im Sommer erhielt ich einen ganzen Stoß eigener Briefe an ihn zurück, alle mit dem Vermerk: „Neue Anschrift abwarten." Vielen Familien, deren Männer im Mittelabschnitt der Ostfront standen, erging es damals wie mir. Wir alle lebten in der Hoffnung auf Nachricht, bis uns der Krieg selber einholte. Wo mochte mein Verlobter jetzt sein? Ich stand leise auf und ging zum Fenster. Ich wollte nach dem Stern sehen, den wir uns einst als „unseren" Stern ausgesucht hatten. Aber der Himmel hatte sich wohl bezogen, kein Stern leuchtete im Dunkel der Nacht. Ich verkroch mich wieder in meinem Bett. Nicht grübeln! Das brächte nicht weiter. Ich kam zu keinem anderen Schluß, als daß man sich durch ein Gerücht in seiner Hoffnung nicht beeinflussen lassen sollte.

Am nächsten Morgen war Helgard aufgewacht. Alle freuten wir uns, alle wollten wir sie sehen, mit ihr sprechen. Sie wußte nichts von ihrem dreitägigen Schlaf. In ihrer Stirn standen wieder die beiden senkrechten Falten, das Gesicht hatte den gewohnten leidenden Ausdruck. Elisabeth kam mit der Morgensuppe, um die Kranke zu füttern. Helgard aber hob abwehrend ihre blasse Hand. „Ich kann nicht, Mutter, iß du!" sagte sie gequält. „Du kannst essen", sagte die Mutter mit fester Stimme, „du hast jeden Tag tüchtig von der Suppe gegessen", und sie führte den vollen Löffel zu Helgards Mund. Das Mädchen drehte den Kopf weg und jammerte: „Mutter, iß du!" Wir waren wie erstarrt. Unsere Hoffnung hatte sich nicht erfüllt; der lange Schlaf war offensichtlich kein Gesundungszeichen gewesen. Niedergeschlagen verließen wir das Krankenzimmer. Wenn das Mädchen nicht aß, war es verloren. Ihr abgezehrter Körper würde nicht mehr lange standhalten können. Arme Helgard, arme Elisabeth!

10.

Das Kirchenjahr ging zu Ende. Totensonntag war vorüber, wir erwarteten den 1. Advent. Er kündigte sich mit Schnee und klirrendem Frost an. Ausgerechnet an dem Sonnabend vor dem Adventssonntag wurden wir wieder einmal zur Zwangsarbeit zusammengeholt. Nicht nur Trudel und ich, sondern auch Gerhard und Egbert mußten mitgehen. Wir sollten Kartoffeln hacken – Anfang Dezember! Mit Körben und Hacken ausgerüstet, so warm wie möglich angezogen, gingen wir unwillig los. Ein paar genauso eingemummte Gestalten warteten schon auf der Dorfstraße, so daß etwa zehn Leute zusammengekommen waren, dazu zwei bewaffnete russische Soldaten. Der tiefblaue Himmel und die heraufziehende strahlende Sonne verhießen uns einen klaren Wintertag. Wegen der großen Kälte, die uns empfindlich ins Gesicht schnitt, beschleunigten wir unsere Schritte. Der Schnee knirschte und quietschte unter unseren Füßen. Bald ging es ins Feld hinaus. Weit lag das Land unter der unberührten Schneedecke vor uns. Je länger wir voranschritten, um so wohler wurde mir zumute. Tief atmete ich die frostklare Luft durch die Nase ein und meinte zu spüren, wie die Härchen in den Nasenflügeln sich bereiften. Nach längerem Marsch waren wir endlich am Ziel. Hier also sollte ein Kartoffelfeld sein. Aus der etwas unebenen Schneedecke guckte ab und zu der Grat einer Furche dunkel hervor. Wie immer bei Zwangsarbeit stellte sich ein innerer Widerstand bei mir ein. Ganz von selbst stieg der kaum zu unterdrückende Trotz gegen die Gewalt auf, die über mich sinnlos verfügte und der ich hilflos ausgeliefert war. Unsere Wächter stampften mürrisch von einem Fuß auf den anderen, blieben sonst aber ruhig. Die oberste Schicht des Bodens war natürlich gefroren, wir mußten aus dem darunterliegenden Erdreich die Kartoffeln herausholen. Nur unansehnliche erfrorene Knollen konnten wir hier finden. Was wollte man mit solchen Kartoffeln anfangen? Jemand wußte es: Daraus konnte man noch Schnaps brennen. Also deshalb! Unsere Arbeit machte viel Mühe und ging nur langsam voran. Jeder hatte sich eine Furche vorgenommen, wir arbeiteten nebeneinander, so daß wir uns miteinander unterhalten konnten. An der einen Seite des Feldes begann ein Waldstück. Die verschneiten Fichten zogen sich wie eine Wand am Feldrand dahin. Sie war etwa 50 m von uns entfernt. Das müßte ein gutes Echo geben, dachte ich. Meine Unlust zur befohlenen Arbeit wandelte sich auf einmal zu heiterer Laune und zu Übermut, und ich konnte den Wunsch, das Echo auszuprobieren, kaum noch unterdrücken. So machte ich mit einem einfachen, lauten „Huhu“ den ersten Versuch. Er gelang, der Erfolg war großartig. Alle richteten den gebückten Rücken auf, unsere Bewacher drehten unruhig die Köpfe hin und her. Da versuchte ich es noch einmal, stellte wie in Kinderjahren kurze Fragen an die Fichtenwand, wartete das Echo ab, gab mir selbst die Antwort darauf, lachte schallend – es war wie eine lebhafte Unterhaltung mit einem aus dem Wald antwortenden Teilnehmer. Unsere Arbeitskameraden schüttelten lächelnd die Köpfe über so viel Übermut, der gar nicht zu unserer gegenwärtigen Lebenslage zu passen schien. Die Soldaten hatten den harmlosen Spaß erkannt und ließen dies Zwischenspiel hingehen. Wir setzten unsere Arbeit fort, und ich erinnerte mich an so manche schöne Wanderung in meinem früheren Leben, auf der ich keine Gelegenheit ausgelassen hatte, die Echowirkung hervorzubringen. Wenn ich sonst immer nur mit Wehmut an solche Erlebnisse zurückdenken konnte, erging es mir heute ganz anders. Zum ersten Mal in diesem schrecklichen Jahr verspürte ich ein fast unbeeinträchtigtes Frohgefühl, ich schien von allen Belastungen befreit zu sein. – Inzwischen hatte sich ein kleines Lastauto eingefunden, auf das wir die Kartoffeln laden mußten. Die Sonne stand schon ziemlich tief am immer noch klaren Himmel, als wir uns endlich auf den Heimweg machen durften. Unsere Bewacher fuhren mit dem Auto voraus, so daß wir uns fast wie freie Menschen fühlten. Beim Gehen konnten wir das Sinken des großen Sonnenballes beobachten, der schließlich rotglühend den Himmelsrand erreichte und dann, letzte Strahlen aussendend, immer tiefer versank. Wir blieben mehrmals stehen, um das Naturschauspiel recht zu genießen. Als wir zu Hause ankamen, war es schon fast dunkel geworden. Elisabeth empfing uns vier mit Freude und Mitgefühl. „Nun müßt ihr euch erst einmal ausruhen und etwas Warmes essen“, sagte sie fürsorglich. Aber während die anderen sich die Mäntel und Jakken auszogen und vom Tagesverlauf berichteten, drängte es mich, in die große Vorderstube zu gehen, wo seit kurzem wieder unser Klavier stand. Die Jungen hatten es im Dorf entdeckt und nach Hause geschafft. Die Stube war dunkel und ungeheizt. Ich hob den Klavierdeckel, griff mit der rechten Hand nach den Tasten und versuchte im Stehen die Melodie zu spielen, die mir auf dem Heimweg durch den Kopf gegangen war: „Wilde Gesellen, vom Sturmwind durchweht . . .“ mit dem Kehrreim „Uns geht die Sonne nicht unter.“ Ich hatte leider nie Klavierspielen gelernt, konnte aber bald eine leichte zweite Stimme dazu spielen. Nun setzte ich mich und versuchte, mit der linken Hand die Akkorde wie bei der Lautenbegleitung zu greifen. Und immer wieder erklang es zu meiner Freude: „Uns geht die Sonne nicht unter!“ Zuversicht, Hoffnung und Dankbarkeit erfüllten mich dabei. Mir war's an diesem einen Tag so wunderbar hell in der Seele, als ob der klare Wintertag alle Leiden ausgelöscht und mir neuen, frischen Lebensmut eingehaucht hätte.

In der Adventszeit haben wir dann einmal Pfefferkuchen gebakken. Wie früher alljährlich wurde auch diesmal ein frohes Unternehmen daraus. Alle Kinder durften sich an der Arbeit beteiligen. In dem großen Küchenschrank in der Speisekammer fanden sich noch ein paar brauchbare Ausstechformen. Aus Sirup, Roggenmehl und unserem Hopfentreibmittel kneteten wir einen schönen dunkelbraunen Teig, der sich auf dem Küchentisch ausrollen ließ und aus dem die Kinder allerlei geformte Plätzchen ausstachen oder mit dem Messer ausschnitten. Die entstandenen Kuchen wurden zum Vergnügen aller in der Backröhre des Küchenherdes abgebacken. Natürlich gab es zuletzt kleine Kostproben von den versehentlich zerbrochenen oder zu scharf gebackenen Kuchen. Aber der weitaus größte Teil wurde für das Weihnachtsfest aufgehoben. Einen Baum zum Fest würden die Jungen aus dem Wald holen. Aber Kerzen? Sie wußten auch hier Rat. In den verwilderten Bauerngärten stand noch manch verlassenes, zerstörtes Bienenhaus. Mit Eifer durchsuchten die Kinder die Kästen und brachten Stücke von gefundenen Bienenwaben ins Haus. Das Kerzenziehen hatte ihnen einmal eine Missionsschwester, die in Afrika gewirkt hatte, bei einem ihrer Besuche im Pfarrhaus beigebracht. Mit Staunen erlebte ich zum ersten Mal, wie man Bienenwachskerzen herstellen konnte. Das Wachs wurde in einem Topf mit heißem Wasser geschmolzen und schwamm dann in einer Schicht oben. An den Stiel eines Kochlöffels banden wir in gleichen Abständen mehrere weiße gleichlange Baumwollfäden, deren Enden senkrecht nach unten hängen mußten. Die Fäden wurden nun in die Flüssigkeit eingetaucht und langsam wieder herausgezogen. Das Wachs durchtränkte die Baumwolle und setzte sich dabei an den Fäden fest. Man wartete, bis es sich durch die äußere Abkühlung ein wenig erhärtet hatte, und wiederholte den Tauchvorgang; eine neue Wachsschicht bildete sich über der erkalteten. Das Verfahren wurde so lange fortgesetzt, bis die Kerzen die gewünschte Stärke hatten. Im ganzen Haus roch es wunderbar nach Bienenwachs. Die Kerzenzieher stellten so viele Kerzen her, wie sie Wachs gefunden hatten. Unser Weihnachtsbaum würde hell erstrahlen.

Rechtzeitig vor Weihnachten hatten die Jungen im Wald eine Fichte geschlagen. Auf mehreren zusammengebundenen Rodelschlitten beförderten sie den langen Baum geschickt und unbeschädigt nach Hause. Er war gut gewachsen und reichte vom Fußboden bis zur Decke. Egbert hatte sorgfältig gemessen. Der einzige Schmuck waren die Honigkerzen, die uns ungewohntes, heimeliges Licht spendeten und durch ihr leises Knistern und Zischen – wohl von eingeschlossenen Wassertröpfchen verursacht – etwas an Wunderkerzen erinnerten. Ihr feiner Duft mischte sich mit dem der Fichte und verbreitete echten Weihnachtszauber. Wir sangen zusammen die alten Weihnachtslieder, und Elisabeth las uns in Abschnitten die Weihnachtsgeschichte vor. Die Kinder bescherten sich gegenseitig, so gut es ging, indem sie von ihren geretteten oder wiedergefundenen Spielsachen und Büchern das eine oder andere dem Bruder oder der Schwester schenkten. Alle bekamen wir – jeder für sich – einen kleinen Teller mit unseren selbstgebackenen Pfefferkuchen. Unausgesprochen dachten wir Älteren wohl alle an vergangene Weihnachtsfeste, als noch Frieden im Lande war, oder auch an die Feste während des Krieges, an denen wir durch Post und Rundfunk mit unseren im Felde stehenden Lieben verbunden waren. – Helgard erlebte diesen festlichen Abend mit uns zusammen von ihrer Bettstatt auf dem Sofa aus. Ihr abgezehrtes Gesicht mit den matten, tiefliegenden Augen verriet, wie krank und schwach sie in den vergangenen Wochen, in denen sie kaum etwas zu sich genommen hatte, geworden war. Neben den frischen Gesichtern ihrer Geschwister wirkte sie wie ein Wesen aus einer anderen Welt.

Die Weihnachtstage und der Jahresschluß vergingen in winterlicher Stille. Wir genossen unsere weihnachtliche Stube, lasen, erzählten und spielten miteinander, sangen und flöteten zusammen. Gearbeitet wurde nur das Nötigste. In diesen Tagen erfuhren wir auch keine Störung von außen, dafür waren wir sehr dankbar.

Nach dieser festlichen Zeit verschlechterte sich Helgards Befinden zusehends. Hatten die Erwartung des Weihnachtsfestes und sein Verlauf ihren Lebenswillen vielleicht noch etwas gestärkt, so schienen nun ihre Kräfte gänzlich zu verfallen. Sie konnte nicht mehr auf das Sofa gebettet werden; ihr Lager stand jetzt in dem kleinen Zimmer neben der Küche. Elisabeth wich nicht mehr vom Krankenbett. Wir anderen vermieden es, das Zimmer zu betreten. Von Elisabeth erfuhren wir jeden Tag, daß die Kräfte des kranken Kindes immer mehr abnahmen. Dennoch blieb es bei voller Besinnung. Elisabeth hatte eine große Bilderbibel zur Hand. Sie erzählte, daß Helgard mit Anteilnahme und Freude mit ihr zusammen die schönen Bilder darin betrachtete und sie sich von ihr erklären ließ. Ich stellte mir vor, wie glücklich das Kind wohl darüber war, daß es Tag für Tag die Mutter ganz für sich haben durfte. Einmal stand es wieder ganz schlecht. Elisabeth sagte, Helgard hätte nun keinen Lebensmut mehr. Aber am anderen Tag war bei der Kranken dann wieder etwas Zuversicht aufgekommen. Sie glaubte, das Schwerste überstanden zu haben und vielleicht wieder gesund werden zu können. Dann kam die Nacht, in der Elisabeth Stunde um Stunde am Bett ihres todkranken Kindes verbrachte. Als Trudel und ich morgens die Küche betreten hatten, erschien sie blaß und übernächtigt in der Tür. Ich hatte gerade das Feuer in Gang gebracht. In einen Stieltopf goß ich eine Tasse Milch und wärmte sie über dem Feuer, während Elisabeth uns von der Nacht kurz berichtete. Ich goß die warme Milch in die Tasse und reichte sie wortlos der erschöpften Mutter. „Wie rührend von dir", sagte sie matt, „aber Helgard scheint jetzt etwas zu schlafen." Ich hielt ihr noch immer die Tasse entgegen und sagte leise: „Die Milch ist für dich." Elisabeths Gesicht veränderte sich augenblicklich. Sie hob abweisend die Hand und erwiderte fast heftig, als hätte ich etwas völlig Unzumutbares von ihr erwartet: „Doch nicht für mich!" Da ließ ich meinen erhobenen Arm langsam sinken, wendete mich um und goß die Milch in den kleinen Vorrat zurück. Ich hatte Elisabeth etwas Gutes tun wollen, aber sie war in ihrer aufopfernden Liebe so weit von uns entfernt, daß wir sie nicht erreichten. Sie brauchte solche Hilfe nicht. Ich war sehr niedergeschlagen, daß man so gar nichts für sie tun konnte.

Die Mutter war wieder ins Krankenzimmer zurückgekehrt. Wir nahmen ohne sie die Morgensuppe zu uns. Am späten Vormittag erschien dann Elisabeth wieder in der Küche. „Helgard ist für immer eingeschlafen", sagte sie mit gefaßter Stimme. Wir holten die Kinder zusammen. „Wir wollen zu Helgard hineingehen", sagte die Mutter sanft, „und sie noch einmal ansehen." Sie öffnete die Tür und führte uns in einem leichten Bogen um das Bett herum, das an der Wand stand. So verharrten wir im Halbkreis um das Lager. Helgard lag in ihrem Bett, den Kopf etwas höher gebettet und leicht hintenübergeneigt, die Augen geschlossen; ihre langen Zöpfe lagen geordnet auf der Bettdecke, ihre Hände waren gefaltet. Der Tod hatte ihren gequälten Gesichtsausdruck gelöst. Ihre Züge waren von verklärtem Ernst und voller Frieden. Sie sah überaus schön aus. – Wir gingen still aus dem

Zimmer. Die Kinder wußten nun: Helgards Seele ist im Himmel, sie hat es gut.

In mir aber war eine große, dunkle Leere. Helgard lebte nicht mehr. Sie hätte aber noch leben können, wenn kein Krieg gewesen wäre. Ängste und Schrecken dieser grauenvollen Zeit wurden durch die uns treffenden Gewalttätigkeiten gerade für eine Heranwachsende bis ins kaum Erträgliche gesteigert. Solche ungewöhnliche Belastung konnte dieses zarte Mädchen nicht aushalten, ohne seelisch Schaden zu nehmen. Sicherlich litt Helgard auch besonders unter der Abwesenheit des verschleppten Vaters und der Ungewißheit seines Schicksals. Ich dachte daran, wie sie ihm damals von der Terrasse aus entgegengeeilt war, als er von seiner ersten Verschleppung zurückkehrte. Bewußt oder unbewußt wollte Helgard in einer so furchtbaren Welt nicht mehr leben, darum wollte sie auch nicht mehr essen. Vielleicht hätte die Rückkehr des Vaters noch einen Umschwung zum Guten gebracht oder aber eine gezielte ärztliche Behandlung die seelisch Erkrankte retten können. – Ich stand mit solchen Gedanken am Herd und scheuerte den großen Essenstopf; der Boden war zu dünn, so daß die Suppe bei dem ungleichmäßigen Herdfeuer leicht ansetzte. – Der Schmerz über Helgards Tod griff in eine Tiefe, die ich nicht ausloten konnte. Tränen hatte ich nicht mehr. Jemand kam in die Küche, aber ich hielt den Kopf gesenkt, ganz meiner inneren Verlorenheit hingegeben. Doch dann stand auf einmal Elisabeth neben mir am Herd, ich sah ihre Schürze und wandte mich leicht um. Da fühlte ich ihre Hände schwer auf meinen Schultern, als ob sie sich auf mich, die Kleinere, stützen wollte. Ihr Kopf sank vornüber neben den meinen. „Ich kann es ja nicht fassen“, flüsterte sie mit versagender Stimme. Was war meine Trauer gegen den Schmerz dieser Mutter! Ich wollte etwas Tröstliches sagen, aber ich fand keine Worte. So strich ich ihr nur immer mit der Hand sanft über den Rücken. Als wir Schritte auf dem Flur hörten, richtete sich Elisabeth langsam auf, wir tauschten noch einen kurzen Blick; dann ging die Tür auf, Kinder kamen herein, und ich scheuerte weiter meinen Topf.

In den folgenden beiden Tagen war es still in unserem Haus. Die Unterrichtsstunden fielen aus. Die großen Jungen hatten beschlossen, für ihre Schwester einen Sarg zu zimmern. Bisher hatten wir nie Gelegenheit und Möglichkeit gehabt, unseren Toten diesen Dienst zu erweisen. Nun half ein Mann aus dem Dorf den Jungen bei der Arbeit. Es wurde ein schlichter, schmaler Kasten, in dem Helgard ihr letztes Ruhebett fand.

Elisabeth hatte sich aus dem Tagesbetrieb etwas zurückgezogen. Wenn man sie sah, war sie ruhig und gefaßt, wenn auch sehr ernst. Am dritten Tag fanden wir uns zur Trauerfeier zusammen. Der Sarg stand auf zwei Stühlen mitten in dem Zimmer, das noch vor vier Wochen unsere Weihnachtsstube gewesen war. Wir saßen in zwei Reihen seitlich von dem Sarg, Elisabeth stand am Fußende. Sie hielt das große schwarze Buch mit der Liturgie in beiden Händen. Und das mir Unvorstellbare begann: Die Mutter hielt einen Trauergottesdienst für ihr gestorbenes Kind. Ich bemühte mich, die ausgesuchten Lieder mitzusingen, meine Kehle aber versagte mir den Dienst, so bewegte ich nur die Lippen. Elisabeth hielt dann eine Ansprache. Sie hatte sie aufgeschrieben, trug sie aber frei vor. Helgards kurzes Leben und ihr Leiden zogen noch einmal an uns vorüber. Es gab keine Klagen, keine Tränen. Ich starrte auf den Sarg, meine Augen brannten. Die Mutter sprach uns allen Trost zu. Sie erschien mir in dieser Stunde wie ein höheres Wesen. In welchen Niederungen dagegen befand ich mich mit meiner dunklen, dumpfen Trauer! – Dann fuhren wir die Tote auf den Friedhof hinaus. Das Grab war trotz des Frostes geschaufelt worden. Helgard wurde, unbeeinträchtigt von der Unbill unserer Verhältnisse, nach christlichem Brauch würdig begraben. Still kehrten wir heim. Trudel erwartete uns an der Haustür, mit dem kleinen Frieder auf dem Arm. Er würde sich später an seine große Schwester, die ihn in ihren gesunden Tagen so liebevoll und gewissenhaft betreut hatte, nicht erinnern können.

Helgard hinterließ bei uns allen eine große Lücke. Aber wir fanden es auch erleichternd, daß sie von ihrer unter den gegebenen Umständen nicht zu heilenden Krankheit erlöst war. Das langsame, unaufhaltsame Dahinschwinden hatte alle belastet, zumal wir dem Verlauf der Krankheit hilflos zusehen mußten. Mich beschäftigte innerlich noch weiterhin das Schicksal des jungen Mädchens, das mir von Anfang an zugetan war und auf das ich in den Tagen zunehmender Erkrankung keinen Einfluß mehr hatte. Merkwürdigerweise schien mir Helgard nun nach ihrem Tod gegenwärtiger zu sein als in ihrer Leidenszeit, und zwar sah ich sie nun immer gesund vor mir und erinnerte mich an unsere gemeinsamen frohen Erlebnisse und Gespräche vor dem Ausbruch ihrer Krankheit. Besonders am Abend vor dem Einschlafen trat mir alles lebhaft vor Augen. In einer Nacht bald nach der Beerdigung hatte ich einen erregenden Traum. Ich stand im dämmerigen Garten. Da trat plötzlich aus dem Gesträuch Helgard in ihrem langen Nachthemd hervor, eine strahlende Lichtgestalt, schelmisch lächelnd, daß sie mich so überrascht hatte. Doch ich erschrak nicht, sondern freute mich, sie so heiter zu sehen. „Nun, Helgard“, sagte ich, „wie ist es denn dort, wo du jetzt bist?“ Sie sah mich mit leuchtenden Augen an: „Ach, Tante Leni, viel schöner als hier!“ Es klang so überzeugend, daß Sehnsucht in mir aufstieg. Da sagte Helgard fröhlich: „Weißt du was? Ich nehme dich einfach mit!“ Und sie bückte sich sogleich und umschlang mit einem Arm meine Kniekehlen. Ich spürte, wie ich wankte, eine große Bangigkeit ergriff mich, und ich wachte auf. Mein Herz klopfte laut und schnell, im Kopf saß mir ein Schwindelgefühl, als ob ich nach hinten fiele, der Angstschweiß brach mir aus allen Poren. War ich krank? Ich versuchte, meinen heftigen Atem zur Regelmäßigkeit zu zwingen, erinnerte mich erst jetzt, daß Trudel im selben Zimmer schlief, und wollte nach ihr rufen. Ich fand aber nicht so schnell die Sprachlaute, und da ließ das Angstgefühl schon etwas nach, und der Schwindel im Kopf wich allmählich; mein Herzschlag wurde ruhiger. Ich erkannte im Halbdunkel die Umrisse der wenigen Möbel im Zimmer, und meine Gedanken nahmen einen vernünftigen Verlauf. Ich hatte lebhaft geträumt. Dennoch meinte ich, daß ich in großer Gefahr gewesen sei. Nie zuvor in meinem Leben hatte ich einen solchen Zustand erlebt. Noch Tage danach verfolgte mich die Sorge, er könnte noch einmal entstehen, und ich würde dann vielleicht nicht mehr ins Leben zurückkehren. Von meinem Traum und dem Zustand danach erzählte ich den anderen nichts, um sie nicht zu beunruhigen. Der Vorgang wiederholte sich aber nicht wieder. Helgard war mir im Alltag nun nicht mehr so unmittelbar nahe, ich konnte ruhiger und mit dem natürlichen Abstand der Lebenden zu den Toten an sie denken.

Über vier Wochen waren nun schon seit Helgards Tod vergangen, unser alltägliches Leben nahm wieder seinen gewohnten Verlauf. Wir hatten den Schulunterricht fortgesetzt. Er verkürzte den Kindern und mir die meist grauen Wintertage. Eine wahrhaft sibirische Kälte hielt uns im Hause fest. Der Abc-Schütze Matthias konnte mit Stolz seiner Mutter vorweisen, was er schon gelernt hatte: Wörter lesen und schreiben, zählen und rechnen und kleine Gedichte aufsagen.

Eines Abends – wir saßen gerade beim Abendbrot – hörten wir ein ungewöhnliches Geräusch von der Straße her. Fuhr da nicht ein Pferdewagen? Egbert lief zum Fenster. „Eine offene Kutsche mit zwei polnischen Soldaten“, rief er, „sie kommen zu uns, sie haben das Gartentor geöffnet!“ Zwei Männer! Ich stand ohne ein Wort auf, lief auf den Flur und hinten zur Haustür hinaus. Ich wollte mich vor den Männern verstecken, flüchtete kurzentschlossen in die Scheune mit den beiden Aborten und lehnte die Tür an. Zunächst blieb alles still. Zu der üblichen Jagd durch das Wohnhaus schien es nicht zu kommen. Das war merkwürdig. Vielleicht waren die ungebetenen Besucher schon wieder fort. Da hörte ich draußen Gerhards Stimme laut meinen Namen rufen: „Tante Leni, du sollst hereinkommen!" Was hatte das zu bedeuten? Ich nahm mich zusammen und antwortete: „Ja, ich komme!" Mit der einen Hand faßte ich nach dem Riemen, der meine alte Trainingshose in der Taille hielt. Er war lang und schmal und würde zu einer Schlinge reichen, wenn es schlimm käme. Die beiden uniformierten Männer waren von der polnischen Miliz, einer Art bewaffneter Polizei, die in der Zeit des Übergangs zu einer zivilen Ordnung die Macht ausübte. Sie hatte, wie wir wußten, eine Dienststelle in Moorbach. Die beiden Männer sprachen schlecht deutsch und bedeuteten mir, daß ich sofort den Wagen besteigen sollte. Elisabeth flüsterte mir zu: „Es ist wegen des Schulunterrichts." Die Kinder umstanden mich mit angstvollen Gesichtern, während die beiden Männer mit „schnell, schnell!" zum Aufbruch drängten. Ich zog den von Else geerbten Mantel über. Draußen war es fast dunkel geworden. Die Umrisse des Wagens mit dem kleinen Pferd davor hoben sich von dem mit Schnee bedeckten Gartenweg ab. Warum wurde ich zu so später Stunde abgeholt? Meinen Platz erhielt ich auf dem Rücksitz des Wägelchens angewiesen. Gerhard kam herbeigelaufen und brachte mir eine alte Soldatendecke. Ich schlug sie um die Schultern, da fuhr der Wagen auch schon an. Alles lief ab, ohne daß ich ein einziges Wort gesprochen hatte; mir war, als wäre ich äußerlich versteinert. Mein Ich hatte sich, wie früher schon einmal, in seinem innersten Bereich zusammengekauert.

Trotzdem nahm ich mit meinen Sinnen und meinem Verstand alles, was geschah, sorgfältig wahr. Unser Weg führte die Dorfstraße entlang und bog in Richtung Moorbach um. Rechts und links dehnten sich schneebedeckte Felder, sie schienen ein mattes Licht zu verbreiten. Am nachtdunklen Himmel war kein Stern zu sehen. Vor mir auf dem Vordersitz unterhielten sich die beiden Männer in ihrer Sprache. Ab und zu knallte der Kutscher leicht mit der Peitsche, um das ermüdende Pferd anzutreiben. Mir schien, daß ich von den beiden Soldaten – wenigstens zunächst – nichts zu befürchten hatte. Meine Spannung ließ allmählich etwas nach, ich holte tief und regelmäßig Atem. Was sollte mit dem Unterricht sein? Ich hatte kein schlechtes Gewissen. Aber freilich – ich war eine Deutsche. Woher wußte die polnische Miliz eigentlich, daß ich Lehrerin war und die Kinder unterrichtete? Solche

Gedanken gingen mir durch den Kopf, während wir weiter in die Nacht hineinfuhren. Wo würde ich mich wohl heute zur Ruhe legen? Unwillkürlich faßte ich wieder nach dem Riemen um meinen Leib.

Unser Wagen rollte fast lautlos auf der ausgefahrenen Schneedecke. Nach längerer Zeit erreichten wir endlich Moorbach. Straßen und Häuser lagen auch hier im Dunkel. Manchmal sah man durch ein Fenster ein einsames Kerzenlicht flackern. Unser Wagen bog links von der Hauptstraße ab, fuhr bald darauf rechts in eine Straße hinein und hielt schließlich vor einem großen Eckhaus. Stufen führten zur Eingangstür hinauf. Durch die Ritzen der geschlossenen Fensterläden schimmerte Licht. Wir durchschritten einen halbdunklen Raum, der etwas Licht durch eine offene Tür vom Nebenraum erhielt. Gab es hier elektrischen Strom? Meine beiden Begleiter betraten eine Art Diele, in der ein polnischer Soldat an einem Tisch saß. Offenbar machten sie ihm eine Meldung, es wurde hin und her gesprochen. Dann ging ein Soldat zu einer der hohen Türen im Raum und klopfte an. Eine weibliche Stimme rief deutlich vernehmbar: „Herein!" Ich stutzte. Die Tür wurde geöffnet, und vor mir stand ein junges Mädchen, das ich kannte. Es war eine der wenigen Bauerntöchter, die damals, als ich nach Kirchheim kam, noch nicht verschleppt worden waren. Sie hatte sich auch einmal zu uns ins Pfarrhaus geflüchtet, und wir hatten miteinander gesprochen. Jetzt streckte sie mir erfreut beide Hände entgegen und zog mich in die warme Stube. Ich mußte mich setzen; sie eilte noch einmal zur Tür und drehte den Schlüssel von innen herum. Langsam erholte ich mich von meiner Verblüffung. „Wie kommen Sie hierher?" fragte ich. „Ich arbeite hier in der Küche", sagte sie unbefangen, „es sind noch zwei Mädchen hier. Wir haben es verhältnismäßig gut." Ich sah mich in dem fast behaglich eingerichteten Zimmer um. An der Wand stand ein breites Bett. Sie war wohl meinem Blick gefolgt und erklärte unaufgefordert, sie wohne hier allein, die anderen beiden Mädchen hätten auf der anderen Seite des Flurs ein Zimmer. Nun fragte ich und kam dabei etwas ins Stottern: „Und wie ist es mit den Männern, ich meine . . ." Sie lächelte. „Wir werden ordentlich behandelt, Vergewaltigungen gibt es hier nicht." Sie suchte meinen Blick und setzte hinzu: „Nur, wenn man damit einverstanden ist, nur dann . . ." und nun war sie es, die das Satzende nicht fand. Ach so! Ich konnte mir denken, welche Rolle sie hier spielte. Etwas zog sich in meinem Innern schmerzhaft zusammen. Ich bemühte mich, meinen Gesichtsausdruck nicht zu verändern; ich wollte mir kein Urteil anmaßen. Was wußte ich denn von ihrem Kampf ums Überleben, der sie schließlich in diese Rolle getrieben hatte, nach der bitteren Erkenntnis: Lieber nur einem, der Schutz und Nahrung bietet, als allen ausgeliefert zu sein. Ich sagte: „Ich weiß Ihren Namen nicht mehr, entschuldigen Sie!" „Das macht doch nichts, Fräulein Langemark, ich heiße Rita." Ich spürte ihre Erleichterung über den Themawechsel. „Haben Sie Hunger?" und ohne die Antwort abzuwarten, setzte sie mir allerlei Eßwaren vor: Brot, Wurst, Käse. Obwohl ich keine große Eßlust verspürte, nahm ich etwas zu mir. Wer weiß, wann meine nächste Mahlzeit sein würde, und ich brauchte meine Kräfte. Dann mußte ich erklären, warum und wie ich in dieses Haus der polnischen Miliz gebracht worden war. Wie sollte es weitergehen? Was hatte man mit mir vor? Rita sprach mir in ihrer unbekümmerten Art Hoffnung zu. Freilich, das, wovor ich mich am meisten ängstigte, spielte für sie keine wesentliche Rolle mehr. Nun wollten wir uns zur Ruhe legen. Rita richtete mir mit Kissen und Decken ein bequemes Lager auf dem Sofa ein. Man merkte ihr die Freude an, sozusagen „Besuch" zu haben. Dann begann sie, sich auszuziehen. Ich rührte mich nicht auf meinem Stuhl. Schließlich sagte ich auf ihre verwunderte Frage: „Ich möchte mich nicht ausziehen. Ich habe Angst vor der Nacht." Sie versuchte noch einmal, mich zu beruhigen. „In dieses Zimmer kommt niemand herein, wenn ich es nicht will. Hier geschieht Ihnen nichts." Aber sie konnte mich nicht dazu bringen, meine Kleider abzulegen. „Ziehen Sie doch wenigstens die Schuhe aus", bat sie. Ich dachte, es ginge ihr um die Schonung ihrer Decken, und wollte deshalb meine Füße in meine graue Soldatendecke wickeln. Sie aber meinte, ich könnte doch ohne Schuhe besser schlafen. Schließlich zog ich sie aus, nicht ohne Bedenken, denn ohne Schuhe könnte man nicht ins Freie entfliehen, wenn Gefahr drohte und Fluchtmöglichkeit bestand. Ich legte mich auf das Sofa, Rita schaltete das Licht aus und sagte gute Nacht.

Im Dunkeln versuchte ich meine Gedanken zu ordnen. Ich sah „meine Familie" vor mir; sicher würde sie sich um mein Ergehen sorgen. Wenn sie wüßte, daß ich hier bei einer freundlichen Kirchheimerin untergebracht war! Noch einmal überdachte ich meinen unfreiwilligen Aufbruch am Abend, erlebte die nächtliche Fahrt mit der bangen Erwartung, was mit mir geschehen würde. Mein Herz war für den bisherigen Verlauf voller Dankbarkeit. An den morgigen Tag wollte ich jetzt nicht denken. Als ich so weit gekommen war, wurde es plötzlich draußen auf dem Flur lebhaft. Offenbar hatten mehrere Männer das Haus betreten, es wurde laut gesprochen, Türen wurden geöffnet und zugeschlagen. Rita sagte leise: „Der Chef ist mit seiner Begleitung nach Hause gekommen. Keine Angst!“ Ich hatte mich aber schon aufgerichtet und wagte kaum zu atmen. Nun klopfte es an die Tür. „Aufmachen!“ Rita rief: „Nein!“ Jemand rüttelte an der Klinke. Schritte gingen eilig hin und her. Nun erklang erneutes Klopfen, und eine andere, ruhige Stimme sagte: „Mach auf! Es ist wegen der Frau.“ Rita stand auf, ging zur Tür und schaltete das Licht ein. Ich zog indessen mit zitternden Händen meine Schuhe und den Mantel an, rollte die Decke zusammen und preßte sie unter meinen Arm. Als die Männer mich sahen, hieß es: „Mitkommen!“ Ich gehorchte wie eine mechanische Puppe und sah mich nicht um. Einer der Soldaten ging voran, einer hinter mir. Ich wurde zur Kellertreppe geführt. Dort gab es kein Licht. Der vordere Soldat aber hatte eine automatische Taschenlampe, deren Surren mich, wie so oft schon, an die schlimmste Nacht meines Lebens erinnerte. So tappten wir die Treppe hinunter, hinein in das schwarze Dunkel. Dann öffnete der Vordermann eine Kellertür. „Da!“ sagte er mit entsprechender Armbewegung. Ich machte unsicher einen Schritt vorwärts in die Schwärze hinein. Sofort schloß sich hinter mir die Tür, Schlüssel klirrten; ich war eingeschlossen. Die Schritte der Männer entfernten sich, ich hörte zuletzt das Zuschlagen der Tür oben an der Treppe. Dann blieb es still. Noch immer stand ich an derselben Stelle, atmete nun aber auf. Die Männer jedenfalls waren fort, ich war allein. Man hatte mich in den Keller gesperrt. Das war nicht das Schlimmste, solange niemand zu mir kam. Mit der einen freien Hand tastete ich mich an der Wand entlang. Fünf vorsichtige Schritte, da war die Wand zu Ende. Ich fühlte die Ecke und ging in der Querrichtung vorwärts. Nach drei Schritten stieß ich gegen ein Hindernis. Das war keine Wand. Ich tastete alles ab und machte dort ein dickes Kesselrohr aus, das, kurz über dem Boden beginnend, bis über meinen Kopf hinaus an der ganzen Längswand entlanglief. An seinem Ende befand ich mich dann auch gleich neben der Tür. Im übrigen war der kleine Raum leer. Ich überdachte meine Lage. Offenbar hielt man mich für eine Art Verbrecherin. Wahrscheinlich hatte deswegen der „Chef“ meine Unterbringung bei Rita als nicht angemessen empfunden. Was hatte ich nach solcher Einkerkerung zu erwarten: Strafe, Verschleppung, Tod – oder Schlimmeres? Und wofür? Ich faßte nach meinem Riemen. Und nun begann ich noch einmal die Wand abzutasten, die ganze Wand, so hoch ich mit dem Arm reichte. Und ich fand, was ich suchte: einen eiseren Haken. Ich legte meine zusammengerollte Decke auf den Boden, trat drauf und versuchte, den Haken mit beiden Händen zu umfassen. Es ging nicht. Ich legte die eine Hand über die andere und fand so einen Halt. Nun zog ich die Beine etwas an und hängte mich für ein paar Augenblicke mit meinem ganzen Körpergewicht an den Haken. Meine Hand schmerzte, aber ich wußte nun, der Haken würde halten, wenn es zum Äußersten käme.

Der Gedanke gab mir Ruhe und Fassung wieder. Ich bückte mich nach meiner Decke; mich fröstelte. Durch meine Kleidung hindurch spürte ich die Kälte auf der Haut. So schlug ich mir die Decke um die Schultern, hüllte mich ein und hielt sie mit den Armen über der Brust zusammen. Wie spät es wohl sein mochte? Schon Mitternacht? Hoffentlich wurde oben nicht getrunken. Ich lauschte angespannt nach Geräuschen, nach dem, ach, so sattsam bekannten Lärm betrunkener Männer. Aber ich hörte nichts. Wenn ich diese eiskalte Nacht gesund überstehen sollte, so mußte ich mich bewegen, um warm zu werden und es auch zu bleiben. Auf den Boden setzen durfte ich mich keinesfalls. So begann ich in der Finsternis zu gehen, fünf Schritte hin, fünf Schritte zurück. Dies würde wohl für mehrere Stunden meine einzige Beschäftigung sein. Aber mein Geist war rege. Ich dachte zuerst an meine Angehörigen und meine Freunde. Meine Gedanken konnten ungehindert diesen dunklen Kellerraum verlassen. „Die Gedanken sind frei . . ." Wie oft hatte ich dieses Lied fröhlich gesungen! „Und sperrt man mich ein im finsteren Kerker . . ." ging es mir weiter durch den Sinn. Ein trefflicher Text! Mir wurde leichter und freier zumute. Nun besann ich mich darauf, daß ich einen kostbaren Schatz in mir trug, nämlich eine große Anzahl deutscher Lieder und Gedichte, die ich in meiner Schulzeit und später noch als Lehrerin gelernt hatte. Ich begann, sie mit leiser Stimme aufzusagen, die ersten Kinderverse bis hin zur anspruchsvollen Lyrik des Unterrichts in der Oberprima. Liedertexte fügten sich dazu, auswendig gelernte Bibelstellen, sogar fast das ganze Buch von Max und Moritz. Ich vergaß darüber Dunkelheit und Kälte, verspürte keine Müdigkeit und verlor jedes Zeitgefühl. Seltsam war es dann, als sich bei einem der zahllosen Hin- und Herwege gegenüber der Kellertüre oben an der Wand ein kleines dunkelgraues Rechteck zeigte. Mein Verlies besaß also ein Fenster! Die Morgendämmerung hatte begonnen. „Ich kann das Licht noch sehen . . ." ging es mir – wie schon so oft in diesem vergangenen Jahr – durch den Sinn. Irgendwie gestärkt, setzte ich meine unterbrochene Wanderung fort, und während ich die Verse weitersprach, beobachtete ich das Hellerwerden des Rechtecks. Immer deutlicher zeichnete sich das Fenster ab. Nun sah ich auch, daß das Glas zerschlagen war und eine große Scherbe fehlte. Mit zunehmender Helligkeit erkannte ich draußen den Schnee auf dem Erdboden. Dazu mußte ich in dem Raum bis zur Tür zurücktreten. Von dort schaute ich auf einen Hof hinaus, der offenbar voller Gerümpel lag. Dazwischen, auf einer kleinen Schneefläche, ließen sich später zwei Spatzen nieder. Sie hüpften und pickten herum, fanden wohl nichts Rechtes und flogen wieder davon. Mein Blick verfolgte sie sehnsüchtig, aber ich konnte nicht weit sehen. Wie beneidete ich die beiden kleinen Lebewesen, die sich über alle Hindernisse hinweg frei in die Luft erheben konnten. – Das Haus schien allmählich zu erwachen, allerlei Geräusche vernahm ich in gedämpfter Lautstärke. Ich strich mir mein langes Haar zurecht und steckte den Knoten neu auf. Was mir der Tag auch bringen möge, – ich war dankbar, daß ich diese kalte Nacht überstanden hatte und daß ich dabei in Gesellschaft von so vielen guten Geistern gewesen war. Der kleine Raum erhellte sich allmählich so weit, daß ich nach und nach alles erkennen konnte, was ich nachts nur gefühlt hatte. In der Tat füllte die Hälfte des Raumes ein großer Wasserspeicher mit den dazugehörigen Zu- und Abflußrohren aus. Auf der gegenüberliegenden Längsseite sah ich auch den eisernen Haken, den ich nachts geprüft hatte.

Als ich schließlich jemanden die Kellertreppe herunterkommen hörte, war ich gespannt, aber ohne Furcht. Die Tür wurde von einem Soldaten aufgeschlossen, und ich mußte voran nach oben gehen. Mit meiner zusammengerollten Decke unter dem Arm betrat ich ein Zimmer, das wie ein Büro eingerichtet war. Mehrere Tische waren hufeisenförmig zusammengestellt. An der offenen Seite des Hufeisens befand sich ein breites Fenster. Drei Männer von der Miliz saßen an den Seitentischen. Ich stand vor der Stirnseite des Hufeisens, so daß mir der lange Tisch wie eine Barriere erschien. Durch das Fenster fiel der helle Morgenschein. Der Soldat, der mich hereingeführt hatte, stellte mir einen Stuhl hin und nahm dann selber Platz. Ich durfte mich setzen. Flüchtig ging mein Blick über die Gesichter der Männer, die gut ausgeschlafen schienen und eigentlich nichts Erschreckendes an sich hatten. Es gab zunächst einen kleinen Wortwechsel in polnischer Sprache. Ich wurde anscheinend nicht weiter beachtet. Aber dann geschah etwas, was ich nicht erwartet hatte. Ein Mädchen betrat mit einem Teller voll dampfender Suppe das Zimmer, stellte ihn vor mich hin auf den Tisch und legte den Löffel dazu. An Essen hatte ich überhaupt noch nicht gedacht, auch keinen Hunger verspürt. Daß ich wie ein Mensch behandelt wurde, stimmte mich zuversichtlich. Die warme, sämige Kartoffelsuppe tat mir gut und belebte mich. Ich aß den Teller ohne Hast leer und schob ihn dann zur Seite. Nun begann ein richtiges Verhör. Einer der Soldaten sprach deutsch und betätigte sich als Dolmetscher. Man fragte mich nach meinem Beruf und ob ich, wie ihnen gemeldet worden sei, tatsächlich Schule gehalten hätte. Warum ich es gemacht hätte, was ich unterrichtete usw. Ich gab auf alle Fragen mit gutem Gewissen Antwort. Es mußte immer hin und her übersetzt werden. Was sie nun eigentlich herausbekommen wollten, weiß ich nicht. Manche Frage wurde in etwas schärferer Tonart wiederholt. Ich konnte aber auf dieselbe Frage immer nur die gleiche Antwort geben. Zuletzt sahen sich meine Richter nachdenklich an und sprachen dann miteinander. Ich hörte von der mir unbekannten Sprache das Wort „patriotka" heraus. Bedeutete es vielleicht „Patriotin"? Der Dolmetscher sagte schließlich zu mir gewandt: „Sie können nach Hause gehen. Sorgen Sie dafür, daß wir nichts mehr von Schule und Unterricht hören!" Nach Hause!! Ich konnte es kaum glauben. Erst als ich das Haus verlassen hatte – ich erkannte in ihm jetzt die Apotheke am Markt – wagte ich, mich zu freuen.

Draußen war ein heller, klarer Wintertag, blauer Himmel, strahlende Sonne. Ein warmes Glücksgefühl durchflutete mich. Ich war wieder einmal davongekommen, die sibirischen Lager waren mir, zumindest diesmal, erspart geblieben. Mit schnellen Schritten lief ich die Straße hinunter, um den Abstand von dem nächtlichen Quartier zu vergrößern. Dann erst dachte ich an Frau Buchwald. Ich könnte sie vor dem Heimweg noch aufsuchen. Es gelang mir, durch Nachfragen das Haus, in dem sie untergekommen war, ausfindig zu machen. Das war eine große Überraschung für sie, als nach mehrfachem Klopfen von innen gefragt wurde, wer Einlaß begehre, und ich mich meldete. Welch frohes Wiedersehen! Ich berichtete kurz von meinem unfreiwilligen Aufenthalt und der eben wiedererlangten Freiheit. Frau Buchwald und ihre Mutter freuten sich mit mir. Die Kinderchen wurden herbeigerufen und gaben mir freundlich die Hand. Alle Fragen nach der großen Eckner-Familie konnte ich beantworten. Die Nachricht von Helgards Tod wurde mit Erschütterung und großer Teilnahme aufgenommen. Als ich mich verabschieden wollte, sagte Frau Buchwald: „Ich gehe noch ein Stück mit Ihnen bis hinaus vor die Stadt." So konnten wir das Gespräch fortsetzen und weiter unsere Erlebnisse seit dem letzten Wiedersehen austauschen. Bald hatten wir die offene Landstraße erreicht. Frau Buchwald sagte nach einer kleinen Pause: „Ich habe vor drei Tagen Geburtstag gehabt, darf ich mir etwas von Ihnen wünschen?" Richtig – Ende Februar waren wir vor einem Jahr zusammen in das Kirchheimer Pfarrhaus gekommen; bald nach unserer Ankunft hatten wir Frau Buchwald zum Geburtstag Glück gewünscht. Etwas verwirrt bedachte ich, daß ich doch gar nichts besaß, was ich ihr nachträglich schenken könnte, außer der grauen Soldatendecke unter meinem Arm. Vielleicht brauchte sie die Decke nötig. „Ja, natürlich", entgegnete ich bereitwillig. „Schenken Sie mir das Du, ich wünsche mir, daß wir du zueinander sagen." Das war eigentlich ein Geschenk für mich. „Ja, gern", sagte ich und fühlte, daß ich vor Freude rot wurde. Wir umarmten uns mitten auf der winterlichen Landstraße. Es war auch zugleich unser Abschied. Nach einem festen Händedruck und „Auf Wiedersehen, Leni!" „Auf Wiedersehen, Friedel!" setzte ich – mit vielen Grüßen an Eckners beladen – allein meinen Weg fort, während Friedel Buchwald zurück nach Moorbach ging. Wir wendeten uns noch ein paar Mal um und winkten einander zu. Dann verschwand sie zwischen den Häusern der Stadt.

Ich schritt rüstig voran. Wie anders sah die Straße heute im hellen Sonnenschein aus, als vor einem Jahr fast um die gleiche Zeit. Aber ich wollte an die traurige Vertreibung von Kirchheim nach Moorbach jetzt nicht denken, sondern mich meines neu geschenkten Lebens und auf das Wiedersehen mit Elisabeth, Trudel und den Kindern freuen. Sie werden Augen machen! – Auf halbem Wege überholte mich auf der bisher verlassenen Straße ein Lastwagen. Er fuhr langsamer und hielt schließlich an. Trotz innerer Bangigkeit ging ich mit festen Schritten weiter meines Weges. Zwei russische Soldaten saßen vorn im Auto. Der eine guckte aus dem offenen Seitenfenster, winkte mir zu, fragte: „Wohin?" und machte mir verständlich, daß sie mich bis Kirchheim mitnehmen wollten. Ich schüttelte verneinend den Kopf, nickte ihm dann aber freundlich zu und sagte laut: „Danke!" Er zuckte bedauernd mit den Achseln, und langsam setzte sich der Wagen wieder in Bewegung. Schade, dachte ich, sie haben es vielleicht gut gemeint, als sie mich so allein auf der Landstraße wandern sahen. Schade, daß man kein Vertrauen mehr haben kann.

Als ich zur Mittagszeit zu Hause ankam, war die Freude groß. Kaum zwanzig Stunden hatte meine Abwesenheit gedauert, aber welch einen langen Weg durch Tiefen und Höhen hatte ich hinter mir. Wir waren nun sehr froh, wieder beisammen zu sein. Zum Vergnügen aller spielte uns Trudel mit umwerfender Komik den Auftritt der polnischen Miliz am gestrigen Abend vor. Zunächst hatten die beiden Männer sich mit strenger Stimme in gebrochenem Deutsch erkundigt, wo die Schule und die naucicielka (Lehrerin) sei. Mit lang rollendem „R" hatte dann der eine gefragt: „Was lerrnen die Frrau? Lerrnen die Frrau Heil Hietlerr?" Heute konnten wir alle darüber lachen, und das „Was lerrnen die Frrau" gehörte seitdem zu unserem häuslichen Sprachgebrauch.

Natürlich wurde der Schulunterricht wieder aufgenommen. Wir waren nur alle etwas vorsichtiger, besonders die Kinder aus dem Dorf, die sich nun unauffälliger in unserem Haus einfanden. Not macht erfinderisch, und die Miliz hat in der Tat nichts mehr von Schule und Unterricht gehört. Die Kinder aber lernten fleißig weiter.

11.

Inzwischen war der Winter auf dem Rückzug. Schnee und Frost ließen nach. In den ersten milderen Tagen meinte Elisabeth, wir müßten nun anfangen, den Garten zu bestellen. Ich erfuhr erst jetzt, daß jedes Kind im Garten ein Beet besaß, das es besäen und bepflanzen durfte, aber natürlich auch das Jahr über pflegen mußte. Die Schneeglöckchen schauten schon längst überall mit ihren grünen Spitzen aus der Erde; ihre weißen Blüten aber hielten sie noch fest geschlossen. Die Kinder beobachteten sie von einem Tag zum anderen. In einer sonnigen Mittagsstunde stürmte der Abc-Schütze Matthias ins Haus und rief aufgeregt: „Mutter, Mutter! Die Schneeglöckchen auf der Südrabatte läuten!" Wir liefen alle hinaus und beschauten das Wunder. Die Blumen hatten ihre Blütenknospen geöffnet, und die kleinen Glocken bewegten sich im leichten Wind hin und her. Der Anblick hatte etwas Tröstliches und Hoffnungsvolles. Es würde Frühling werden. Was würde er uns bringen? Unsere Zukunft war nach wie vor ungewiß, aber den harten Winter hatten wir überstanden. – Wenn ich in jenen Tagen ein Flugzeug hörte, so lief ich manchmal hinaus an den Gartenzaun und versuchte, es am Himmel zu erspähen. Bewegte sich das kleine Kreuz hoch in der Luft nach Westen, dann dachte ich sehnsüchtig: Könntest du doch auch so fliegen. Ja, wohin eigentlich? Dorthin, wo es keine Russen und Polen gab, wo man als freier Mensch leben könnte. In Berlin? Der Krieg war doch fast schon seit einem Jahr beendet. Wie lange sollten wir hier noch wie auf einer Insel leben, abgeschnitten von aller Welt, ohne jede Versorgung, schutzlos fremder Willkür ausgeliefert? Ich sprach nicht viel über solche Gedanken. Elisabeth dachte darüber etwas anders. Sie hoffte noch immer, daß wir hier bleiben könnten, daß sich alles mit der Zeit irgendwie einrichten und regeln würde, daß die bisher vertriebenen Deutschen dann zurückkehren dürften und daß natürlich und vor allem ihr verschleppter Mann heimkehren könnte. Solche Hoffnung entsprang dem Wunsch, in dem Haus, das uns allen wenigstens vor der Unbill der Natur Schutz bot, bleiben zu können.

Gerhard, der Älteste, hatte vielleicht ähnliche Gedanken. Jedenfalls richtete er sich, was den Garten betraf, für längeres Bleiben ein. Er hatte im vergangenen Sommer und Herbst in aller Stille von den zur Reife gelangten Gartenfrüchten und Blumen die Samen gesammelt und getrocknet. Rechtzeitig hatte er sie in kleine Holzkästen voll Gartenerde ausgesät. Mir war das alles entgangen. Aber nun wuchsen die grünen Keime dicht nebeneinander in den Kästen, die er, wenn das Wetter milde war, draußen in die Sonne stellte. Ich hatte so etwas noch nie mit Bewußtsein miterlebt und freute mich an dem lebendigen Sprießen. Dabei lernte ich von dem jungen Gärtner, daß die zarten Pflänzchen „pikiert" werden müssen, und ich half Gerhard gern bei der mühevollen Arbeit. Wir brauchten neue Behälter, um alle in den richtigen Abstand umzusetzen. Danach wurde das Wachsen umso munterer, und wir erhielten allmählich kräftige kleine Pflanzen. Ich erkannte nun auch einige davon; wir hatten sogar Tomatenpflanzen, aber auch Gemüsesorten und allerlei Blumen. Der Garten freilich sah schlimm aus. An dem einen Ende hatten die Russen – wohl zu Übungszwecken – einen Unterstand gegraben. Die einst vorhandenen Beete waren von Stiefeln zertreten. Viel Unrat lag überall herum, und Bäume und Sträucher waren verwuchert. Hier tat sich also ein großes Arbeitsfeld auf. Zunächst ging es um die künftige Versorgung mit Eßbarem. Die Arbeit im Haus wurde neu verteilt. Gerhard sollte, wenn es das Wetter zuließ, mit mir als Gehilfin die Gemüsebeete herrichten und bestellen. An solchen Tagen fiel dann natürlich der Unterricht aus, die Sorge um unsere Ernährung hatte Vorrang. Unsere Vorräte verringerten sich nämlich zusehends. Mir machte es Freude, draußen in der frischen Frühjahrsluft zu arbeiten. Mit Umsicht und Sorgfalt vermaß Gerhard die neuen Beete. Wie stolz waren wir dann, als der Boden umgegraben, geharkt und die selbstgezogenen kleinen Pflanzen ordentlich in Reih und Glied eingesetzt waren. Die anderen Kinder richteten ihre früheren Beete am Gartenrand selbst wieder her, so oft sie Zeit dafür hatten.

Im März erreichte uns ein bestürzendes Gerücht. In Kirchheim befand sich zu der Zeit auch ein Tscheche, der sich den Polen zurechnete und der deutschen Sprache einigermaßen mächtig war.

Wohl deshalb kam er des öfteren am Vormittag ins Haus. Wir mochten ihn alle wegen seiner aufschneiderischen Art nicht recht leiden, aber er tat uns nichts und suchte wohl nur etwas Zeitvertreib in unserer kinderreichen und daher immer lebhaften Familie. Stets versorgte er uns mit neuen Nachrichten und Gerüchten, auf die wir aber im allgemeinen nicht viel gaben. An einem Vormittag nun – Elisabeth, Trudel und ich waren gerade zusammen in der Küche beschäftigt – tauchte der ungebetene Gast wieder einmal auf. Er schien diesmal ungewöhnlich erregt zu sein und fing gleich nach der Begrüßung auf die uns schon bekannte Weise an. „Es sind wieder Leute aus einem russischen Lager durchgekommen", sagte er in seinem harten Tonfall und machte eine Pause. Da Elisabeth und Trudel schwiegen, sagte ich schließlich höflichkeitshalber: „So?" „Ja", rief er aus und zu Elisabeth gewandt: „Sie kamen aus dem Lager, wo auch Ihr Mann war." Elisabeth hielt in der Arbeit inne und drehte sich zu ihm um, sagte aber nichts. „Ja", setzte er langsamer sprechend seine Rede fort, „sie haben von Ihrem Mann erzählt." Er holte tief Luft. „Soll ich Ihnen mal sagen, was mit Ihrem Mann ist?" Elisabeth sah dem Tschechen starr ins Gesicht. Ich hielt den Atem an, Trudel schaute mit angstvollen Augen zu mir herüber. Und wie im Theater auf dem Höhepunkt der Szene sagte er mit erhobener Stimme: „Er ist tot!" Elisabeth drehte sich ruckartig um, war mit zwei langen Schritten an der Tür und verschwand in dem kleinen Zimmer neben der Küche. Der Mann sah uns verdutzt an. „Wer hat Ihnen das gesagt?" fragte ich streng. „Ich kenne die Leute doch nicht", antwortete er unwirsch, „sie haben sich nicht getraut, der Frau Pastor zu sagen, daß ihr Mann im Lager gestorben ist. Da habe ich gesagt, ich werde es machen." Trudel und ich schwiegen, und so drehte sich schließlich der ungeschickte Bote fast beleidigt um und verschwand. Wir sahen uns ratlos an. „Geh du zu ihr hinein!" bat Trudel mit unsicherer Stimme, „vielleicht ist es ja nur ein Gerücht." Ich raffte mich zusammen und ging entschlossen zur Tür. Aber ehe ich die Hand auf die Klinke legte, holte ich noch einmal tief Atem. Dann öffnete ich leise. Elisabeth saß auf dem Bettrand, den Rücken mir zugewandt. Sie drehte leicht den Kopf zu mir hin, und da sie mich nicht hinauswies, schloß ich die Tür von innen und setzte mich zu ihr. Gesprochen haben wir nicht viel. Ich sagte, daß der Mann fort sei und daß die Nachricht sehr unbestimmt und unsicher klinge. Elisabeth aber bewegte nur verneinend den Kopf. Zuletzt sagte sie mit einem tiefen Seufzer, indem sie sich die Tränen, die ihr unablässig über das Gesicht liefen, trocknete: „Nun kommt das Leben nach der Ehe."

Auch dieser dunkle Tag verrann. Die Kinder ahnten nichts vom Kummer ihrer Mutter. Sie mußten täglich versorgt werden, es gab viel zu tun. Elisabeth richtete sich in dem kleinen Zimmer neben der Küche ein. Sie brauchte wohl einen Zufluchtsort in dem großen Haus, wo sie allein sein konnte, wenn sie das Bedürfnis verspürte. Im gleichen Zimmer hatte Helgard zusammen mit der Mutter ihre letzten Lebenstage verbracht. Irmtrud und Wilfried schliefen jetzt im früheren Elternschlafzimmer. –

Als das Osterfest nahte, kam mir der Gedanke, daß mein fleißiger Abc-Schütze Matthias ein Osterzeugnis bekommen müßte. Deshalb entwarf ich aus dem Gedächtnis ein Zeugnisformular. Gerhard schrieb es in feinster Druckschrift ins reine. Handschriftlich trug ich dann die Zeugnisnoten ein und unterschrieb mit Ort, Datum und Namen. Das Zeugnis war gut und ehrlich verdient. Am Ostersonnabend kam für uns alle der freudige Tag, an dem der überraschte Junge sein erstes Zeugnis in Empfang nahm und es anschließend stolz der Mutter und den Geschwistern zeigte.

Das Osterfest wurde nach der in der Pfarrerfamilie gewohnten Weise gefeiert. Für die Kinder versteckten wir am Nachmittag viele Nester im Garten, mit den uns möglichen kleinen Geschenken gefüllt und mit Namen versehen. Uns Erwachsenen war es eine rechte Festfreude, den sechs umherspringenden Kindern beim Suchen zuzusehen und ihre Überraschung und Dankbarkeit für die bescheidenen Gaben mitzuerleben. Friederlein, auf dem Arm der Mutter, wurde von seinen Geschwistern großzügig mit kleinen Kostproben aus den Nestern bedacht.

Bald nach Ostern gab es neue aufregende Nachrichten. Aus verschiedenen Orten der Umgebung seien die letzten Deutschen über die Oder abgeschoben worden. Auch die Moorbacher – also auch Friedel Buchwald – und alle Wallburger seien dabei. Meine Gefühle waren zwiespältig. Wenn jetzt, dreiviertel Jahr nach Kriegsende, die Deutschen noch immer vertrieben wurden – bedeutete das womöglich ein Verlassen der Heimat ohne Wiederkehr? Was hatten die Russen über uns beschlossen? Ein Leben hier unter den gegenwärtigen Bedingungen war allerdings auf die Dauer nicht erträglich. Ich hoffte nur, daß die Menschen, die das Land verlassen mußten, bessere Lebensbedingungen und vor allem bei den eigenen Landsleuten jenseits der Oder Schutz finden würden. Wenn die Zeiten wieder einmal ruhiger und geordneter sein würden, müßte doch die Rückkehr in unser Land erfolgen, anders konnte ich es mir nicht denken. Mit vielen guten Wünschen dachte ich an Mutter Groth und ihre beiden Töchter. Mit welchen Gefühlen mochten sie ihre angestammte Heimat verlassen haben? Der Hof befand sich in der zehnten Generation im Besitz der Familie. Mich schmerzte auch der Gedanke, daß meine Lieben für mich jetzt nicht mehr erreichbar waren. Wir Kirchheimer mußten darauf gefaßt sein, daß wir in gleicher Weise eines Tages vertrieben würden. Elisabeth dachte noch immer schweren Herzens an diese Möglichkeit. So ungesichert unser jetziges Leben auch in jeder Beziehung war, so bot ihr das Pfarrhaus doch wenigstens ein Heim für die Familie; zudem umschloß es allen noch verbliebenen äußeren Besitz und war der Lebensraum ihrer siebzehn glücklichen Ehejahre gewesen. Sicher wollte sie dieses Haus im Gedenken an ihren Mann hüten, so gut und so lange es irgend möglich war. Gesprochen haben wir darüber nicht. Aber in gelegentlichen Äußerungen offenbarte sich diese verständliche Einstellung. Eines Tages setzte sich Elisabeth in einer ruhigen Stunde zu mir. Wir waren allein, und sie wollte etwas mit mir besprechen. Sie sagte: „Wenn wir von hier fortgebracht werden sollten, so möchte ich freiwillig zurückbleiben." Ich schaute sie erschrocken an. Was hatte sie vor? „Ich habe mir folgendes überlegt", fuhr sie fort, „ich bleibe mit den drei Kleinen und Trudel – wenn sie einverstanden ist – hier, und du gehst mit den vier Großen über die Oder. Ich habe Verwandte in Gütersloh, dorthin könntest du zunächst die Kinder bringen. Würdest du das tun?" Ich war so überrascht von dem Plan, daß ich mich erst einen Augenblick besinnen mußte. Dann fragte ich vorsichtig: „Du willst dich von ihnen trennen?" „Sie müssen zur Schule gehen." „Und die Kleinen, Christoph und Matthias?" „Sie werden später alles nachholen; aber für die Großen ist es dann vielleicht zu spät." „Und wie wollt ihr hier leben, wenn wir fort sind und es keine Deutschen mehr hier gibt?" Ich unterdrückte weitere Fragen. Natürlich wäre ich bereit, die Großen über die Oder zu bringen, sagte ich. Aber es würde mir sehr schwerfallen, sie und Trudel mit den drei Kleinen hier im Ungewissen zurückzulassen. Sie hörte mir still zu und sagte nichts darauf. So blieb die Angelegenheit offen. Wir sprachen nicht mehr davon, auch nicht zu den anderen.

Zunächst hatten wir auch keinen Anlaß, die Sache neu zu besprechen. Der Frühling hielt mit Macht seinen Einzug, die Natur begrünte sich, überall fing es an zu blühen. Die Polen schienen sich auf längere Zeit einzurichten. Sie hatten offenbar einen katholischen Pfarrer bekommen. Jedenfalls begannen sie, die innen arg zugerichtete evangelische Kirche aufzuräumen und sauberzumachen, um sie für die polnisch-katholische Kirche in Besitz zu nehmen. Wo der schlichte protestantische Altartisch stand, wurde ein hohes Altargerüst aufgerichtet. Die Orgel allerdings konnte nicht wiederhergestellt werden; mit ihren schweren Stiefeln hatten russische Soldaten mehrfach ins volle Gebälk getreten und es zerstört. Bald traf sich die kleine polnische Gemeinde in der Kirche zu regelmäßigen katholischen Gottesdiensten. – Das polnisch-katholische Kirchenjahr bescherte uns übrigens im Mai viele Feiertage. Immer hieß es, daß am Vormittag in der Kirche „Maiandacht" gehalten werde, was für Trudel und mich bedeutete, daß wir nicht zur Arbeit befohlen wurden. So gefiel uns diese Sitte sehr gut.

Elisabeth hatte begonnen, in unserem großen Eßzimmer einen sonntäglichen evangelischen Gottesdienst einzurichten. Dazu kamen die wenigen Deutschen aus dem Dorf, andere auch aus der Umgebung. Wir hatten alle Stühle und Bänke zusammengetragen und in Reihen aufgestellt. Elisabeth hielt den Gottesdienst selber ab. Als Hilfen dienten ihr die noch vorhandenen Kirchenbücher und die Bibel. Die wenigen noch erhaltenen Gesangbücher wurden unter die „Kirchenbesucher" verteilt. Zum Sonntagnachmittag luden wir Mädchen und Frauen aus dem Dorf und aus den Nachbarorten zu uns ein, um mit ihnen zusammen zu plaudern, zu singen oder Gesellschaftsspiele zu machen.

Am Alltag wurden wir zunehmend zu Arbeiten herangezogen. Trudel und ich mußten mit anderen Frauen unter Aufsicht der polnischen Miliz im Wald junge Bäume pflanzen. Zu unserer Überraschung erhielten wir dafür einen Tagelohn, der zwar sehr gering war, aber uns in den Besitz von polnischem Geld setzte. In Moorbach, so wurde erzählt, gäbe es inzwischen einen kleinen polnischen Laden, in dem man einiges Lebensnotwendige kaufen konnte wie Streichhölzer, die uns seit langem fehlten. Sogar Petroleum würde dort verkauft.

Eine kleine Petroleumlampe, deren Docht noch in Ordnung war, hatte sich bei uns angefunden. Leider fehlte der gläserne Zylinder. Mit unseren gerade erst verdienten Slotys wanderten die beiden großen Jungen nach Moorbach, um etwas Petroleum, Streichhölzer und einen passenden Zylinder zu kaufen. Sie fanden einen, dessen Maße annähernd unserer Lampe entsprachen, und brachten ihn freudestrahlend nach Hause. Hier stellte sich aber heraus, daß er nur sehr mühevoll eingesetzt werden konnte; er paßte nicht ganz genau und stand deshalb ein wenig schief. Egbert verwendete viel Zeit und Geduld darauf, ihn dennoch paßrecht und sicher aufzusetzen. Es schien ihm schließlich zu gelingen. Als es dunkelte, wurde die Lampe, die für uns den Beginn einer neuen Zeit einleiten konnte, ausprobiert. Voller Spannung hatte sich die ganze Familie in der Küche versammelt. Egbert nahm vorsichtig den Zylinder ab und zündete mit einem der neuen Streichhölzer den Docht an. Ein helles Flämmchen brannte unruhig im Luftzug. Egbert drehte den Docht so weit wie möglich herunter. Dann setzte er kunstvoll den Zylinder auf. Aber es gelang ihm nicht, ihn ganz senkrecht zu stellen, was zur Folge hatte, daß die Spitze der kleinen Flamme das Glas an einer Stelle zu stark erhitzte. Mit einem lauten Knall zersprang der neue Zylinder. Egbert war zutiefst enttäuscht und traurig. Wir anderen fanden das Mißgeschick nicht schlimm, waren wir doch ein ganzes Jahr auch ohne Lampe ausgekommen. Allerdings – das kostbare Geld war nun nutzlos ausgegeben worden. Elisabeth hielt das Ganze für einen unglücklichen Zufall. Um den Jungen zu trösten, schlug sie vor, einen zweiten Versuch zu wagen. Bei nächster Gelegenheit wurde also ein neuer Zylinder gekauft. Er schien etwas besser zu passen als der erste. Beim Aufsetzen, das wiederum Egbert mutig besorgte, stand die Glasröhre fast senkrecht, aber leider etwas zu lose in der Fassung. Als Egbert sie etwas tiefer hineindrücken wollte, zersprang das kostbare Stück. Nun war der Junge untröstlich. Er legte den Arm auf den Tisch, den Kopf darauf und verbarg so sein Gesicht. Ich versuchte ihn zu trösten, aber er wies solchen Trost, ohne aufzuschauen, zornig zurück. „Ich vergeude das ganze Geld!“ stieß er hervor. Es dauerte Tage, bis er diese Enttäuschung verwunden hatte. Wir verzichteten nun stillschweigend auf die Lampe. Das war nicht schwer, denn die Nächte wurden kürzer, es blieb abends länger hell.

Einmal wurde angekündigt, daß für alle Bewohner – Polen wie Deutsche – an einem bestimmten Tage eine Schutzimpfung gegen Typhus durchgeführt würde, und zwar in einem Klassenraum der Schule. Pünktlich stellten wir uns zur Impfung ein. Hier wurden wir in einer Liste namentlich erfaßt. Ein Arzt und zwei Helferinnen, die mit einem Auto gekommen waren, hantierten in dem Raum. Sie trugen schon arg verschmutzte Kittel, die mein Vertrauen, was die Hygiene anbetraf, etwas einschränkten. Aber wer weiß, wie lange die Leute schon unterwegs waren. Mit einer Spritze, deren Größe mich ein wenig erschreckte, erhielt ich dann wie alle anderen den Einstich oberhalb der Brust. Man ging dabei nicht gerade zimperlich mit uns um. Jedenfalls waren wir froh, als wir die Behandlung überstanden hatten und wieder zu Hause waren. Alle vertrugen die Impfung gut, nur ich nicht. Mit hohem Fieber mußte ich mich zu Bett legen. Ein schlimmer Durchfall setzte ein. Ich wußte, daß ich Typhus hatte, lange genug hatte ich

Typhuskranke gepflegt und kannte die Anzeichen. Trudel wurde sofort aus unserem gemeinsamen Zimmer ausquartiert. Noch ängstigte ich mich nicht. Schließlich war es der Sinn einer Impfung, Abwehrstoffe im Körper zu bilden. Wenn ich es nur überstand! Ärztliche Hilfe wäre kaum zu beschaffen gewesen. Elisabeth selbst pflegte mich liebevoll und gewissenhaft; es war zu spüren, wie besorgt sie um mich war. Die Krankheit hatte mich mit großer Heftigkeit erfaßt, aber ich war bei klaren Sinnen. Nach drei schlimmen Tagen klangen die Beschwerden ab, ich wurde wieder gesund und erholte mich verhältnismäßig schnell. Nun mochte ich wohl vor Ansteckung weitgehend gefeit sein. Große Dankbarkeit empfand ich Elisabeth gegenüber. Nirgendwo hätte ich es in diesen kritischen Tagen besser haben können als unter ihren fürsorglichen Händen. –

Bei schönstem Frühlingswetter beschlossen wir, wieder einmal einen großen Waschtag zu veranstalten. Wie immer schleppten wir am Vortage mit der Schultertrage das Wasser heran. Die Pumpe vom benachbarten Bauernhof, von der wir früher das Wasser geholt hatten, versagte schon lange ihren Dienst. Die nächstgelegene, noch brauchbare Pumpe stand auf einem fast hundert Meter entfernten Gehöft. Von dort holten wir seit langem das täglich benötigte Wasser für die große Familie. Die Wäsche wurde in der von uns selbst hergestellten Lauge gekocht. Natürlich reichten ihre Waschkraft und die unserer Hände oft nicht aus, alle Flecken aus der Wäsche zu entfernen. Ich führte dann stets den tröstlichen Satz einer kranken Bauernfrau an, bei der ich im Arbeitsdienst die Wäsche gewaschen hatte: „Hauptsache, die Wäsche hat mal Wasser gesehen!“ Elisabeth fügte regelmäßig den Ausspruch ihrer ersten Hausgehilfin hinzu: „Den Rest nimmt die Sonne.“ – An diesem Frühlingstag hing unsere Wäsche schon bald in der hellen Vormittagssonne. Elisabeth rief uns zusammen und eröffnete uns: „Zur Belohnung geht ihr nun alle in den Wald, wo jetzt die Buschwindröschen schon blühen müßten.“ Ich traute meinen Ohren nicht. Jetzt, alltags, am Vormittag? Sie selbst wollte auf keinen Fall mitgehen, und für Trudel war der schönste Platz bei ihrer „Elisabeth-Mutter“, wie sie die Hausfrau manchmal liebevoll nannte. Beide wollten sie Friederlein hüten und das Mittagessen kochen. Aus dem Gefühl einer unverdienten Vergünstigung heraus sträubte ich mich noch immer etwas, aber Elisabeth beruhigte mich: „Das ist eben ein kleiner Schulausflug.“ Ach ja – Schule, Schulkinder, Frühling – wie schön war das immer in Wallburg gewesen! – Ich sah in die erwartungsvollen Gesichter meiner kleinen Schar und rief: „Also, dann gehen wir los!“ Es wurde ein wunderschöner Spaziergang. Die Jungen wußten den Weg, und wir zogen plaudernd und singend davon. Bald hatten wir ungestört den Waldplatz erreicht, auf dessen Boden Hunderte von Buschwindröschen blühten. Der Anblick war so recht beglükkend, und ich bedauerte sehr, daß Elisabeth und Trudel nicht dabei waren. Sie müssen den Spaziergang bald nachholen, dachte ich. Wir pflückten für die beiden Zuhausegebliebenen zwei kleine Sträuße von den zarten Frühlingsblumen und machten uns dann wieder auf den Heimweg. Zu Hause angekommen, erzählten die Kinder munter von ihren Erlebnissen auf dem „Schulausflug", besonders natürlich Matthias, der Abc-Schütze, der mit dieser angenehmen Unterrichtsart eine neue Schulerfahrung gemacht hatte.

Einmal geschah dann etwas ganz Ungewohntes und Merkwürdiges. Jemand von den wenigen Deutschen im Dorf hatte eine Postkarte bekommen. Sie war, mit Marke und Stempel versehen, in Schleswig-Holstein abgesandt worden. Natürlich wurde diese Post nicht von einem Briefträger zugestellt, den gab es nicht. Irgend jemand hatte sie von Moorbach mit nach Kirchheim gebracht, und hier hatte sie dann ihren Empfänger gefunden. Durch diese Karte erhielten wir allerlei Neuigkeiten. Wir erfuhren nun, daß der große Vertriebenenschub zu Ostern nach Schleswig-Holstein gegangen war. Nur dort sei in unserem zu eng gewordenen Land noch Platz gewesen. Man sei bei den Einheimischen behelfsmäßig untergebracht und habe satt zu essen. Bald danach erhielt wieder jemand eine solche Postkarte. Nun wurde etwas Unglaubliches erzählt. Unser Land jenseits der Oder sei in vier Zonen eingeteilt worden; Frankreich, England, Amerika und Rußland hielten je eine Zone besetzt. Die „Zonengrenzen" dürften nicht ohne besondere Erlaubnis überschritten werden. Das Tollste und Unfaßbarste für mich aber war die Nachricht, daß die Stadt Berlin ebenso in vier Zonen aufgeteilt sein sollte. Ich konnte es nicht glauben. Das war doch gar nicht durchführbar bei dem Verkehrsnetz, das die ganze Stadt durchzog! Und welchen Sinn sollte das wohl haben, wo doch die Familien mit Verwandten und Freunden in den verschiedensten Stadtteilen wohnten! Ich hielt das Ganze für ein unsinniges Gerücht. – Wir erfuhren auch – als Gerücht – Hitler sei tot, er habe sich kurz vor der Kapitulation erschossen. Deutschland habe keine eigene Regierung mehr. So ist denn alles endgültig verloren, dachte ich. Wie sollte es nun in unserem Vaterland weitergehen? Wer würde regieren? Blieben wir für immer unter Fremdherrschaft? Solche Gedanken konnte ich nicht zu Ende denken. Alles lag mir auch seltsam fern wie in einer anderen Welt, zu der ich in jener Zeit keine lebendige Verbindung hatte. Die unmittelbare Gegenwart hatte ein solches Gewicht, daß das Ferne gar nicht recht ins Innere vordringen konnte. Alles, was unsere Zukunft betraf, war wie hinter einer dichten Nebelwand verborgen, die zu durchdringen ich mich scheute.

Eines Tages bekamen wir selbst Post, einen richtigen Brief, diesmal aber mit gestempelter polnischer Briefmarke. In großen Schriftzügen war als Anschrift zu lesen „An eine Familie in Kirchheim". Ich blickte überrascht auf die Schrift – die kannte ich doch! Das war doch Margrets Schrift, jener jungen Kollegin, die ich kurz vor dem Russeneinfall noch einmal in Wallburg getroffen hatte. Als Lehrerin in Kirchheim hatte sie zwei unserer Kinder – Gotthelf und Christoph – in der Grundschule unterrichtet. Der Absender auf der Rückseite des Briefes bestätigte meine Vermutung. Der Brief kam aus Labes in Pommern. Dorthin war sie kurz nach unserer Begegnung zu ihren Eltern gefahren. Wenn sie wüßte, daß ihr Brief, den sie wie einen Versuchsballon auf die Reise geschickt hatte, ausgerechnet in meine Hände geraten war! Er enthielt eine kurze Nachricht darüber, daß sie, offenbar unter ähnlichen Umständen wie wir, den Russeneinfall überlebt hatte. Nun wollte sie wissen, ob noch irgend etwas von ihrem Besitz in dem Zimmer übriggeblieben war, das sie im Schulhaus bewohnt hatte. – In Begleitung der beiden großen Jungen suchte ich das über dem Klassenraum liegende Zimmer auf. Es war völlig verschmutzt und enthielt keine brauchbaren Möbel mehr. Allerlei Gerümpel lag umher. Von Bildern, Büchern, Wäsche oder Kleidern keine Spur! Sobald ich Zeit hatte, schrieb ich Margret einen ausführlichen Brief. Wir opferten die kostbaren Slotys für eine polnische Briefmarke und gaben den Brief in Moorbach zur Poststelle. Sollte er tatsächlich ankommen, wie überrascht würde die Empfängerin sein, daß er von meiner Hand kam! –

Vor dem Pfingstfest, am Pfingstsonnabend, erhielten wir noch einmal den Besuch der polnischen Miliz. Zwei Soldaten waren wiederum mit Pferd und Wagen vorgefahren, diesmal morgens am hellichten Tag. Es stellte sich heraus, daß sie den weiten Weg von Moorbach zu uns zurückgelegt hatten, um eine einzige Arbeitskraft herbeizuschaffen. Und gerade ich war dazu ausersehen. Offensichtlich hatte man mich seit meiner Abholung im Februar noch gut in Erinnerung. Ich dachte: Nun haben sie zu Ostern alle Deutschen aus Moorbach vertrieben, und jetzt fehlt ihnen jemand, der ihnen die Arbeit macht. Es war ein warmer Frühlingsmorgen, und so bestieg ich diesmal ohne besondere Beunruhigung – die allgemeine Angst begleitete uns ohnehin ständig – den Wagen. Nach meinen Erfahrungen im Februar hatte ich das, was für mich das Schlimmste bedeutet hätte, wohl nicht zu befürchten. Ich genoß es, im offenen Wagen durch die sonnenbeschienene Landschaft gefahren zu werden. Der ganze Aufwand entbehrte nicht der Komik. In Moorbach wurde ich in eine kleinbürgerliche Wohnung gebracht. Dort empfing mich eine einfache Frau, die mir mit verlegener Freundlichkeit durch entsprechende Gesten meine Arbeit anwies. Ich sollte das – sehr dürftige – Schlafzimmer saubermachen. Als ich sie fragend ansah – ich wollte aus Trotz nicht mehr tun als gefordert wurde –, machte sie mir die einzelnen verlangten Arbeiten vor. So erledigte ich nun meine Aufgabe, während die Frau sich in der schmalen Küche zu schaffen machte. Als ich schließlich fertig war, schickte sie mich zum Bäcker, der in derselben Straße wohnte. Dort holte ich den schon am Morgen zum Backen gebrachten Kuchen ab. Es war ein Blechstreuselkuchen, der mir nach Vorzeigen des mitgegebenen Zettels ausgehändigt wurde; er duftete frisch und verlockend. Die Frau, offenbar zufrieden mit meiner Arbeit, schnitt ein wohlbemessenes Stück ab, reichte es mir und lud mich zum Sitzen auf dem Küchenstuhl ein. Ich hatte mich hungrig gearbeitet und verzehrte mit Genuß die ungewöhnliche Mahlzeit. Dann erhob ich mich zum Gehen. In diesem Augenblick öffnete sich die Tür, und ein großer, vierschrötiger Mann betrat polternd die Küche. Sein Gesicht war gerötet, seine Augen glänzten, als wären sie feucht. Die Frau sah ihn ängstlich forschend an, und wir dachten beide sicher dasselbe: der Mann war angetrunken. Ich wollte mich schnell davonmachen, kam aber in der schmalen Küche nicht gleich an ihm vorbei. „Hierbleiben!“ kommandierte er mit lauter Stimme. Ich lehnte mich etwas lässig gegen den Küchentisch. Er stellte sich, haltsuchend, mir gegenüber an den Küchenschrank. Ich versuchte, ein gleichgültiges Gesicht zu machen, beobachtete ihn aber genau und erwog meinen Fluchtweg, falls ich einen brauchen sollte. Aber der Mann hatte andere Absichten. Er begann mit erhobener Stimme eine feierliche Rede, als ob er im Saal zu einer versammelten Menge spräche. Sein Deutsch war dürftig, aber zu verstehen. Ich bekam die ganze Geschichte Polens zu hören, so wie er sie sah und sie ihm beigebracht worden war. Der Mann war von einfachster Bildung, in seiner Geschichtskenntnis klafften große Lücken, seine Ausführungen gipfelten in Formeln, die nicht von ihm selber stammen konnten. War er ein Parteifunktionär oder eine Art Bürgermeister der Stadt? Immer, wenn er während seiner ihn anstrengenden Rede eine kleine Pause machte, versuchte ich einen Schritt zur Tür hin. Aber er hielt mich sofort zurück, ich mußte weiter seinen Vortrag anhören. So erfuhr ich denn auch, daß das Land bis zur Oder endlich von der Fremdherrschaft der Deutschen „befreit“ sei und die Polen hierher in ihre Heimat hätten zurückkehren können. Ich müsse dies alles erfahren und wissen, gerade als Lehrerin. Aha! Mir wurde klar, daß meine Arbeitsstelle nur als Vorwand diente, mich zu demütigen und zu belehren. Deshalb mußte ich, fast eine Stunde lang, den „Geschichtsvortrag“ anhören. Als der Mann beim ständigen Wiederholen bestimmter Sätze schließlich ermüdete, gelang es mir, mich davonzustehlen, ohne Abschied von der Frau zu nehmen, die sich längst zurückgezogen hatte. Auf dem langen Heimweg hatte ich Zeit genug, alles Zwanghafte und Unsinnige dieses Vormittags abzuschütteln und mich des Frühlings und auf Kirchheim zu freuen.

Zu Elisabeths Freude und Trost hatte sich zu Pfingsten der betagte Superintendent eines benachbarten Kirchenbezirks, den sie persönlich kannte, zu uns aufgemacht. Er hielt in der geräumigen Vorderstube den Pfingstgottesdienst ab; dadurch erhielt er für alle, die sich dazu eingefunden hatten, eine besondere Festlichkeit. Nach dem Pfingstfest wurde es bald sommerlich warm. Bäume und Sträucher standen in üppigem Grün, und die Sommerblumen blühten wild durcheinander in den verlassenen Gärten. Elisabeth dachte wohl an vergangene glückliche Sommerzeiten, als sie eines Tages – es war schon Anfang Juli – zu mir nach ihrer Art sagte: „Du würdest mir eine große Freude machen, wenn du mit den Kindern zum Baden gingest.“ Und sie erklärte mir, daß man dazu allerdings etwa fünf Kilometer weit zum Großen See wandern müßte. „Willst du denn nicht mitkommen?“ Sie bewegte verneinend den Kopf. „Ich bleibe bei Friederlein“, sagte sie mit zufriedenem Lächeln. Trudel wollte ihr, wie stets, Gesellschaft leisten, so daß ich sie nicht allein zurückzulassen brauchte. Bei den Kindern löste Mutters Vorschlag helle Begeisterung aus. Für mich fand sich noch eine Art Badeanzug, der mir zwar nicht paßte, aber mich doch ausreichend bekleidete. Von den beiden Zurückbleibenden mit guten Wünschen bedacht, gingen wir bald nach dem Mittagessen los. Die „Großen“ übernahmen die Führung, sie kannten den Weg. Wir durchschritten das Dorf und schlugen dann einen Feldweg ein. Die Wagenspuren, die sich sonst als zwei parallele Furchen in solch einen Weg eingedrückt hatten, waren zugewachsen. Wir mußten mit unseren nackten Füßen achtgeben, daß wir auf festen Boden traten und nicht unversehens in den von grünen Pflanzen überdeckten Rillen versanken. Seltsam war es, diesen Weg zu gehen, auf dem das Gras kniehoch wuchs. An den Rändern aber wucherten die Pflanzen bis über unsere Köpfe hinaus. Wir wandelten wie durch eine Halmengasse, die in ihrer farbenprächtigen Sommerblüte märchenhaft anzusehen war. Schon den zweiten Sommer hatte sich hier keine menschliche Hand geregt. Über diesen Wald von Gräsern und Blumen erhob sich dahinter ein noch höherer „Wald". Er bestand aus üppigen Disteln mit großen rotblauen Blütenköpfen. Ich stieg auf eine kleine Anhöhe neben dem Weg und überschaute von dort ein riesiges, blühendes Distelfeld. Meine Sommerfreude war getrübt. Hier hatte wohl noch im vorigen Jahr der gute, schwere Boden besten Weizen getragen. Wie wollte man den Acker je wieder nutzen, da nun Unmengen von Unkrautsamen auf ihn ausgestreut wurden? Meine sorgenvollen Gedanken wurden erst verscheucht, als die Jungen ankündigten, man könne nun gleich in der Ferne den See erkennen. Unwillkürlich wurden unsere Schritte schneller. Es dauerte aber doch noch längere Zeit, bis der See wirklich in Sicht kam, und auch dann war es noch ein gutes Stück Weges, bis wir das Ufer erreichten. Das Baden verlief so reibungslos wie früher die Schwimmstunde mit den Wallburger Schulkindern. Nach dem erfrischenden, übermütigen Herumtollen der Kinder im Wasser mußte ich hier noch den beiden „Kleinen", Matthias und Christoph, beim Abtrocknen helfen. Zuletzt lief ich selbst ins Wasser und genoß die herrliche Erfrischung. Dieses Bad war ein wahres Labsal, ein Geschenk des Himmels nach den Erlebnissen der vergangenen Monate. Die Sonne schien noch immer warm auf uns hernieder und trocknete auf dem Nachhauseweg unsere nassen Haare. Keines der Kinder murrte über die lange, unbequeme Wegstrecke, die nun noch zurückgelegt werden mußte, und so erreichten wir, zwar etwas ermüdet, aber froh gestimmt, am frühen Abend unser Dorf. Dort erwartete uns eine Überraschung.

12.

Auf der Straße war an einem Baumstamm ein großes bedrucktes Plakat befestigt. Wir blieben neugierig davor stehen und begannen zu lesen. Unsere kleine Gruppe verstummte. In unzulänglichem Deutsch wurde uns mitgeteilt, daß die Siegermächte beschlossen hätten, uns Deutsche „in unsere Heimat" zurückzuführen. In drei Tagen müßten wir abreisebereit sein. Mitnehmen dürften wir nur so viel, wie wir tragen könnten. Die Kinder stürmten davon und ins

Pfarrhaus hinein. Elisabeth und Trudel wußten schon Bescheid. Wir gerieten alle in Aufbruchstimmung. Es galt, keine Zeit zu verlieren. Alles mußte vernünftig überlegt werden. Aus Säcken könnte man sich eine Art Rucksack anfertigen, und entsprechend zusammengelegte Handtücher ließen sich zu breiten Tragbändern verarbeiten; dann hätte jeder auch gleich zwei Handtücher gerettet; davon hatten wir in dieser Zeit genug, sowohl aus dem Haushalt als auch durch Funde, die wir überall gemacht hatten. Wir brauchten neun Säcke in verschiedener Größe, die schnell gewaschen werden mußten, damit sie über Nacht trocknen konnten. Auch genügend starke Schnur mußte herbeigeschafft werden, damit wir die Säcke oben zuziehen konnten. Alles Nötige wurde zusammengesucht und zurechtgelegt. Mit allem vorhandenen Nähgarn ausgerüstet, ging ich anderen Tags zu der Frau, mit deren Nähmaschine ich damals die Hülle für die Pferdefleischwurst genäht hatte. In Eile schnitt ich zu, nähte das grobe Sackzeug, säumte die fertigen Säcke oben und zog die Schnüre durch die Säume. Die der Länge nach gefalteten Handtücher nähte ich an der äußeren Kante zusammen, damit sie nicht in sich verrutschen konnten, und schließlich wurden diese breiten Tragbänder nach Anprobe bei jedem einzelnen mit starkem Zwirn an dem Sack befestigt. Jeder packte zunächst eigene Wäsche und Kleidungsstücke in seinen Rucksack. Damit war bei den Kleinen der Sack schon fast voll. Wir Großen hatten natürlich größere Säcke und verpackten darin außer den eigenen Sachen vieles, was an Gerät für Essen und Trinken nötig war. Auch die kleinen Stieltöpfe, von denen es in unserem Haushalt eine ganze Anzahl gab, sollten mitgenommen werden, damit wir uns unterwegs ein warmes Getränk oder eine warme Suppe bereiten könnten. Elisabeth sagte: „Wohin sie uns auch bringen mögen, wir sind dort in jedem Fall bettelarme Leute, die sich nichts kaufen können.“ So meinte sie auch, jeder müsse sein Federbett bei sich tragen. Wir rollten zur Probe ein Deckbett mit einem Kopfkissen fest zusammen, so daß eine kurze, dicke Walze entstand. Aus altem Stoff angefertigte passende Schonbezüge machten aus diesen Bettenrollen ein tragbares Bündel, das dann noch sicherheitshalber verschnürt und mit einem Tragegriff versehen wurde.

Die Polen in unserem Dorf wußten natürlich von unserer bevorstehenden Vertreibung. Sie erschienen im Pfarrhaus und baten um Möbel und Hausgeräte, die sie sogar bezahlen wollten. Es waren arme Leute, die man auch aus ihrer Heimat vertrieben hatte. Sie fürchteten, daß sie selber nach unserer Austreibung nichts von unseren zurückgelassenen Sachen bekommen würden. Elisabeth brachte die große, alte Bibel und andere Kirchenbücher zu einem älteren Ehepaar im Dorf, das als einziges die Heimat nicht verlassen und also für Polen optieren wollte. Sie sollten sie verwahren, damit sie nicht in unrechte Hände gelangten. Wir konnten alle nicht anders denken, als daß es früher oder später für uns eine Rückkehr geben müßte, wenn die Zeiten ruhiger und die politischen Überlegungen und Entscheidungen zu einem vernünftigen Ende gekommen sein würden.

Bei all der vielen eiligen Arbeit durchfuhr mich manchmal sekundenlang ein frohes Erschrecken. War dieser Aufbruch die Vorbereitung zu einem neuen Anfang? Würde ich Verwandte und Freunde wiederfinden? Sollte man wirklich wieder als freier Mensch leben dürfen, in der „Heimat", wo immer sie auch liegen würde? Aber auch düstere Gedanken tauchten auf, Zweifel, ob man uns auch wirklich über die Oder lassen würde, ob man uns jenseits der Oder im vollgestopften Land überhaupt noch aufnehmen könnte. Wohin dann mit uns? Ostwärts? – Zu fruchtlosen Grübeleien blieb aber zum Glück keine Zeit.

Am vorletzten Tag vor der angesetzten Vertreibung erschien der „Lehrer" bei uns. Spätestens seit meiner Abholung durch die polnische Miliz im Februar wußte er, daß ich von Beruf Lehrerin war. Sein sonst immer freundliches Gesicht trug diesmal, so schien es uns, eine etwas amtliche Miene. Bald wendete er sich an mich persönlich und sagte: „Du – intelligentes Mensch, du hierbleiben – in Schule lernen ..." Ich erschrak bis ins Innerste. „Gutt lebben", setzte er hinzu, wie um mich zu trösten. Wir blickten ihn wohl alle verstört an, und so verließ er uns bald wieder mit betretener Miene. Ich sollte allein zurückbleiben? – Nie und nimmer! In meiner Not schlug ich vor, Elisabeth solle mich als ihre Schwester ausgeben, so daß ich also ein richtiges Familienmitglied sei. Elisabeth schüttelte den Kopf. Sicher befürchtete sie böse Folgen, wenn sie sich auf Unwahrheiten einließ, eine Lüge hatte meist kurze Beine. Besonders aber widersprach die Lüge dem christlichen Gebot. Auch Trudel begann zu fürchten, daß sie von der Familie getrennt würde. Schließlich waren wir einmal namentlich registriert worden und trugen beide nicht den Namen Eckner. Nur gut, daß wir alle Hände voll zu tun hatten. Der Lehrer kam nicht mehr zu uns. War seine Aufforderung nur eine Frage an mich gewesen, die in seinem fehlerhaften Deutsch uns wie eine Anordnung erschreckt hatte? Wollte man mich wegen meiner angenommenen Intelligenz „freundlicherweise" nicht ausweisen?

Am letzten Abend machten wir „Gepäckprobe". Konnten

wirklich alle tragen, was wir zusammengepackt hatten? Auf dem Rücken hatte jeder seinen vollgestopften, oben zusammengezogenen und festgebundenen Sack. Dazu kam ein Gepäckstück in jeder Hand, eins davon war die verschnürte Bettrolle. Matthias und Christoph trugen zusammen einen kleinen Reisekorb, in dem wohlverpackt die Wanduhr, ein Regulator, lag. Es war das einzige Stück der ganzen Wohnungseinrichtung, das Elisabeth mitzunehmen gedachte, wohl als ein Andenken an ihr Heim, das sie vor siebzehn Jahren eingerichtet und seitdem mit ihrer Familie bewohnt hatte. Ich trug außer Rucksack und Federbett meine schöne lederne Aktentasche, die ich damals in einem Haufen von Unrat gefunden hatte. Ob sie wirklich einmal meine Schultasche werden würde? Jetzt war sie mir als Reisetasche sehr nützlich. Beim Packen der Tasche war mir der Gedanke gekommen, daß ich auf diese „Reise" von unbestimmter Dauer mit unbekanntem Ziel ein Buch zum Lesen mitnehmen könnte. Zwar würde es die Last vergrößern, aber ich könnte es ja jederzeit irgendwo liegenlassen. Ich kramte eilig in ein paar Büchern und fand schließlich ein lose gebundenes dickes Buch in Oktavgröße, das durch das viele Aus- und Einräumen schon sehr gelitten hatte. Es war der Roman „Anna Karenina" von Tolstoi, den ich noch nicht kannte. Sollte ich unterwegs tatsächlich einmal Gelegenheit zum Lesen finden, so wäre es – wenn nötig – leicht, die gelesenen Blätter zu lösen und zurückzulassen; auf diese Weise würde das Buch dann immer dünner und leichter. So zwängte ich den Band noch in meine prall gefüllte Aktentasche.

Alle meinten, daß sie mit ihrem Gepäck gut zurechtkämen. Wir durchschritten zur Probe den langen Hausflur. Wie lange würden wir wohl das Gepäck tragen müssen und können? Wie weit würden unsere Wege sein? dachte ich mit etwas Bangigkeit, denn ich besitze nicht viel Kraft und Ausdauer bei anhaltenden körperlichen Anstrengungen. Nach dem Probelaufen mußte das Bettzeug für die letzte Nacht im Pfarrhaus noch einmal ausgepackt werden. Wo würden wir die nächste Nacht verbringen?

Am anderen Morgen standen wir frühzeitig auf. Die Betten wurden eingerollt und verschnürt. Wir hielten zum letzten Mal im Pfarrhaus unsere Morgenandacht und aßen unsere warme Reibselsuppe. Friederlein wurde in seine Sportkarre gesetzt, sie war Elisabeths „Handgepäck". Dann ging es zum Treffpunkt auf der Dorfstraße. Dort standen zwei Pferdewagen. Über den Seitenbrettern lagen Querbretter zum Sitzen. Unsere Familie – wir waren zehn Personen – besetzte den einen Wagen. Wir zwängten uns mit all dem Gepäck darauf, die Hauptsache war für uns, wir blieben zusammen. Zum Abschied hatte sich unser „Lehrer“ eingefunden. Er übergab Elisabeth eine Postkarte, die er am Vortag aus Moorbach mitgebracht hatte. Sie war von ihrer Mutter aus Berlin, die erste Nachricht für uns aus dem Gebiet jenseits der Oder. Elisabeth las die wenigen Zeilen, sah einen Augenblick ernst und gedankenvoll vor sich hin und reichte mir dann die Karte. Darin stand zu lesen, daß ihre Schwester Marga nach wochenlangem Unterwegssein krank und elend bei der Mutter in Berlin angekommen und bald danach verstorben sei. Ich las, daß die Mutter Nachricht vom Tode des Schwiegersohns – von Elisabeths Mann – habe. Von Helgards Tod wußte sie natürlich noch nichts. „Wird der Glaube gehalten haben?“ schrieb die Mutter. Ich sah zu Elisabeth hinüber. Sie saß mit ruhigem Gesicht schräg vor mir auf der harten Bank, das Kind auf dem Schoß. Bei ihr hatte der Glaube gehalten, dessen war ich gewiß; kein Leid, keine Last würden ihn erschüttern können. Ich gab Elisabeth die Karte zurück, und sie reichte sie Trudel.

Inzwischen waren alle anderen Deutschen auf dem zweiten Wagen untergebracht. Nun setzte sich unser mit zwei Pferden bespanntes Fahrzeug in Bewegung. Meine heimliche Sorge, man könnte mich zuletzt doch noch vom Wagen herunterholen, hatte ich bis dahin über allem anderen ganz vergessen. Erst beim Anfahren des Wagens dachte ich wieder daran und war froh, daß ich unbehelligt blieb. Was mochte Elisabeth denken, die ihr Heim verlassen mußte und den Ort, in dem sie als Pfarrfrau an der Seite ihres Mannes ihre Lebensaufgabe gefunden hatte? Die beiden Wagen fuhren langsam hintereinander die Dorfstraße entlang. Mein Blick und meine Gedanken schweiften hinüber zum Friedhof, der hinter der Häuserreihe lag. Helgard – dich müssen wir hierlassen. Aber wir vergessen dich nicht. Wenn wir dereinst wiederkommen, werden wir dein Grab aufsuchen und mit Blumen schmücken.

Wir kamen nur langsam voran. Die Jungen stellten bald fest: Richtung Neudamm. Das sollte dann auch unser Tagesziel werden; wir erreichten es erst gegen Abend, müde und durchgeschüttelt nach der langen Fahrt auf dem Ackerwagen. Vertriebene aus anderen Orten waren dort schon vor uns eingetroffen. In den leeren Klassenräumen eines Schulgebäudes wurden wir untergebracht. So gut es ging, richteten wir auf dem Fußboden einen notdürftigen Schlafplatz für unsere Familie ein. Die Enge in dem Raum erlaubte uns nur, die Nacht sitzend, gegen unser Gepäck gelehnt, zu verbringen. Als Tagesmahlzeit teilte man uns eine lauwarme dünne Graupensuppe zu. Später hielt ich es nicht mehr im

Sitzen aus und stieg im nachtdunklen Haus leise die Treppe hinauf. In dem oberen Raum gab es Bettgestelle mit Drahtsprungfedern, aber keine Bedeckung darüber. So legte ich mich auf die schadhaften Sprungfedern, streckte meine Beine aus und schlief bis zum nächsten Morgen.

Unten herrschte bereits lebhaftes Treiben, die Meinen hatten mich schon vermißt. Der schwarze bittere Kornkaffee und das Stückchen trockenes Brot belebten wohl alle etwas nach der Nacht im engen Schlafraum. Dann mußten wir uns draußen mit unserem Gepäck in gebührendem Abstand vor einer Art Laderampe sammeln. Von dem ein Meter hohen Holzgerüst herab gab ein Pole in Reitstiefeln seine Anordnungen. Er hatte eine lange Reitgerte in der Hand, die er wie ein Zepter, gelegentlich auch wie einen Zeigestock handhabte, um seinen laut verkündeten Befehlen Nachdruck zu verleihen. Ein zweiter Pole stand neben ihm mit einem Aktendeckel voller Listen. Nun wurden die Namen der Familien laut aufgerufen. Die Genannten hatten mit ihrem Gepäck vor die Rampe zu treten. Dann wurden die Namen der einzelnen Familienmitglieder verlesen. Dabei wurde überprüft, ob jede Person auch anwesend war. Wenn alles stimmte, wies man die Familie mit ihrem Gepäck auf den Weg zum Bahnhof.

Es dauerte lange, bis die Kirchheimer an der Reihe waren und schließlich der Name Eckner erscholl. Mit unseren zehn Personen bildeten wir sicher die größte Familie. Mühsam und zusammengedrängt gelangten wir durch die Wartenden hindurch zur Rampe. Bei der Namenkontrolle wurden Trudel und ich nicht genannt. Wir meldeten uns, wurden aber schroff zurückgewiesen. Wir sollten warten, bis wir aufgerufen würden. Elisabeth, den großen, schweren Sack auf dem Rücken, mit Friederlein im Wägelchen – er war jetzt zwei Jahre alt – ging voran, und die Kinder zogen vollbepackt hinterher. Ob wir uns wiederfinden würden? Wir standen und schauten ihnen nach, bis wir von den Nächstaufgerufenen zur Seite gedrängt wurden. „Hoffentlich bleiben wenigstens wir beide zusammen", sagte Trudel zu mir. Sie war betroffen und traurig. Viel Zeit verging, die Julisonne stand schon hoch im Mittag, als endlich auch unsere Namen aufgerufen wurden, und zwar zum Glück hintereinander, so daß wir zusammen den Weg zum Bahnhof antreten konnten. Wir gingen ein Stück die Straße entlang. Als wir dann rechts um die Ecke bogen, sahen wir die sich dahinschleppenden Vertriebenen vor uns. Die Menschen gingen gebückt unter der Last ihrer letzten Habe. Langsam nur kamen sie voran, nach wenigen Schritten immer wieder stehenbleibend, ein langer, schwankender Menschenzug. Auch wir spürten allmählich die Schwere des Gepäcks und hielten an, um einen Augenblick das Handgepäck absetzen zu können. Aber die polnische Miliz zu beiden Seiten des Elendszuges trieb mit lauten Rufen die Erschöpften an weiterzugehen, nicht stehenzubleiben. Erschrocken setzten wir uns wieder in Bewegung. Mein langer Rucksack schien immer schwerer zu werden, daß ich ihn bald nur noch in der Bücke tragen konnte. Vor uns stöhnte eine alte Frau, bepackt wie wir. Sie setzte das Bündel, das sie in der einen Hand trug, auf die Straße und fuhr sich mit dem Ärmel über ihr schweißnasses Gesicht. Da schoß wie der Blitz ein Junge, ein polnischer Junge, vom Straßenrand auf sie zu, ergriff das am Boden liegende Bündel und zog sich damit ebenso schnell wieder zurück. Und nun sah ich es: rechts und links auf den Bordsteinkanten der Straße saßen in langer Reihe Kinder, Jungen und Mädchen, kleine und größere. Sobald jemand von den Getriebenen ein Gepäckstück vor Schwäche für einen Augenblick aus der Hand ließ, stürzten sie wie kleine Raubtiere herbei und griffen nach dem fremden Gut. Wehrte niemand diesem Tun? Begleitete die Miliz uns nur, um uns anzutreiben? Oder handelten die Kinder im Sinne der Vertreiber? Welch ein Mißbrauch dieser Kinderseelen, dachte ich erbittert. Trudel war empört bis aufs äußerste. „Diese Bande“, zischte sie, als wir nach jeweils vier Schritten einen Augenblick verharrten, den Körper vornübergeneigt, daß der Kopf fast vor unseren Knien hing, „denen werde ich was . . .!“ und sie gebrauchte einen derben Ausdruck, den ich von ihr noch nie gehört hatte. Ich blickte sie von der Seite an. Ihr Gesicht war hochrot, ihr Atem ging stoßweise, ihre Hände hielten krampfhaft die Rolle mit dem Bett und ein zweites Bündel. Lange konnte sie das nicht mehr durchhalten. Beim Weitergehen schaute ich zwischen den Gestalten vor uns hindurch nach vorn und versuchte, etwas den Kopf zu heben. „Ich glaube, wir haben es bald geschafft“, flüsterte ich ihr beim nächsten Anhalten zu, „am Ende der Straße muß der Bahnhof sein.“ Wir sahen noch mehrmals die kleinen Raubtiere hin- und herflitzen; die Straße und dieses Spießrutenlaufen erschienen uns endlos. Aber verbissen hielten wir unser Handgepäck fest und erreichten schließlich mit letzter Kraft den Bahnhof. Noch immer in der Bücke verharrten wir einige Augenblicke, krampfhaft unsere Gepäckstücke umklammernd. Auf dem Bahnsteig war hastiges Treiben. Ein langer Güterzug hielt auf den Schienen. Die breiten Schiebetüren der Wagen standen weit offen, drinnen drängten sich viele Menschen. Wo mochte Elisabeth mit den Kindern sein? Langsam schleppten wir uns am Zug entlang. Überall fremde Gesichter in den Wagen!

Endlich hörten wir lautes Rufen: „Tante Trudel, Tante Leni, hierher! Hierher!“ Vier Jungenarme ruderten aufgeregt durch die Luft, im übernächsten Wagen standen Gerhard und Egbert an der Tür. Wie von einem Magnet gezogen, konnte Trudel, was eben noch unmöglich schien, ihre Schritte beschleunigen. Wir erreichten die Tür, die Jungen hoben unsere Rucksäcke und Gepäckstücke in den Güterwagen und zogen uns dann hinauf. Trudel sank halb ohnmächtig in Elisabeths Arme. Alle waren wir froh, wieder beisammen zu sein. Ich setzte mich auf ein Bündel, äußerlich und innerlich erleichtert, und versuchte, wieder regelmäßig Atem zu schöpfen.

Als das laute und schnelle Herzklopfen allmählich nachließ, schaute ich mich in dem Waggon um. Wir hatten noch viele Reisegenossen. Aber man konnte abschätzen, daß unsere Familie fast ein Viertel des Raumes besetzen könnte. So begann ich, mit unseren Gepäckstücken den für uns nötigen Raum, der jedem einen bescheidenen Sitzplatz sicherte, einzugrenzen. An die hintere Wagenwand stellte ich alle harten Gegenstände, Eimer, Milchkannen, Friederleins zusammengeklappte Sportkarre, den kleinen Reisekorb und anderes mehr. Davor reihten wir unsere Rucksäcke als Rückenlehnen und als Seitenstützen des Sitzplatzes die Bettenrollen. Nun vermißte ich Elisabeths Rucksack. „Mein Rucksack ist verloren“, sagte sie. Trudel und ich erschraken. Elisabeth berichtete mit gezügeltem Zorn: „Auf dem Weg zum Bahnhof riß die Zugschnur. Der Sack öffnete sich oben, und bei der gebückten Haltung fielen die obersten Sachen auf die Straße. Ich nahm den Rucksack vom Rücken, stellte ihn vor mich hin und wollte die herausgefallenen Sachen wieder einsammeln. Aber die Polenkinder waren schneller als ich, und in wenigen Augenblicken war die Straße abgesammelt und mein Rucksack verschwunden.“ Ausgerechnet Elisabeth mußte zu den Geplünderten gehören. Sie besaß nun gar nichts mehr. Trudel und ich versuchten, sie zu trösten: Wir würden Wäsche und Kleidungsstükke aus unseren Säcken mit ihr teilen. Das aber war nicht der Kummer der Beraubten. In ihrem vollen Sack hatten sich einige andere Dinge befunden, die ihr aus persönlichen Gründen wert gewesen waren, darunter vor allem der Talar ihres Mannes, den sie durch alle Fährnisse hindurch gehütet und nun auch in unsere ungewisse Zukunft mitgenommen hatte. Arme Elisabeth! Erbittert baute ich weiter an unserem Schlafplatz. Als er fertig war, nahm jeder seinen Sitzplatz auf dem bloßen Fußboden ein, Frieder ruhte auf Elisabeths Schoß. „Und du?“ fragte Elisabeth, als ich befriedigt das Halbrund betrachtete. Ich mußte lachen; hatte ich doch tatsächlich vor Zorn und Eifer eine Stelle zu wenig eingeplant. Doch fand ich sogleich eine Lösung für mich. Da ich erfahrungsgemäß sowieso nicht im Sitzen und mit angezogenen Knien schlafen konnte, kroch ich auf das hinter den Säcken an der Wagenwand aufgestapelte Gerät. Diese „Bettstatt“ war wegen der Unebenheiten nicht sonderlich bequem, aber ich konnte die Beine fast ganz ausstrecken.

Als der Zug sich in Bewegung gesetzt hatte, kamen die erschöpften Menschen im Wagen bald zur Ruhe. Kurze Zeit war noch das Rattern der Güterwagen in meinem Ohr, dann muß ich eingeschlafen sein. Tief und fest schlief ich die ganze Nacht hindurch bis zum Morgen. Mit der frischen Morgenluft drang durch einen Spalt der leicht geöffneten Schiebetür der helle Schein des frühen Tages. „Ich kann das Licht noch sehen . . .“ Wie oft hatte ich so den Morgen begrüßt! Die beiden großen Jungen standen am Türspalt und spähten hinaus. „Wir fahren in Richtung Stettin!“ riefen sie mir nach dem Gutenmorgengruß zu. Sie hatten schon in der Nacht des öfteren gespannt aus dem Wagen geschaut, wenn der Zug hielt oder auch während der Fahrt. Nach ihren Beobachtungen waren wir über Soldin, Pyritz und Stargard gefahren. Stargard – dort hatten die beiden das Gymnasium besucht und während der Schulzeit in einer Schülerpension gewohnt.

Nachdem ich mir das Haar frisch aufgesteckt hatte, setzte ich mich zu Elisabeth. Ein Kleinkind begann im Wagen etwas ungnädig zu schreien, wurde aber gleich von der Mutter liebevoll beruhigt. „Das ist der kleine Rußki“, sagte Elisabeth mit einer leichten Bewegung ihres Kopfes zur anderen Wagenecke hin. „Denk dir“, fügte sie leise hinzu, „die Polen wollten gestern der Mutter den Säugling abnehmen, aber sie hat ihn nicht hergegeben, obwohl sie zuletzt fast darum gebeten wurde.“ Ich schaute zu der mütterlichen Frau hinüber, die, am Boden hockend, den Kleinen auf ihren Armen wiegte, während ihre drei anderen Kinder um sie herum saßen. Wieder bewegte mich dieses Frauenschicksal, und ich wünschte von Herzen, daß der kleine Rußki ein guter Mensch werden möge, der seiner Mutter einmal ihre alles überwindende Liebe lohnen möge.

Gegen Mittag landeten wir nach wiederholten Aufenthalten tatsächlich irgendwo in Stettin auf einem vom Stadtzentrum entfernten Bahnhof. Ein heißer Hochsommertag – kein Wölkchen am blauen Himmel – war heraufgezogen. Im Güterwagen hatten wir die Hitze wegen des leichten Fahrtwindes, der durch den schmalen Spalt der geöffneten Schiebetür hereinwehte, kaum empfunden. Es dauerte längere Zeit, bis die vielen Menschen mit allem Gepäck den Zug verlassen hatten. Dann wurden wir in Marsch gesetzt. Dabei gelangten wir bald auf einen kaum gangbaren Sandweg, der unterhalb einer breiten, belebten Straße entlangführte und allmählich anstieg. Die Füße versanken im losen, mülligen Sand. Nur mühsam und sehr langsam kam man vorwärts. Das Gepäck schien immer schwerer zu werden, und kein bißchen Schatten schützte uns vor der heißen Mittagssonne. Die Menschenschlange zog sich weit auseinander. So manch einer blieb zurück, aber keiner wollte den Anschluß ganz verlieren. Mein Kopf war heiß zum Zerspringen, und mein linkes Fußgelenk begann zu schmerzen. Eine Weile noch sah ich Matthias und Christoph mit dem kleinen Reisekorb vor mir. Sie stapften tapfer durch den Sand. Dann konnte ich nicht mehr Schritt halten; der Abstand wurde größer und größer, und ich geriet unter ältere Leute, von denen mich etliche langsam überholten. Warum mußten wir uns durch diese Sandwüste schleppen? Warum durften wir nicht oben auf der breiten, gepflasterten Straße gehen? Aus Verkehrsgründen? Mußten wir uns wirklich deswegen so quälen? Links vor mir ging eine alte Frau, groß und hager, in langer dunkler Kleidung, auf dem Rücken einen gefüllten Sack. Mit ihren langen Beinen hatte sie mich wohl gerade überholt. Auf einmal schwankte die hohe Gestalt und fiel wie ein Baum der Länge nach auf den Boden. Ich wollte hinzuspringen, beistehen, helfen ... Aber meine Glieder gehorchten mir nicht mehr. Ich tappte, vornübergeneigt, vorwärts, ich mußte weitergehen. Verzweifelt hoffte ich, daß vielleicht einer von denen, die noch hinter mir waren, mehr Kraft hätte als ich und der gestürzten Frau helfen würde. Aber wie? Es gab keine Sanitäter, keine Helfer! Und ich hatte die alte Frau liegenlassen – wie quälte mich der Gedanke! Lange würde auch ich nicht mehr durchhalten können. Alle Gefahren der vergangenen Schreckenszeit hatte ich überstanden. Sollte ich nun am Ende hier auf dem Sandweg doch zugrunde gehen? Ich hob etwas den Kopf und starrte nach vorn. Ich sah, daß sich weiter oben ein Menschenknäuel bildete. War dort das Ende dieses unheilvollen Weges? Mit meinen letzten Kräften schleppte ich mich den Weg hinauf, zuletzt wegen des Anstiegs nach jedem Schritt stehenbleibend und nach Atem ringend. Ich erreichte den Menschenstau; unsere Familie hatte sich am Wegrand gesammelt und auf mich gewartet.

Wir wurden in ein parkähnliches, jetzt aber völlig verwahrlostes Gelände gewiesen, wo wir weitere Anordnungen abwarten sollten. Stumm ließen wir uns zwischen spärlichem Gebüsch nieder, legten den heißen Kopf in den Schatten; es dauerte lange, ehe wir uns von der übergroßen Anstrengung etwas erholt hatten und wieder Worte fanden. Wie viele solcher Wege standen uns noch bevor? Wir erleichterten unser Gepäck um einige wenige Dinge. Doch waren wir so erbittert, daß wir sie mit unseren Händen im dichten Gesträuch in der Erde verscharrten. Sie sollten jedenfalls nicht gleich nach unserem Abzug gefunden werden.

Später ging es auf einem erträglicheren Weg und bei weniger drückender Hitze in einen Stadtteil am Rande der Großstadt. Die Sonne stand schon tief, als wir durch einen Einlaß im hohen Stacheldrahtzaun ein Lager betraten. Hier befanden wir uns in einer Straße mit dreigeschossigen Wohnblocks. Soldaten dirigierten uns in die leerstehenden mittelgroßen Wohnungen. Unsere Familie, dicht zusammengedrängt, um nicht auseinandergerissen zu werden, landete in einem schmalen Zimmer, das man früher als „halbes" Zimmer bezeichnet hätte. Wir mußten es noch mit anderen teilen. Unser Gepäck stellten wir – nun schon geübt – an die Wände und setzten uns davor auf den Fußboden, um so unseren Schlafplatz und die bis hierher gerettete Habe zu sichern. Wiederum konnten wir auch hier nur mit hochgezogenen Knien sitzen. Ich hielt noch einmal Ausschau in der Wohnung, aber in den anderen beiden Zimmern herrschte die gleiche drangvolle Enge. Nur der kleine, schmale Flur war leer, die Tür stand weit offen, zwei bewaffnete Soldaten lehnten am Türrahmen. Allmählich legte sich die allgemeine Unruhe. Wir waren erschöpft und müde. Unsere Schlafecke bot ein Bild des Jammers. Wie sollten wir auf so engem Raum in dieser Hockerstellung die Nacht überstehen? Mir kam ein Gedanke. Ich besprach mich mit den beiden großen Jungen, und Elisabeth stimmte unserem Vorhaben zu. Mit unserer Bettenrolle als Kopfkissen zogen wir drei in den Flur und legten uns nebeneinander auf den Fußboden; die beiden Jungen nahmen mich vorsorglich in die Mitte. Der Länge nach hätten wir nebeneinander nicht Platz gehabt. Der Flur war zu schmal. So legten wir uns von einer Seite schräg zur anderen auf den Boden, bis wir die Beine fast ausstrecken konnten. Die Soldaten an der Tür, die nur zwei Schritte von uns entfernt standen, sahen mit runden Augen unserem Treiben zu. Als wir dann aber friedlich auf dem Boden lagen, schienen sie sich durch uns nicht mehr gestört zu fühlen. Hoffentlich würden sie uns, vor allem mich, in Ruhe lassen. Wir hatten verabredet, ein lautes Geschrei zu erheben, wenn sich einer mir nähern würde. Bis zum Einschlafen hielten wir uns fest an den Händen. Diese Nacht über blieben wir von Zwischenfällen verschont, und der Morgen fand wenigstens uns drei einigermaßen ausgeschlafen.

Die Hoffnung, daß wir gleich weiter verfrachtet würden, erfüllte sich nicht. Es gab eine Kelle bitteren schwarzen Kornkaffee und ein Stückchen trockenes Brot, am Nachmittag eine Kellevoll dünne, dunkle Graupensuppe. Im Laufe des Tages schauten wir uns im Lager um, standen aber immer wieder sehr bald an dem hohen Stacheldrahtzaun. An einer Hausecke war im Erdgeschoß eine behelfsmäßige Sanitätsstation eingerichtet. Davor standen die Kranken Schlange. Auf der Straße gingen die Eingesperrten in kleinen Gruppen unruhig hin und her. Man sah fast nur Frauen und Kinder, kaum einmal einen alten Mann. Alle beschäftigte die eine Frage: Wann geht es weiter? Wir waren schon drei Tage nicht aus den Kleidern gekommen und hatten uns nicht waschen können. In den engen Unterbringungsräumen würde man uns nicht längere Zeit halten können. Aber man konnte doch! Tag um Tag verging, ohne daß ein Aufbruch angekündigt wurde. Der Hunger wurde quälend. Eines Morgens erwachte ich mit heftigen Kopf- und Halsschmerzen. Elisabeth faßte gleich nach meinem Puls. Irmtrud klagte über schreckliches Jucken an den Oberschenkeln. Auf der Haut zeigten sich große pockenartige Flecke. Wir beschlossen, daß Irmtrud und ich zur Sanitätsstation gehen sollten.

Vor der Eingangstür warteten schon viele, die gesundheitliche Beschwerden hatten. Wir stellten uns hinten an. Es dauerte lange, bis wir endlich das Haus und später das Arztzimmer betreten durften. In diesem Zimmer standen wir wieder am Ende einer Schlange. Einige Frauen und Männer liefen in verschmutzten weißen Kitteln hin und her. Wir merkten bald, daß der untersuchende Arzt hier auch das Kommando hatte. Es wurde polnisch gesprochen, aber manchmal auch deutsch. Einer der Ärzte, so glaubten wir herausgehört zu haben, war ein Deutscher. Wurde er vielleicht hier festgehalten und zum Dienst herangezogen? Er ging geschäftig hin und her und verließ mehrmals das Zimmer, wahrscheinlich, um ihm erteilte Aufträge zu erledigen. Das Ganze wirkte trotz aller Lebhaftigkeit etwas unheimlich auf uns, da wir von den Vorgängen nichts verstanden. Endlich kam Irmtrud an die Reihe, und ich sagte dem Arzt, welche Beschwerden sie hätte. Nach einem flüchtigen Blick wurden ihre Pocken leicht mit Puder bestäubt. Meine Kopf- und Halsschmerzen waren schnell als Erkältung erklärt, und das war dann gleichzeitig die Behandlung. Ich wurde weitergeschoben, und der nächste kam an die Reihe. Irmtrud hatte auf mich gewartet; ich trat zu ihr. Wir drängten uns vorsichtig durch die Menschenschlange und wandten uns der Tür zu. Da kam der deutsche Arzt wieder mit eiligem Schritt herein, ging dicht an uns vorbei und drückte mir im Vorbeigehen so unauffällig, daß es niemand merken konnte, etwas in die herunterhängende Hand. Ich umschloß es mit meinen Fingern und fühlte, daß es zwei Tabletten waren. Mir wurde ganz warm ums Herz, daß mir jemand so unverhofft Gutes tat. Doch ich konnte mich nicht bedanken, denn der Arzt war schon wieder beschäftigt und schaute sich nicht um. Schnell zog ich Irmtrud aus dem Zimmer; erst als wir das Haus verlassen hatten, berichtete ich, was mir widerfahren war, und öffnete die Hand mit den beiden Tabletten. Bei Bekanntwerden des Vorgangs hätte der deutsche Arzt sicher erhebliche Unannehmlichkeiten bekommen. Wie vielen mochte er in dieser Weise unter eigener Gefährdung geholfen haben! Fast andächtig und des hilfreichen Arztes dankbar gedenkend, habe ich die für mich so kostbaren Tabletten eingenommen, mich anschließend an einem sonnigen, windgeschützten Platz auf den Sand gelegt und meine aufkeimende Krankheit durch einen heilsamen Schlaf fast überwunden. Irmtruds Allergie klang nur allmählich ab. Doch spürten wir beide mit Erleichterung, daß wir gesünder wurden. Nur nicht krank sein und hierbleiben müssen, wenn es weitergehen sollte!

Aber noch ging es nicht weiter. An einem Morgen wurde ausgerufen, wer gegen Verpflegung in der Stadt arbeiten wollte, möge sich melden. Nach Absprache mit Elisabeth meldete ich mich. Wir mußten einen offenen Lastwagen besteigen und wurden zu unserem Arbeitsplatz gefahren. Mich setzte man in einer Mietwohnung ab, die behelfsmäßig als Büro eingerichtet war. Dort sollte ich den Fußboden aufwischen. Man gab mir Eimer und Lappen; einen Schrubber suchte man vergebens. So begann ich in dem ersten Zimmer, auf dem Boden kniend, mit dem Aufwischen. An einem Schreibtisch saß eine Frau mittleren Alters; sie trug eine schöne weiße Bluse und war gut frisiert. Unter den bisherigen Umständen erschien sie mir als der Inbegriff eines gepflegten Menschen, während ich schon über eine Woche lang nicht aus den Kleidern gekommen war, geschweige denn mich hatte waschen können. Nachdem die Frau eine Weile geschrieben hatte – wir waren inzwischen allein im Zimmer – richtete sie plötzlich, ohne ihre Schreibarbeit zu unterbrechen, das Wort an mich, zu meiner Überraschung in deutscher Sprache. „Woher kommen Sie?“ Ich gab sachlich Auskunft. „Und wohin werden Sie gehen?“ Ich antwortete: „Man sagt, wir sollen nach Westen über die Oder gebracht werden.“ Da wendete sie den Kopf, schaute zu mir herunter und sagte leise mit bewegter Stimme:

„Wie gerne würde ich mit Ihnen gehen!" Ich war betroffen. Was für ein Schicksal mochte diese Frau haben, daß sie, die ich wegen ihrer Gepflegtheit eben noch bewundert hatte, mein Vertriebenenschicksal teilen wollte? Schweigend setzte ich meine Arbeit fort. Andere Menschen betraten das Zimmer, es wurde nur polnisch gesprochen. Ehe ich diesen Raum verließ, um die Arbeit im nächsten zu beginnen, streifte ich noch einmal mit einem kurzen Blick die Frau in der schönen Bluse. Aber sie sah nicht mehr von ihrer Arbeit auf. – Ein warmes Essen, wie ich gehofft hatte, bekam ich nicht, aber eine bestrichene Scheibe Brot und als Getränk eine Art Limonade.

Im Lager wechselten täglich die Gerüchte; sie riefen in uns unbestimmte Hoffnungen oder aber tiefste Niedergeschlagenheit hervor. Wo würde die uns zugedachte „Heimat" liegen? Westwärts – oder weit, weit ostwärts? Manche nämlich wollten wissen, daß wir nach Sibirien gebracht würden, weil man uns jenseits der Oder nicht mehr aufnehmen könnte. Vielleicht hatte man es von vornherein gewußt und uns nur zum Schein verkündet, wir würden über die Oder gebracht. Bei solchen Gedanken wurde das untätige Warten immer unerträglicher.

Endlich hieß es eines Morgens, wir sollten uns mit dem Gepäck auf der Straße aufstellen. Wir waren froh, daß damit der elende Zustand, der uns so zermürbte, beendet schien. Aber noch immer waren wir nicht sicher, was jetzt mit uns geschehen würde. Jedenfalls ging es zunächst einmal zum Bahnhof; dort hielt diesmal ein langer Personenzug. Er war aus jenen alten Wagen zusammengestellt, deren enge Abteile an beiden Seiten je eine unmittelbar auf den Bahnsteig führende Tür besaßen. Polnische Frauen – im Hintergrund die Miliz – überwachten das Einsteigen. Die einzelnen Abteile wurden nacheinander besetzt, vollgestopft, bis kein Sitzplatz und auch kein Stehplatz mehr frei war. Elisabeth, auf dem einen Arm das Kind, am anderen die zusammengeklappte Sportkarre, versuchte das Abteil zu besteigen. Schon hatte sie die erste Stufe erklommen, da riß eine der polnischen „Helferinnen" ihr die Karre vom Arm und verschwand damit im Gewühl. Noch lange danach war Elisabeth über dieses Verhalten und den Verlust des Wagens empört. In unserem Abteil war es sehr eng, wir wechselten uns mit dem Sitzen ab. Viel Zeit verging, ehe man alle Vertriebenen in die Abteile gezwängt hatte und der Zug sich endlich in Bewegung setzte. Wir verharrten immer noch in banger Spannung. Erst als wir einige Bahnhöfe durchfahren hatten, schien es uns sicher zu sein: Der Zug fuhr nach Westen!

Es wurde eine lange Fahrt, denn unser Sonderzug hielt des öfteren auf freier Strecke. Einmal aber blieben wir längere Zeit auf einem kleineren Bahnhof stehen, der von der vorbeiführenden Straße durch einen Zaun abgegrenzt war. Ich stand gerade mit anderen an dem geöffneten Fenster der Abteiltür. Auf der Straße fuhr ein Mann auf einem Fahrrad. Als er den wartenden Zug sah, lenkte er sein Rad an den Zaun und hielt sich, ohne abzusteigen, mit der einen Hand an den Latten fest, mit der anderen winkte er uns freundlich zu. Wir waren nur wenige Meter von ihm entfernt, so daß wir uns verständigen konnten. Durch unsere hinübergerufenen Fragen und seine unbefangenen Antworten erfuhren wir, daß das Fahrrad sein Eigentum sei und daß alle Deutschen auf ihren Rädern frei umherfahren dürften. Wir konnten es kaum glauben. Der Mann hatte sich eine Zeitung gekauft, eine richtige deutsche Zeitung. Wie zum Beweis holte er sie aus seiner Brusttasche und schwang sie durch die Luft. Es gab also wirklich Zeitungen! Wir kamen aus dem Staunen nicht heraus. Der Zug setzte sich wieder in Bewegung, und noch lange winkten wir dem Vorboten unserer Freiheit.

Am Abend dieser erlebnisreichen Fahrt erreichte unser Zug den schleswig-holsteinischen Ort Bad Segeberg. Als der Zug hielt, ertönten über Lautsprecher herzliche Begrüßungsworte. Die freundliche Ansprache war für uns so ungewohnt, daß wir sie mit großer innerer Bewegung aufnahmen. Dann folgten organisatorische Mitteilungen. Wie anders verlief hier das Aussteigen, von freundlichen Helferinnen empfangen und unterstützt. In einem großen Zelt erhielt jeder von uns ein Liegebett, mit kleinem Kopfkissen und warmen Decken ausgestattet. An der Ausgabestelle empfing man seine Abendverpflegung: Brot, Wurst, Käse und Getränke – alles so wunderbare Dinge, von denen wir fast vergessen hatten, daß es sie einmal gab. Dieser Wandel war beinahe unbegreiflich. Erschöpft, aber froh und dankbar, schliefen wir diese Nacht ein, zum ersten Mal seit eineinhalb Jahren ohne Furcht und Bangen; es war unsere erste Nacht in der Freiheit.

Am nächsten Tag erst wurden alle Aufnahmeregelungen abgewickelt. Dazu gehörten auch eine Entlausung und eine ärztliche Untersuchung. Wir waren nun wieder als Mitbürger aufgenommen, wurden ordnungsgemäß in Listen geführt und erhielten damit den Schutz, die Rechte und die Pflichten eines deutschen Gemeinwesens. Dieses Bewußtsein, wieder in Freiheit dazuzugehören, machte uns froh.

Nach Erledigung aller für die Eingliederung erforderlichen Formsachen bestiegen wir, wie andere Gruppen vor uns, einen der bereitstehenden, mit einer Plane bedeckten Lastwagen, die die Vertriebenen nach bestimmten Anweisungen zur Unterbringung in einzelnen Familien auf die umliegenden Dörfer verteilten.

Wir hatten uns inzwischen überlegt, daß niemand von den Einheimischen eine so vielköpfige Familie aufnehmen könnte. So stellten wir uns darauf ein, uns notfalls zu trennen. Elisabeth wollte mit Irmtrud, Gotthelf und Wilfried zusammenbleiben, Trudel mit Matthias und Christoph und ich mit Gerhard und Egbert. Frei von Sorge und Angst um den anderen konnten wir nun solche Gedanken erwägen. Als wir dann im letzten Dorf ausgeladen wurden und am Wegrand auf unseren Sackbündeln saßen, geduldig wartend, was uns beschieden sein würde, hörten wir auf einmal volkstümliche Blasmusik, und bald kam um eine leichte Biegung der Straße eine dörfliche Musikkapelle in Sicht. Ihr folgte in geordneten Reihen eine Schar von Kindern in heller Sommerkleidung, Blumenkränze im Haar oder Blumenstöcke in der Hand; dazu trugen sie einzeln oder zu zweit wunderschöne Blumenbögen. Im Dorf wurde, wie wir später erfuhren, das Kindervogelschießen gefeiert, das hierzulande ein großer Festtag für jung und alt sei. Der Festzug zog vorüber – wir saßen unbeweglich, überwältigt von dem märchenhaften Anblick einer anderen Welt. Ich sah alles wie durch einen Schleier hindurch. Das Wasser lief mir aus den Augen. Mit Verwunderung nahm ich wahr, daß ich wieder Tränen hatte.

Die Musik entfernte sich und verklang. Mit feuchten Augen blickte ich auf unsere Kinder, wie sie da in der abgetragenen Kleidung auf den groben Säcken hockten und dem Festzug nachschauten. Ich sah Trudels ernstes, in sich gekehrtes Gesicht, und mein Blick umfaßte Elisabeth, die sich dem kleinen Frieder auf ihrem Schoß zuneigte. Was für Schicksalswege erwarteten uns hier in dieser anderen Welt? Würden wir Kraft genug haben, sie ohne Bitterkeit zu gehen? Wunden müßten noch heilen, Narben würden oft schmerzen, vergessen könnte ich wohl nie. Doch das tröstliche Licht eines neuen Morgens erfüllte mein Herz mit Zuversicht.

Erlebtes Preußenland

Manfred Vollack

Erlebtes Preußenland

Stationen einer bemerkenswerten Reise durch Pommern, die Neumark, West- und Ostpreußen

Hrsg. von der Pommerschen Landsmannschaft, Landesgruppe Schleswig-Holstein

2. Aufl., 256 Seiten, zahlreiche Abb., broschiert

Kann man Preußenland heute noch erleben? Gibt es ein Preußenland heute überhaupt noch? Und überhaupt – Preußenland – was ist das? Berechtigte Fragen, die sich der ahnungslose Leser vielleicht stellen wird. Antworten auf diese Fragen gibt dieses Buch. Es ist ein Reisebericht und -führer in einem und gibt das heute Erlebbare der ehemaligen preußischen Gebiete Pommern, Neumark, West- und Ostpreußen vor dem Hintergrund der noch sichtbaren Geschichte wieder. Der mit zahlreichen neuen Fotos illustrierte Band wurde zum besseren Verständnis für den Leser auch mit einer Vielzahl an historischen Landkarten und Stadtansichten ausgestattet.